Informe Final
de la Trigésima Quinta
Reunión Consultiva
del Tratado Antártico

REUNIÓN CONSULTIVA
DEL TRATADO ANTÁRTICO

Informe Final
de la Trigésima Quinta
Reunión Consultiva
del Tratado Antártico

Hobart, Australia
11 al 20 de junio de 2012

Volumen I

Secretaría del Tratado Antártico
Buenos Aires
2012

Reunión Consultiva del Tratado Antártico (35ª : 2012 : Hobart)
Informe Final de la Trigésima Quinta Reunión Consultiva del Tratado Antártico.
  Hobart, Australia, del 11 al 20 de junio de 2012.
Buenos Aires : Secretaría del Tratado Antártico, 2012.
v.

ISBN 978-987-1515-45-5 (v.I)

1. Derecho internacional – Asuntos ambientales. 2. Sistema del Tratado An-
tártico. 3. Derecho ambiental – Antártida. 4. Protección del medio ambiente
– Antártida.
DDC 341.762 5

ISBN 978-987-1515-45-5 (v.I)

Índice

VOLUMEN I

VOLUMEN II

SEGUNDA PARTE. MEDIDAS, DECISIONES Y RESOLUCIONES (cont.)

4. Planes de gestión
ZAEP N° 109 Isla Moe
ZAEP N° 110 Isla Lynch
ZAEP N° 111 Isla Powell del Sur e islas adyacentes
ZAEP N° 112 Península Coppermine
ZAEP N° 115 Isla Lagotellerie
ZAEP N° 129 Punta Rothera
ZAEP N° 133 Punta Armonía
ZAEP N° 140 Partes de la isla Decepción
ZAEP N° 172 Parte inferior del glaciar Taylor y Cataratas de Sangre
ZAEA N° 4 Isla Decepción

TERCERA PARTE. INFORMES Y DISCURSOS DE APERTURA Y CIERRE

1. Informes de los Depositarios y Observadores
Informe del SCAR
Informe del COMNAP
Informe del Reino Unido como Gobierno Depositario de la CCFA
Informe de Australia como Gobierno Depositario de la CCRVMA
Informe de Australia como Gobierno Depositario del ACAP
Informe de los Estados Unidos como Gobierno Depositario del Tratado Antártico y
    su Protocolo
Informe del Observador de la CCRVMA

2. Informes de expertos
Informe de la IAATO
Informe de la OHI
Informe de la ASOC

CUARTA PARTE. DOCUMENTOS ADICIONALES DE LA XXXV RCTA

1. Documentos adicionales
Resumen de la conferencia del SCAR

2. Lista de documentos

Documentos de trabajo

Documentos de información

Documentos de la Secretaría

Documentos de antecedentes

3. Lista de participantes

Partes Consultivas

Partes no Consultivas

Observadores, Expertos e Invitados

Secretaría del País Anfitrión

Secretaría del Tratado Antártico

Acrónimos y siglas

ACAP	Acuerdo sobre la Conservación de Albatros y Petreles
API	Año Polar Internacional
ASOC	Coalición Antártica y del Océano Austral
CAML	Censo de Vida Marina Antártica
CC-CRVMA	Comité Científico de la CCRVMA
CCFA	Convención para la Conservación de las Focas Antárticas
CCRVMA	Convención para la Conservación de los Recursos Vivos Marinos Antárticos / Comisión para la Conservación de los Recursos Vivos Marinos Antárticos
CEE	Evaluación medioambiental global
CIUC	Consejo Internacional de Uniones Científicas
CMNUCC	Convención Marco de las Naciones Unidas sobre el Cambio Climático
COI	Comisión Oceanográfica Intergubernamental
COMNAP	Consejo de Administradores de los Programas Nacionales Antárticos
CPA	Comité para la Protección del Medio Ambiente
EIA	Evaluación del impacto ambiental
GCI	Grupo de contacto intersesional
GIECC	Grupo Intergubernamental de Expertos sobre el Cambio Climático
GT	Grupo de Trabajo
HCA	Comité Hidrográfico sobre la Antártida
IAATO	Asociación Internacional de Operadores Turísticos en la Antártida
IEE	Evaluación medioambiental inicial
IP	Documento de información
IUCN	Unión Internacional para la Conservación de la Naturaleza y los Recursos Naturales
OHI	Organización Hidrográfica Internacional
OMI	Organización Marítima Internacional
OMM	Organización Meteorológica Mundial
OMT	Organización Mundial del Turismo
OPI-API	Oficina de Programas Internacionales del API
ORGP	Organización Regional de Gestión de la Pesca
PCTA	Parte Consultiva del Tratado Antártico

PNUMA   Programa de las Naciones Unidas para el Medio Ambiente
RCETA   Reunión Consultiva Extraordinaria del Tratado Antártico
RCTA   Reunión Consultiva del Tratado Antártico
SCALOP   Comité Permanente sobre Logística y Operaciones Antárticas
SCAR   Comité Científico de Investigación Antártica
SMH   Sitio y monumento histórico
SP   Documento de la Secretaría
STA   Sistema del Tratado Antártico o Secretaría del Tratado Antártico
WP   Documento de trabajo
ZAEA   Zona antártica especialmente administrada
ZAEP   Zona antártica especialmente protegida
ZEP   Zona especialmente protegida

PRIMERA PARTE
Informe Final

1. Informe Final

Informe Final de la Trigésima Quinta Reunión Consultiva del Tratado Antártico

Hobart, 11 al 20 de junio de 2012

(1)   Conforme al Artículo IX del Tratado Antártico, los Representantes de las Partes Consultivas (Argentina, Australia, Bélgica, Brasil, Bulgaria, Chile, China, Ecuador, Finlandia, Francia, Alemania, India, Italia, Japón, la República de Corea, los Países Bajos, Nueva Zelandia, Noruega, Perú, Polonia, Federación de Rusia, Sudáfrica, España, Suecia, Ucrania, el Reino Unido de Gran Bretaña e Irlanda del Norte, Estados Unidos de Norteamérica y Uruguay) se reunieron en Hobart del 11 al 20 de junio de 2012, con el propósito de intercambiar información, realizar consultas, y analizar y recomendar a sus gobiernos medidas para promover los principios y objetivos del Tratado.

(2)   Asistieron además a la Reunión delegaciones de las siguientes Partes Contratantes del Tratado Antártico que no son Partes Consultivas: Canadá, Colombia, República Checa, Malasia, Mónaco y República Eslovaca.

(3)   Conforme a las Reglas 2 y 31 de las Reglas de Procedimiento, asistieron a la Reunión los Observadores de la Comisión para la Conservación de los Recursos Vivos Marinos Antárticos (CCRVMA), el Comité Científico de Investigación Antártica (SCAR) y el Consejo de Administradores de los Programas Nacionales Antárticos (COMNAP).

(4)   Conforme a la Regla 39 de las Reglas de Procedimiento, asistieron a la Reunión Expertos de las siguientes organizaciones internacionales y organizaciones no gubernamentales: el Acuerdo sobre la Conservación de Albatros y Petreles (ACAP), la Coalición Antártica y del Océano Austral (ASOC), la Asociación Internacional de Operadores Turísticos en la Antártida (IAATO), Organización Hidrográfica Internacional (OHI), Programa de las Naciones Unidas para el Medio Ambiente (PNUMA) y la Organización Meteorológica Mundial (OMM).

15

(5) Australia, el país anfitrión, completó sus requisitos de información para las Partes Contratantes, los Observadores, y Expertos a través de notas de la Secretaría, cartas y un sitio web con secciones públicas y exclusivas para miembros.

Tema 1. Apertura de la Reunión

(6) La apertura oficial de la reunión tuvo lugar el 11 de junio de 2012. En representación del gobierno anfitrión, de conformidad con las Reglas 5 y 6 de las Reglas de Procedimiento, el Secretario Ejecutivo de la Secretaría del gobierno anfitrión, el Sr. Andrew Jackson declaró abierta la Reunión. Agradeció formalmente al pueblo Mouheneener, custodios tradicionales del territorio en el que se realizó la Reunión. Señaló las medidas adoptadas por Australia para reducir el impacto ambiental de la Reunión (BP 19). Propuso al Departamento Australiano de Asuntos Exteriores y Comercio la candidatura del distinguido diplomático y Asesor Legal Principal, el Sr. Richard Rowe, como Presidente de la XXXV RCTA. Se aceptó la propuesta.

(7) El Presidente les dio una cálida bienvenida a Hobart a todas las Partes, los Observadores y Expertos. Los Delegados hicieron un minuto de silencio por la trágica pérdida del Teniente Roberto Lopes dos Santos y el Teniente Carlos Alberto Vieira Figueiredo en el incendio de la estación de Brasil Comandante Ferraz en febrero de 2012, y el repentino deceso en septiembre de 2011 del Sr. Alexandre de Lichtervelde, representante en Bélgica del CPA. Asimismo acogió cálidamente la reciente adhesión de Malasia y Pakistán al Tratado Antártico, y de Pakistán al Protocolo al Tratado Antártico sobre Protección del Medio Ambiente.

(8) El Honorable MP David O'Byrne, Ministro de Desarrollo Económico y Ministro de Ciencia, Innovación y Tecnología de Tasmania, les dio la bienvenida a Tasmania a los delegados. El Ministro señaló que, en los últimos cien años, Tasmania ha abierto sus puertas y acogido con calidez a los expedicionarios que parten con rumbo a la Antártida, e indicó que la investigación científica y la logística de la Antártida contribuían anualmente A$180 millones a la economía de Tasmania, y que esperaba que esta área continuara su crecimiento.

(9) El Honorable MP Tony Burke, Ministro de Sostenibilidad, Medio Ambiente, Agua, Población y Comunidades australiano, alentó a los delegados a reflexionar acerca del notable éxito del Tratado Antártico, destacando que

estaban participando en la trigésima quinta reunión de este tipo, realizando aportes a la ciencia y exploración en los últimos 100 años con evidencias científicas del hielo que data de más de un millón de años. Centró la atención en que el Tratado se distinguía por ser el único en designar a la Antártida como una zona de cooperación pacífica y colaboración científica internacional, y destacó el papel fundamental que tiene la Antártida para nuestra comprensión de los procesos globales. Elogió a todas las Partes por sus logros para proteger el medio ambiente de la Antártida y rindió un especial homenaje al Honorable ex Primer Ministro de Francia, Michel Rocard, y el Honorable ex Primer Ministro de Australia, Bob Hawke, por sus contribuciones al régimen de protección ambiental de la Antártida.

(10) El Presidente agradeció a los Ministros por sus palabras inspiradoras, y agradeció la presencia de los antiguos hombres de estado.

Tema 2. Elección de autoridades y formación de los grupos de trabajo

(11) El Sr. Jean-Arthur Regibeau, representante de Bélgica (país anfitrión de la XXXVI RCTA) fue elegido Vicepresidente. Conforme a la Regla 7 de las Reglas de Procedimiento, el Dr. Manfred Reinke, Secretario Ejecutivo de la Secretaría del Tratado Antártico, se desempeñó como Secretario de la Reunión. El Sr. Andrew Jackson, jefe de la Secretaría del país anfitrión, se desempeñó como Subsecretario. El Dr. Yves Frenot de Francia continuó como Presidente del Comité para la Protección del Medio Ambiente en la XV Reunión del CPA.

(12) Se establecieron tres grupos de trabajo:

- Grupo de Trabajo sobre Asuntos Jurídicos e Institucionales;
- Grupo de Trabajo sobre Actividades Turísticas y No Gubernamentales; y
- Grupo de Trabajo sobre Asuntos Operacionales.

(13) Se eligieron los siguientes Presidentes para los Grupos de Trabajo:

- Asuntos Jurídicos e Institucionales: el Profesor René Lefeber de Países Bajos;
- Actividades Turísticas y No Gubernamentales: el Embajador Donald Mackay de Nueva Zelandia;
- Asuntos Operacionales: el Dr. José Retamales de Chile.

Tema 3. Aprobación del programa y asignación de temas

(14) Se aprobó el siguiente programa:

1. Apertura de la Reunión
2. Elección de las autoridades y creación de los Grupos de Trabajo
3. Aprobación del Programa y asignación de temas
4. Funcionamiento del Sistema del Tratado Antártico: Informes de las Partes, Observadores y Expertos
5. Operación del Sistema del Tratado Antártico: Cuestiones generales
6. Operación del Sistema del Tratado Antártico: Examen de la situación de la Secretaría
7. Formulación de un plan de trabajo estratégico plurianual
8. Informe del Comité para la Protección del Medio Ambiente
9. Responsabilidad: aplicación de la Decisión 4 (2010)
10. Seguridad y operaciones en la Antártida
11. Actividades turísticas y no gubernamentales en el área del Tratado Antártico
12. Inspecciones en virtud del Tratado Antártico y el Protocolo sobre Protección del Medio Ambiente
13. Temas científicos, cooperación científica y facilitación, incluido el legado del Año Polar Internacional 2007-2008
14. Implicaciones del cambio climático para la gestión del área del Tratado Antártico
15. Asuntos operacionales
16. Temas educacionales
17. Intercambio de información
18. La prospección biológica en la Antártida
19. Preparación de la XXXVI Reunión
20. Otros asuntos
21. Aprobación del Informe Final

(15) La Reunión aprobó la siguiente asignación de los temas del programa:

- Sesión plenaria: Temas 1, 2, 3, 4, 8, 19, 20, 21.
- Grupo de Trabajo sobre Asuntos Jurídicos e Institucionales: Temas 5, 6, 7, 9, 18.

- Grupo de Trabajo sobre Actividades Turísticas y No Gubernamentales: Tema 11.

- Grupo de Trabajo sobre Asuntos Operacionales: Temas 10, 12, 13, 14, 15, 16, 17.

La Reunión acordó que algunos de los documentos presentados en relación con el Tema 10 podrían analizarse en una reunión conjunta del Grupo de Trabajo sobre Turismo y el Grupo de Trabajo sobre Asuntos Operacionales.

(16) La Reunión decidió asignar los proyectos de instrumentos que surjan del trabajo del Comité para la Protección del Medio Ambiente y los Grupos de Trabajo al Grupo de Trabajo sobre Asuntos Jurídicos e Institucionales, para el análisis de sus aspectos jurídicos e institucionales.

Tema 4. Operación del Sistema del Tratado Antártico: Informes de las Partes, Observadores y Expertos

(17) Conforme a la Recomendación XIII-2, la Reunión recibió informes de los gobiernos y las secretarías depositarios.

(18) Estados Unidos, en su carácter de gobierno depositario del Tratado Antártico y el Protocolo sobre Protección del Medio Ambiente, informó su situación (IP 19). El año pasado se registraron dos adhesiones al Tratado Antártico: Malasia, el 31 de octubre de 2011, y Pakistán, el 1 de marzo de 2012. Se registró una adhesión al Protocolo: Pakistán se adhirió el 1 de marzo de 2012, y el Protocolo entró en vigencia para Pakistán el 31 de marzo de 2012. Actualmente hay 50 Partes del Tratado y 35 Partes del Protocolo. Japón había ratificado una serie de Recomendaciones y Medidas pendientes, y Estados Unidos alentó a las Partes a hacer lo mismo.

(19) Malasia agradeció a las Partes por recibirla en el Sistema del Tratado Antártico. Malasia notó que su inversión en investigaciones en la Antártida desde 1999 la convirtieron en uno de los pocos países tropicales que dejaron una marca en la investigación polar. Durante los últimos diez años, el Programa de Investigación Antártica de Malasia (MARP, por su sigla en inglés) organizó 62 expediciones que involucraron 24 proyectos de investigación en ciencias biológicas y físicas, y dieron lugar a más de cinco doctorados en investigación polar y más de 20 títulos superiores de Maestría en Ciencias. Malasia agradeció el apoyo de varias de las Partes

que le permitió desarrollar su experticia sobre la Antártida. Malasia había sido miembro del SCAR desde 2008, y planificó adherirse al Protocolo de Madrid lo antes posible. Se presentaría la legislación de la Antártida para fin de año. Malasia centró la atención en la reciente visita a la Antártida del 13° Rey de Malasia con la amable ayuda de los gobiernos de Nueva Zelandia y Estados Unidos, y su emisión de estampillas postales de temática polar.

(20) Australia, en carácter de depositario para la Convención para la Conservación de los Recursos Vivos Marinos Antárticos (CCRVMA) informó una nueva adhesión a la Convención desde la XXXIV RCTA: Pakistán se adhirió a la Convención el 24 de enero de 2012, y la Convención entró en vigencia en Pakistán el 22 de febrero de 2012 (IP 9 rev.1). Existen actualmente 35 Partes de la Convención.

(21) El Reino Unido, como depositario para la Convención para la Conservación de las Focas Antárticas (CCFA), informó que no se habían registrado adhesiones a la Convención desde la XXXIV RCTA. No obstante, Pakistán deseaba adherirse, y de acuerdo con las disposiciones del Artículo 12 de la CCFA, el Reino Unido solicitaría el consentimiento de las Partes Contratantes para invitar a Pakistán a adherirse. España también indicó su intención de adherirse a la Convención. Entre marzo de 2010 y febrero de 2011 cinco focas murieron accidentalmente durante los programas científicos (IP 5). El Reino Unido manifestó su agradecimiento a las Partes de la Convención por cumplir con el plazo anual hasta el 30 de junio para proporcionar la información mencionada en el párrafo 6 del Anexo a la Convención del SCAR y las Partes Contratantes.

(22) Australia, en carácter de depositario del Acuerdo sobre la Conservación de Albatros y Petreles (ACAP), informó que no se habían registrado nuevas adhesiones al Acuerdo desde la XXXIV RCTA, y que actualmente el Acuerdo contaba con 13 Partes. (IP 10).

(23) El representante del ACAP destacó que el Acuerdo estaba avanzando firmemente en la identificación y adopción de medidas adecuadas para la conservación de las aves marinas, y alentó a adherirse a los países que aún no son Partes, para incrementar la efectividad del Acuerdo.

(24) El observador de la CCRVMA informó los resultados de la XXX Reunión de la CCRVMA que se llevó a cabo en Hobart, Australia de octubre a noviembre de 2011 (IP 27). Señaló que los buques que pescan en las pesquerías administradas conforme a las medidas de conservación de la CCRVMA en 2010/11 habían informado hasta el 24 de septiembre de 2011, la pesca total

de 179.131 toneladas de krill, 11.254 toneladas de bacalao y 11 toneladas de draco. Además, mencionó que una serie de otras especies se capturaban como pesca accidental y que, por otra parte, se capturó una cantidad informada de 9.190 toneladas de bacalao fuera del Área de la Convención en 2010/11, en comparación con 12.441 toneladas en 2009/10. Siete miembros presentaron notificaciones de pesca de krill en 2011/12, con un total de 15 buques, y una pesca total prevista notificada de 401.000 toneladas. Por otra parte, señaló que es posible que la pesca de krill dentro de la ZAEA 1 en 2010 no haya sido coherente con los objetivos de administración de la ZAEA. En relación con las áreas marinas protegidas (AMP), se refirió al trabajo de un taller realizado en 2011 en Brest, Francia, en relación con el desarrollo de dominios de planificación para sistemas representativos de AMP, y el trabajo de Nueva Zelandia y Estados Unidos en relación con la región del mar de Ross, así como el trabajo de Australia y Francia en relación con el dominio de planificación de la Antártida Oriental. Informó que la CCRVMA había escrito a Singapur luego de la revocación de su condición de Parte No Contratante, así como a la Secretaría del Tratado Antártico en relación con las iniciativas de la CCRVMA de comprometerse con Malasia para combatir la pesca ilegal no informada y no regulada. Destacó otros aspectos del informe, incluido el taller patrocinado por la UE/los Países Bajos sobre "El krill antártico y el cambio climático"; nuevas iniciativas de pesca de fondo; bajos niveles de mortalidad accidental de aves marinas; y los niveles satisfactorios de cumplimiento de las medidas de conservación.

(25) El Observador del ACAP señaló que el trabajo del ACAP era un componente integral de la conservación del medio ambiente antártico. Elogió los esfuerzos de la CCRVMA para abordar el problema de la captura accidental de aves marinas, y señaló que debido a que aún resta mucho por hacer, el ACAP necesita contar con más Partes para implementar su trabajo, y para apoyar la reducción de la captura accidental de similar rigurosidad en las organizaciones de administración regionales de las pesquerías.

(26) El Presidente del Comité Científico de Investigación Antártica (SCAR) presentó el informe anual del SCAR (IP 1), e informó que en las reuniones del SCAR de julio de 2012 se tomarían decisiones importantes, que incluyen la determinación de la próxima generación de programas de investigación del SCAR. Se refirió al trabajo inicial del SCAR en relación con la estrategia a largo plazo sobre la gestión futura de la conservación antártica, que comenzó con una reunión en la que Sudáfrica amablemente ofició de anfitrión. Otros trabajos recientes destacados incluyen el papel del SCAR en el Sistema de Observación del Océano Austral y el grupo de Balance de masa de la

capa de hielo y nivel del mar. Por otra parte, la Prof. Diana H. Wall de Estados Unidos recibirá la Medalla del Presidente del SCAR 2012, el Dr. John Priscu, también de Estados Unidos, recibirá la Medalla del SCAR a la Excelencia Científica y el Dr. Ian Allison de Australia, la Medalla del SCAR a la Cooperación Internacional.

(27) La Secretaria Ejecutiva del Consejo de Administradores de los Programas Nacionales Antárticos (COMNAP) presentó el informe anual del COMNAP (IP 3). Destacó el lanzamiento de un nuevo sitio web con mayor acceso público a información, así como nuevos productos y herramientas. También mencionó que el Dr. José Retamales de Chile había concluido su mandato como Presidente del COMNAP y el Prof. Dr. Heinrich Miller de Alemania fue elegido Presidente por un período de tres años.

(28) En relación con el Artículo III-2 del Tratado Antártico, la Reunión recibió los informes de otras organizaciones internacionales.

(29) El Observador de la Organización Hidrográfica Internacional (OHI), presentó el informe de la OHI sobre el levantamiento y cartografía de la Antártida (IP 70) y señaló que aún podía mejorarse la coordinación en este aspecto. La XVIII Conferencia Hidrográfica Internacional de abril de 2012 aprobó las tareas de llevar a cabo una evaluación de riesgos para la región antártica y la cartografía de la Antártida. Señaló que el Comité Hidrográfico sobre la Antártida (CHA) había sido proactivo en cuanto al cumplimiento de la Resolución 2 de la RCTA (2010) y había participado en varios grupos de contacto de la RCTA. Invitó a la RCTA a considerar cómo la introducción del Código Polar de la OMI afectaría las actividades hidrográficas en la Antártida.

(30) Uruguay invitó amablemente a todos los estados miembro relevantes a la Conferencia de octubre de 2012 del CHA que se llevará a cabo en Uruguay.

(31) El representante de la Coalición Antártica y del Océano Austral (ASOC) presentó el informe de la ASOC (IP 85). Señaló que la ASOC había presentado una serie de documentos sobre temas clave este año para abordar cuestiones que incluyen la revisión de las políticas de turismo, el Código Polar obligatorio, el informe de incidentes de buques, y la cooperación de la RCTA y la CCRVMA en relación con la pesca de krill. La ASOC también se mostró preocupada por otras cuestiones, que incluyen el impacto del cambio climático, la información de búsqueda y salvamento, un plan de trabajo estratégico plurianual, marcos para el intercambio de información para bioprospección y el impacto en los lagos subglaciales por la obtención de muestras científicas.

(32) El representante de la Asociación Internacional de Operadores Turísticos en la Antártica (IAATO) presentó su informe anual (IP 36), que indicó una reducción del 22 por ciento en las cifras generales de turistas durante la temporada 2011/12, y atribuyó la disminución de la actividad de solo cruceros a la implementación de la prohibición del uso y transporte de combustible pesado. El informe también destacó el avance de una serie de iniciativas sobe seguridad y comunicaciones, y señaló su política de transparencia sobre accidentes e incidentes para aprender las lecciones de la experiencia.

(33) La Organización Meteorológica Mundial (OMM) había presentado un resumen (IP 8) de las oportunidades para mitigar los riesgos para las personas y la propiedad en la Antártida, a través de la inteligencia ambiental mejorada que comprende observaciones y datos meteorológicos y relacionados, investigación y servicios (incluidos productos tales como pronósticos climáticos). El XVI Congreso de la OMM (de mayo a junio de 2011) había reconocido la importancia de la relación de la OMM con la RCTA, incluso a través del nuevo Consejo Ejecutivo de la OMM sobre Observaciones, Investigación y Servicios Polares, que había participado en los procesos entre sesiones de la RCTA, y la integración de todas las redes y estaciones operacionales de la Antártida en una Red de Observación Antártica de datos climáticos.

(34) Durante el debate, Brasil agradeció los mensajes y las muestras de condolencia recibidos en relación con la tragedia de la estación Comandante Ferraz. Brasil había estado conmemorando su 30° aniversario de los programas antárticos, y deseaba manifestar su decisión de reconstruir la base.

Tema 5. Funcionamiento del Sistema del Tratado Antártico: Asuntos generales

(35) El Presidente recordó a la Reunión la Resolución 1 (2011) acerca de la ampliación de la cantidad de Partes del Protocolo al Tratado Antártico sobre Protección del Medio Ambiente, e invitó a los líderes de la iniciativa a compartir sus hallazgos.

(36) El Honorable ex Primer Ministro de Francia, Michel Rocard, Compañero de la Orden de Australia (AC), informó a la Reunión que cinco estados: Malasia, Portugal, Colombia, Dinamarca y Hungría, habían decidido ratificar el Protocolo, en tanto que otros cinco estados habían mostrado interés por adherirse. Agradeció la ayuda de muchas otras Partes que se habían acercado formalmente a estados que aún no se habían adherido al Protocolo. Francia

elogió a las Partes del Tratado por los avances realizados hasta la fecha, al tiempo que destacó que aún se encontraba pendiente la misión de lograr la ratificación completa del Protocolo.

(37) El Honorable ex Primer Ministro de Australia, Bob J Hawke, AC, apoyó los comentarios de Francia, reiteró el valor singular del Tratado Antártico y su Protocolo, elogió la cooperación que encarna la RCTA, e instó a todas las Partes a ratificar el Protocolo.

(38) España también apoyó la Iniciativa del Protocolo de Madrid, y observó que dos factores que en ocasiones se señalan como impedimento para ratificar el Protocolo, a saber, los costos y el bajo nivel de prioridad, eran inaceptables teniendo en cuenta la importancia de las ratificaciones para el sistema del Tratado Antártico y el medio ambiente antártico. España instó a todas las Partes que firmaron el Protocolo a ratificarlo cuanto antes posible.

(39) Colombia confirmó que había iniciado los procedimientos internos para adherirse al Protocolo de Madrid.

(40) Francia presentó el WP 31, *Fortalecimiento del respaldo del Protocolo al Tratado Antártico sobre Protección del Medio Ambiente*, elaborado en forma conjunta con Australia y España. La respuesta general de las Partes del Tratado que aún no son Partes del Protocolo frente a la iniciativa fue positiva, y reflejó el apoyo general de los principios y objetivos del Protocolo. Algunos estados ya habían iniciado los procedimientos para la adhesión o ratificación, pero no todos estaban en condiciones de comprometerse a la adhesión en ese momento.

(41) La Reunión elogió a las Partes que habían participado en las iniciativas por su trabajo en este aspecto y confirmó que la cuestión era importante para todas las Partes. Teniendo en cuenta que se habían planteado algunos temas específicos, especialmente en relación con las implicaciones financieras y administrativas de adherirse al Protocolo, la Reunión acordó que debía continuar el trabajo entre sesiones y aceptó el ofrecimiento de Australia, Francia y España de continuar coordinando dicho trabajo entre sesiones y de informar a la XXXVI RCTA sobre los resultados de las presentaciones de seguimiento en el período entre sesiones 2012/13.

(42) La Reunión aprobó la Resolución 1 (2012), Fortalecimiento del respaldo del Protocolo al Tratado Antártico sobre Protección del Medio Ambiente.

(43) Australia presentó el WP 1, *Comunicado de la Reunión Consultiva del Tratado Antártico*, que propuso que las Partes publicaran al final de cada

RCTA un informe o comunicado breve y objetivo, que resuma las cuestiones analizadas y las decisiones tomadas. Australia sugirió que un comunicado podría aumentar la conciencia entre el público en general y los organismos internacionales pertinentes acerca de las características únicas de la Antártida y el Sistema del Tratado Antártico, y del trabajo importante que se lleva a cabo en las reuniones anuales de las Partes.

(44)   La Reunión acordó elaborar un comunicado de la RCTA que permita una reflexión objetiva de la Reunión y que se redacte bajo la supervisión del Presidente de la RCTA. Además de publicarlo en el sitio web de la Secretaría, la Secretaría del Tratado Antártico, la Secretaría del país anfitrión y las Partes deberán difundir el comunicado en forma activa a la prensa internacional y los medios nacionales.

(45)   Francia presentó el WP 28, *La jurisdicción en la Antártida*, que describe la complejidad del ejercicio de la jurisdicción en el área del Tratado Antártico, y propone un grupo de contacto intersesional para debatir las cuestiones relacionadas con este tema. Francia hizo referencia a un incidente en el que personas procedentes de Francia dañaron el sitio y monumento histórico Wordie House, y en relación con el cual surgieron varias preguntas sobre el ejercicio de la jurisdicción en el área del Tratado Antártico, incluidos los tipos de infracciones que podrían producirse; los fundamentos del ejercicio de la jurisdicción; el informe de incidentes y la recolección de evidencias.

(46)   La Reunión señaló la necesidad de mejorar la cooperación entre las Partes, entablando debates sobre las cuestiones de jurisdicción en el área del Tratado Antártico, y aprobó la Resolución 2, Cooperación sobre cuestiones relacionadas con el ejercicio de la jurisdicción en el área del Tratado Antártico.

(47)   La Reunión acordó establecer un grupo de contacto intersesional (GCI), que se encargará de la cooperación sobre cuestiones relacionadas con el ejercicio de la jurisdicción en el área del Tratado Antártico.

(48)   Hubo apoyo a la opinión de que el GCI debería centrarse en un intercambio en situaciones concretas.

(49)   Asimismo, se acordó:

- Que se invitaría a los Observadores y Expertos que participaron en la XXXV RCTA para que brinden información al GCI;
- El Secretario Ejecutivo abriría el foro de la RCTA al GCI y brindaría ayuda al GCI; y
- Francia se desempeñaría como coordinador, e informaría a la XXXVI RCTA sobre los avances realizados en el GCI.

(50)   Chile presentó el WP 64, *Establecimiento de un Grupo de Trabajo sobre cooperación antártica,* que recuerda la importancia de la cooperación científica en el Tratado Antártico y el Protocolo sobre Protección del Medio Ambiente.

(51)   Las Partes, al tiempo que reconocieron con agradecimiento la contribución del SCAR y el COMNAP a la cooperación científica y logística entre las Partes del Tratado, decidieron establecer un grupo de contacto intersesional (GCI), coordinado por Chile.

(52)   El GCI trabajaría para identificar los medios para mejorar aún más la cooperación en la Antártida, que podría incluir cuestiones tales como: la educación y promoción del conocimiento público sobre las cuestiones antárticas; el intercambio de experiencia sobre cooperación bilateral; la implementación de las reglas del Sistema del Tratado Antártico en la legislación y los procedimientos locales; y la identificación de las autoridades nacionales competentes que regulan el turismo y las actividades no científicas en la Antártida.

(53)   El GCI prepararía un informe para la XXXVI RCTA. Se establecería el GCI con la ayuda de la Secretaría del Tratado Antártico dentro de los recursos existentes.

(54)   La Reunión aprobó la Resolución 3 (2012) Mejora de la Cooperación en la Antártida.

(55)   El Secretario Ejecutivo presentó el SP 9, *Informe de avance del Grupo de Contacto Intersesional sobre la Revisión de las Recomendaciones de la RCTA sobre asuntos operacionales*, que continuó el análisis de las recomendaciones operacionales acordadas por la XXXIV RCTA, coordinado por la Secretaría y con el que contribuyeron las Partes y los grupos de expertos. El GCI había revisado veintiocho recomendaciones en cuatro categorías.

(56)   El GCI identificó once recomendaciones que están vigentes; siete recomendaciones obsoletas; y doce recomendaciones que incluyen principios generales vigentes aunque contienen párrafos operacionales desactualizados que se deben actualizar; y ocho recomendaciones técnicas relacionadas con meteorología, sobre las cuales se solicitó asesoramiento de los grupos de expertos, como la OMM, el COMNAP y el SCAR. La Reunión aprobó la Decisión 1 (2012) Medidas sobre asuntos operacionales designadas como obsoletas.

(57)   El COMNAP señaló que había participado activamente en el GCI sobre el estado de las recomendaciones (resumidas en el SP 9), y había brindado comentarios

detallados sobre los aspectos prácticos y técnicos de las Recomendaciones. El COMNAP se ofreció para proporcionar los textos preliminares para las Recomendaciones que el GCI determine que requieren actualización, y también para sugerir el texto preliminar del informe para el informe final de la RCTA del próximo año, en aquellos casos en que los principios generales de las Recomendaciones puedan aún estar vigentes, aunque los aspectos técnicos y prácticos estén desactualizados, y por lo tanto, sean obsoletos.

(58) Sobre la base de los temas incluidos en las Recomendaciones que requieren actualización, el COMNAP invitaría a otras organizaciones con experticia sobre temas técnicos especiales, como la OMM, la IAATO, y la OHI, en particular, para contribuir con el trabajo de redacción. Teniendo en cuenta los debates del GCI y el SP 9, el COMNAP presentaría el texto preliminar como un documento de trabajo para que se analice en la XXXVI RCTA.

(59) La Reunión aceptó la propuesta del COMNAP.

(60) La ASOC señaló la relevancia de las negociaciones del Código Polar, y destacó la importancia del liderazgo de las Partes sobre esta cuestión para lograr avances y un resultado coherente en la OMI. Algunas Partes respaldaron esta afirmación.

(61) La Reunión también recibió con agrado el ofrecimiento de la OHI de proporcionar a la XXXVI RCTA texto consolidado para analizar en relación con las recomendaciones pasadas sobre hidrografía.

(62) La Reunión analizó el uso de una plantilla indicativa para los términos de referencia de los grupos de contacto intersesional y acordó prepararla en la XXXVI RCTA.

Tema 6. Operación del Sistema del Tratado Antártico: Examen de la situación de la Secretaría

(63) La Reunión estudió el SP 2, *Informe de la Secretaría 2011/12*; el SP 3, *Programa de la Secretaría 2012/13*; el SP 4, *Contribuciones recibidas por la Secretaría del Tratado Antártico durante 2009-2012*; y el SP 5, *Presupuesto quinquenal prospectivo 2012–2017*.

(64) El Secretario Ejecutivo agradeció a las Partes por su asesoramiento, y manifestó su agradecimiento al gobierno de Argentina por su excelente apoyo a las actividades de la Secretaría, incluida la provisión de una nueva sede y los gastos asociados con la mudanza.

(65) Al informar sobre las actividades de la Secretaría, el Secretario Ejecutivo destacó su apoyo a las Reuniones de la RCTA y el CPA, y trece grupos de contacto intersesional, la actualización del Manual del CPA en línea, la revisión y mejora del Sistema Electrónico de Intercambio de Información (SEII) y la publicación del Manual de especies no autóctonas conforme a la Resolución 6 (2011). Asimismo, describió varias cuestiones relacionadas con el personal.

(66) El Secretario Ejecutivo presentó el informe financiero auditado para 2010/11 y el informe financiero provisional para 2011/12. La conclusión del auditor fue que los informes financieros presentaron con imparcialidad, en todos los aspectos fundamentales, la posición financiera de la Secretaría hasta el 31 de marzo de 2011, y además confirmaron que su desempeño financiero para dicho período cumplía con las Normas Internacionales de Contabilidad y las reglas acordadas por la RCTA.

(67) Al describir las actividades anticipadas de la Secretaría en 2012/13, el Secretario Ejecutivo destacó el apoyo que se le proporcionaría a Bélgica como país anfitrión de la XXXVI RCTA y la XVI Reunión del CPA. Además, la Secretaría continuaría desarrollando el SEII, y aumentando la cantidad de bases de datos, incluso para las áreas protegidas. La Secretaría también pretende continuar la cooperación con el Scott Polar Research Institute para identificar toda la documentación faltante de la RCTA e integrarla a la base de datos de la STA.

(68) El Secretario Ejecutivo señaló que el perfil presupuestario prospectivo reflejaba los desafíos financieros específicos que habían surgido de los desarrollos económicos a nivel mundial y local, y que la mayoría de los factores más notables que habían contribuido a los mayores gastos proyectados eran la inflación en Argentina y los mayores costos relacionados con la traducción e interpretación.

(69) Las Partes agradecieron a la Secretaría por su trabajo, incluida la recopilación de documentos y la presentación de informes integrales. En respuesta a una consulta de Chile, el Secretario Ejecutivo indicó que a su leal saber y entender, se habían incluido en la base de datos de la STA todos los documentos que las Partes habían proporcionado a la STA hasta entonces para archivo.

(70) Varias Partes plantearon preguntas específicas sobre el presupuesto preliminar para 2012/13 y el presupuesto proyectado para 2013/14, y observaron que muchas enfrentaban fuertes restricciones presupuestarias, que debían tener en cuenta al momento de analizar y aprobar el presupuesto.

(71)   Al responder a las preguntas de las Partes, el Secretario Ejecutivo brindó más información, por ejemplo, sobre los acuerdos de traducción e interpretación; la administración de los fondos para el reemplazo de personal y la desvinculación de personal; el poder adquisitivo en Argentina y la diferencia entre la remuneración en dólares estadounidenses y en pesos argentinos.

(72)   Luego de otros debates sobre el presupuesto, el Secretario Ejecutivo presentó las cifras revisadas (SP2 (rev.1) y SP3 (rev.1)). Estas fueron aprobadas por la Reunión, que posteriormente aprobó la Decisión 2 (2012), Informe, Programa y Presupuesto de la Secretaría.

(73)   Durante estos debates, la Reunión decidió apoyar al Secretario Ejecutivo a través del establecimiento de un Grupo de Contacto Intersesional (GCI). El GCI, mencionado en la Decisión 2 (2012), también analizará las maneras de asegurar un presupuesto sostenible para los años futuros, teniendo en cuenta:

   1. las opciones posibles para desarrollar flujos de ingresos, de otras fuentes que no sean las contribuciones de las Partes Consultivas;
   2. las opciones para reducir los costos de traducción e interpretación;
   3. posibles enmiendas a las reglas y disposiciones de la RCTA, incluidas las Disposiciones Financieras y el Reglamento del Personal;
   4. el uso de la fórmula adecuada para calcular el aumento en los costos y los principios subyacentes a dicha fórmula;
   5. las escalas de salario para el personal ejecutivo y de servicios generales;
   6. uso de un perfil presupuestario quinquenal prospectivo adecuado.

(74)   Japón agradeció los esfuerzos realizados por la Secretaría para lograr un presupuesto con un crecimiento nominal cero. Asimismo, Japón señaló que la escala de salarios anexada a las Reglamento del Personal (Decisión 3 (2003)) estaba desactualizada y debería designarse como obsoleta.

(75)   Australia presentó el WP 24, *Guía para los sistemas y las fuentes de información de la Secretaría*, que propone que la Reunión solicite a la Secretaría elaborar y actualizar, según sea necesario, un documento de referencia breve y objetivo o una 'guía', en formato electrónico, sobre cómo acceder y usar sus sistemas y fuentes de información. La guía proporcionaría información e instrucciones sobre el uso de los sistemas y recursos de información administrados por la Secretaría, y explicaría los aspectos prácticos de la participación en las reuniones y la interacción con la Secretaría y otras Partes.

(76) Luego de la confirmación por parte del Secretario Ejecutivo de que era posible hacerlo con los recursos existentes, la Reunión solicitó a la Secretaría que elaborara una guía electrónica para sus sistemas y fuentes de información, para integrarla dentro del sitio web de la Secretaría y hacer referencia a ella en el manual de los delegados.

Tema 7. Formulación de un plan de trabajo estratégico plurianual

(77) Australia presentó el WP 30, *Formulación de un plan de trabajo estratégico plurianual para la Reunión Consultiva del Tratado Antártico*, elaborado en forma conjunta con Bélgica, Alemania, los Países Bajos, Noruega, Sudáfrica, Suecia, el Reino Unido y Estados Unidos. Señaló que había dos documentos de información de respaldo, el IP 11, *Resumen Temático: Formulación de un plan de trabajo estratégico plurianual para la Reunión Consultiva del Tratado Antártico* y el IP 12, *Ejemplos para ilustrar la propuesta aplicación de un Plan de trabajo estratégico plurianual.* La propuesta fue que la Reunión adoptara un enfoque estratégico para llevar a cabo su trabajo, formulando un plan quinquenal renovable que se adjunte a su informe final y esté disponible en la página web de la Secretaría.

(78) Un delegado del CPA brindó un informe sobre la experiencia del CPA en relación con la elaboración de un plan de trabajo quinquenal renovable. Se destacó especialmente que la adopción del plan había ayudado al CPA significativamente a realizar su trabajo con mayor eficiencia y efectividad.

(79) Si bien varias de las partes y la ASOC apoyaron la idea de un plan de trabajo y las probabilidades de que éste aumente la eficacia del trabajo de la RCTA, algunas Partes manifestaron preocupación, entre otras aspectos, acerca de la complejidad y el insumo de tiempo que podría implicar establecer las prioridades, la necesidad de que el plan de trabajo permaneciera subordinado al programa de la RCTA y de que no interfiriera con su desarrollo habitual, y los posibles costos que implicaría la elaboración de un plan de trabajo.

(80) Nueva Zelandia presentó el WP 47, *Priorización de temas en un Plan de trabajo estratégico plurianual de la RCTA*, que propuso que la Reunión considerara la priorización de los temas en tres grupos temáticos: (i) protección eficaz de un medioambiente antártico en transformación (ii) gestión eficaz de las actividades humanas en la Antártida; y (iii) operación eficaz del Sistema del Tratado Antártico; y sugirió una metodología para determinar las prioridades

basada en la "probabilidad" y las "consecuencias" de eventos para la Antártida y el Sistema del Tratado Antártico. También se refirió al IP 16 de respaldo, *Priorización de temas de la RCTA: Cuadro ilustrativo.*

(81) En respuesta a la metodología basada en riesgos propuesta para identificar prioridades, los Países Bajos destacaron que la metodología no tenía en cuenta la dimensión de la política de priorización. En este sentido, Estados Unidos sugirió que, si bien el modelo propuesto podría ser útil a nivel nacional, existen otros factores que las Partes debería analizar al determinar las prioridades nacionales.

(82) Teniendo en cuenta estas inquietudes y consideraciones en el debate posterior, la Reunión aprobó la Decisión 3 (2012), Formulación de un plan de trabajo estratégico plurianual para la Reunión Consultiva del Tratado Antártico. La Reunión señaló que se habían presentado propuestas con respecto a un posible formato para el plan. La Reunión solicitó que el Secretario Ejecutivo estableciera un fondo especial para recibir contribuciones voluntarias para los servicios de interpretación en el taller establecido mediante la Decisión 3 (2012).

(83) La Reunión acordó establecer el Grupo de Contacto Intersesional (GCI) al que se hace mención en la Decisión 3 (2012), con los siguientes términos de referencia:

    a. Coordinar electrónicamente las sugerencias de las Partes Consultivas y otros participantes de la RCTA sobre los posibles temas de prioridad que deben identificarse en el plan; y

    b. Compilar un documento que refleje las sugerencias para distribuirlo entre las Partes Consultivas y otros participantes de la RCTA al menos 3 meses antes de la XXXVI RCTA.

(84) Asimismo, se acordó:

- que se debería invitar a los Observadores y Expertos que participaron en la XXXV RCTA para que brinden información al GCI; y

- que el Secretario Ejecutivo incorporaría al GCI al foro de la RCTA y brindaría ayuda al GCI.

(85) Australia y Bélgica reconocieron que en esta Reunión no se alcanzó el consenso en relación con el formato para el plan de trabajo estratégico plurianual. Al reconocer esto, Australia y Bélgica expresaron su deseo de que se continúe considerando al formato preliminar presentado en el IP12,

Ejemplos para ilustrar la propuesta aplicación de un Plan de trabajo estratégico plurianual, como una posible base para el formato del plan, e incluso en el taller para debatir la elaboración de un proyecto de plan de trabajo para su análisis en XXXVI RCTA.

Tema 8: Informe del Comité para la Protección del Medio Ambiente

(86)　El Dr. Yves Frenot, Presidente del Comité para la Protección del Medio Ambiente (CPA), presentó el informe de la XV Reunión del CPA. El CPA analizó 44 Documentos de Trabajo, 46 Documentos de Información, 5 Documentos de la Secretaría y 13 Documentos de Antecedentes.

Deliberaciones estratégicas sobre el futuro del CPA (Tema 13 del programa de la Reunión del CPA)

(87)　El Comité revisó y actualizó su Plan de trabajo quinquenal, lo que fue importante para administrar su trabajo y prioridades. El Comité decidió considerar elevar a la prioridad 2 los temas "Examen general del sistema de zonas protegidas" y "Directrices para sitios específicos", e identificar como prioridad 3 (que anteriormente era la prioridad 2) los temas "Sitios y monumentos históricos" e "Intercambio de información" que continúan siendo temas permanentes.

(88)　El Comité también apoyó la idea de un Portal de medios ambientes antárticos en línea, que serviría como fuente de información principal sobre los medios ambientes antárticos, un vínculo entre la ciencia y la política, una manera de facilitar y mejorar las funciones de asesoramiento a la RCTA del SCAR y el CPA, y de ayudar a comunicar información sobre los medios ambientes antárticos al público. El Comité espera con interés el trabajo entre sesiones sobre un modelo de demostración para continuar con los debates en 2013.

(89)　La RCTA señaló que el CPA continuaba trabajando estratégicamente para priorizar temas a través de su plan de trabajo quinquenal, que permite que los temas más importantes sean el centro del trabajo, al mismo tiempo que alienta a los distintos miembros a centrarse sus áreas de experiencia. La RCTA agradeció al CPA por su respuesta ante los pedidos de asesoramiento. Se reiteró la importancia del uso completo del SEII.

Funcionamiento del CPA (Tema 4 del programa de la Reunión del CPA)

(90)   El Comité analizó los esfuerzos permanentes por mejorar el intercambio de información y aceptó el ofrecimiento de la Secretaría de realizar otras mejoras a los componentes de información ambiental del SEII.

Impacto del cambio climático en el medio ambiente: enfoque estratégico (Tema 5 del programa de la Reunión del CPA)

(91)   El Comité analizó las medidas tomadas para abordar las recomendaciones de la Reunión de Expertos del Tratado Antártico (RETA) de 2010 sobre cambio climático. Analizó un informe del COMNAP sobre las mejores prácticas relativas a la gestión de energía, y un resumen del SCAR sobre su trabajo para comunicar la ciencia del cambio climático. Asimismo, señaló la propuesta de la ASOC, Australia y el Reino Unido de apagar en forma coordinada todas las luces no esenciales de las estaciones antárticas para marcar la Hora de la Tierra el 30 de marzo de 2013, a fin de demostrar apoyo a la acción de lucha contra la amenaza del cambio climático.

(92)   El Comité avaló la propuesta de Noruega y el Reino Unido de probar en la Antártida la metodología de Evaluación rápida de la resiliencia del ecosistema que rodea al Ártico (RACER), una herramienta para evaluar la resiliencia del ecosistema y las áreas que es importante conservar, y al mismo tiempo tener en cuenta la necesidad de adaptar la metodología al contexto Antártico.

(93)   La RCTA agradeció al CPA por su trabajo en la implementación de diversas recomendaciones de la reunión de expertos sobre cambio climático; recordó que aún quedaba una serie de recomendaciones pendientes, y sugirió que se continuara trabajando en esta área.

(94)   Australia señaló que el CPA estaba avanzando sobre las recomendaciones ambientales de la RETA, a través de su plan de trabajo quinquenal. Indicó que un plan de trabajo estratégico plurianual podría ayudar de manera similar a la RCTA a programar su consideración de las recomendaciones relativas a otras cuestiones, tal como se sugiere en el IP 12.

Evaluación del impacto ambiental (Tema 6 del programa de la Reunión del CPA)

Proyectos de evaluación medioambiental global

(95) No se presentó ningún proyecto de Evaluación medioambiental global (CEE) a la XV Reunión del CPA.

Otros temas relacionados con la evaluación del impacto ambiental

(96) El Comité avaló el estudio liderado por Nueva Zelandia sobre los aspectos ambientales y el impacto del turismo y las actividades no gubernamentales en la Antártida, y envió el estudio y sus 8 recomendaciones a la RCTA para respaldar su análisis de la gestión del turismo. El estudio respondió a una solicitud por parte de la XXXII RCTA, y fue un paso trascendental para identificar el impacto conocido y desconocido del turismo y las actividades no gubernamentales. El Comité reconoció que el estudio era un documento dinámico que el CPA debería considerar en forma continua.

(97) La Reunión recibió con agrado el asesoramiento oportuno por parte del CPA sobre los aspectos ambientales y el impacto del turismo, y señaló que el CPA está dispuesto a realizar otros trabajos según sea necesario.

(98) El Comité agradeció los esfuerzos de Brasil para minimizar el impacto ambiental durante el desmantelamiento y la reconstrucción de la estación Comandante Ferraz. Por otra parte, recibió información por parte de la Federación de Rusia sobre la penetración del lago subglacial Vostok, incluida una explicación de las razones por las que no había cambiado a la tecnología de perforación térmica, tal como se había planificado originalmente, y sus intenciones de que en futuros trabajos se tomen muestras de la columna de agua del lago.

(99) Se informó al Comité sobre la preparación de 2 CEE finales:

   • Evaluación medioambiental global (CEE) final de la construcción y operación de la estación de investigación antártica Jang Bogo, bahía Terra Nova, Antártica (República de Corea)

   • Evaluación medioambiental global (CEE) final de la Exploración propuesta del lago subglacial Ellsworth, Antártida (Reino Unido).

(100) La RCTA agradeció estas dos CEE finales, elogió a Corea por la alta calidad de la CEE elaborada para la construcción de la nueva estación Jang Bogo,

y destacó la respuesta detallada a cuestiones planteados por el CPA en su revisión del proyecto de CEE.

(101) India presentó un documento sobre la instalación y operación de su nueva estación de investigación Bharati en las colinas de Larsemann y agradeció a varias Partes por sus aportes útiles durante el proceso de CEE.

Protección y gestión de zonas (Tema 7 del programa de la Reunión del CPA)

Planes de Gestión para Zonas Protegidas y Administradas

(102) Se presentaron ante el Comité planes de gestión revisados para 14 Zonas Antárticas Especialmente Protegidas (ZAEP) y una Zona Antártica Especialmente Administrada (ZAEA), y 3 propuestas para designar nuevas ZAEP. Uno de ellos había estado sujeto a revisión por parte del Grupo Subsidiario sobre Planes de Gestión (GSPG) y los demás habían sido presentados directamente a la XV Reunión del CPA.

(103) Haciendo lugar al asesoramiento del CPA, la Reunión aprobó las siguientes Medidas sobre Zonas Protegidas y Administradas::

- Medida 1 (2012): Zona Antártica Especialmente Protegida N° 109 (isla Moe, islas Orcadas del Sur): Plan de Gestión revisado.
- Medida 2 (2012): Zona Antártica Especialmente Protegida N° 110 (isla Lynch, islas Orcadas del Sur): Plan de Gestión revisado.
- Medida 3 (2012): Zona Antártica Especialmente Protegida N° 111 (isla Powell del Sur e islas adyacentes, islas Orcadas del Sur): Plan de Gestión revisado.
- Medida 4 (2012): Zona Antártica Especialmente Protegida N° 112 (península Coppermine, isla Robert, islas Shetland del Sur): Plan de Gestión revisado.
- Medida 5 (2012): Zona Antártica Especialmente Protegida N° 115 (isla Lagotellerie, bahía Margarita, Graham Land): Plan de Gestión revisado.
- Medida 6 (2012): Zona Antártica Especialmente Protegida N° 129 (punta Rothera, isla Adelaide): Plan de Gestión revisado.
- Medida 7 (2012): Zona Antártica Especialmente Protegida N° 133 (punta Harmony): Plan de Gestión revisado.
- Medida 8 (2012): Zona Antártica Especialmente Protegida N° 140 (Partes de la isla Decepción): Plan de Gestión revisado.

- Medida 9 (2012): Nueva Zona Antártica Especialmente Protegida (Cataratas de Sangre, valle de Taylor, valles secos de McMurdo, Tierra de Victoria).
- Medida 10 (2012): Zona Antártica Especialmente Administrada Nº 4 (isla Decepción): Plan de Gestión revisado.

(104) El Comité envió los siguientes proyectos de planes de gestión y propuestas para nuevas ZAEP al GSPG para su revisión en el período entre sesiones:

- ZAEP Nº 128 (costa occidental de la bahía Lasserre, isla Rey Jorge/isla 25 de Mayo, islas Shetland del Sur).
- ZAEP Nº 132 (península Potter).
- ZAEP Nº 144 ("bahía de Chile" (bahía Discovery), isla Greenwich, islas Shetland del Sur).
- ZAEP Nº 145 (Puerto Foster, isla Decepción, islas Shetland del Sur).
- ZAEP Nº 146 (bahía South, isla Doumer, archipiélago Palmer).
- ZAEP Nº 151 (Lion Rump, isla Rey Jorge, islas Shetland del Sur).
- Nueva ZAEP (áreas geotérmicas de mayor altitud de la región del mar de Ross).
- Nueva ZAEP (cabo Washington y bahía Silverfish, bahía Terra Nova, mar de Ross).

Grupo Subsidiario sobre Planes de Gestión del CPA

(105) El Comité aprobó el plan de trabajo para las actividades del GSPG durante el período entre sesiones 2012/13, designó como coordinadora a Birgit Njåstad de Noruega y agradeció a Ewan McIvor de Australia por su coordinación.

(106) La Reunión hizo referencia a la gran carga de trabajo que afrontaba el GSPG al considerar los planes de gestión nuevos y revisados, alentó la participación en dicho trabajo, y señaló la eficacia del grupo. Nueva Zelandia sugirió que el Comité podría considerar la utilidad de establecer otros grupos subsidiarios para facilitar su trabajo. Asimismo, señaló que la CCRVMA también estudiaría varios de los planes de gestión que debían analizarse en el próximo período entre sesiones. La Reunión alentó el diálogo efectivo entre el CC-CCRVMA y el CPA sobre cuestiones de interés para ambos comités.

Sitios y Monumentos Históricos

(107) El Comité analizó el informe de los debates entre sesiones coordinados por Argentina sobre Sitios y Monumentos Históricos, y señaló la lista propuesta de información adicional que podía agregarse a la descripción de SMH, que incluye información sobre el tipo de SMH, las características físicas y el paisaje local/cultural, características históricas/culturales, descripción del contexto histórico, enlace a las directrices para sitios para visitantes, si corresponde, fotos y mapas y designación de ZAEP, si corresponde. El Comité acordó que las Partes deberían trabajar junto a especialistas en patrimonio y/o representantes nacionales de organismos de expertos externos al considerar los mecanismos de gestión de SMH.

(108) Se habían presentado ante el Comité 7 propuestas para revisar las descripciones de SMH.

(109) Haciendo lugar al asesoramiento del CPA, la Reunión aprobó la Medida 11 sobre Sitios y Monumentos Históricos:

- Nº 4 Polo de Inaccesibilidad
- Nº 7 Piedra de Ivan Khmara
- Nº 8 Monumento a Anatoly Scheglov
- Nº 9 Cementerio isla Buromsky
- Nº 10 Observatorio de la estación soviética Oasis
- Nº 11 Tractor de la estación Vostok
- Nº 37 Sitio histórico O'Higgins.

Directrices para sitios

(110) El Comité analizó propuestas para directrices para sitios revisadas para un sitio y directrices nuevas para tres nuevos sitios. El comité aprobó las directrices para sitios nuevas para la isla D'Hainaut, puerto Mikkelsen, isla Trinity; puerto Charcot, isla Booth; y caleta Péndulo, isla Decepción, islas Shetland del Sur.

(111) La Reunión analizó y aprobó 3 Directrices para sitios nuevas mediante la Resolución 4 (2012).

(112) El Comité analizó una propuesta de revisar las directrices para sitios para la isla Aitcho (isla Barrientos), para modificar los puntos de anclaje y cambiar la ruta designada para caminatas a través de un área cerrada. El Comité acordó que sería adecuado aplicar otra suspensión temporal del acceso al

área cerrada central salvo por razones de investigación científica y vigilancia. Además, acordó que sería adecuado modificar las directrices para sitios para tener en cuenta la moratoria, alentar a los programas nacionales activos en el área a colaborar en la recolección de datos e información sobre los daños que sufrieron los lechos de musgo y en el desarrollo de un programa de vigilancia para evaluar la recuperación del sitio, y evaluar nuevamente este tema, incluidas las directrices para sitios, en la XVI Reunión del CPA.

(113) La Reunión analizó y aprobó una Directriz para sitios revisada mediante la Resolución 5 (2012).

(114) La Reunión recibió con agrado la aprobación de las Directrices para sitios para visitantes nuevas y revisadas, que están demostrando ser útiles, y en el caso de la isla Barrientos/Aitcho, una herramienta proactiva para administrar el impacto en los sitios de desembarco de turistas.

La huella humana y los valores silvestres

(115) El Comité analizó el concepto de la huella humana y los valores silvestres relacionados con la protección del medioambiente antártico. El Comité aceptó con agrado un ofrecimiento de Nueva Zelandia y los Países Bajos de trabajar con el SCAR y otras Partes interesadas previo a la XVI Reunión del CPA, para elaborar material de guía para ayudar a las Partes a tener en cuenta los valores silvestres, y explorar las posibilidades de analizar zonas inalteradas en la planificación de la conservación, y las posibles sinergias con la protección de los valores silvestres.

(116) Nueva Zelandia destacó el trabajo permanente sobre la huella humana y los valores silvestres, y el reconocimiento del Comité de que se había producido una disminución progresiva en algunos aspectos de la vida silvestre antártica; además señaló que este trabajo es pertinente para algunas de las cuestiones estratégicas a largo plazo que considera actualmente el Grupo de Trabajo sobre Turismo en torno a la expansión y diversificación de las actividades turísticas.

Gestión y protección del espacio marino

(117) El Comité señaló que el Grupo de Gestión para la ZAEA Nº 1 consideraría la cuestión de la pesca de krill en la ZAEA Nº 1 durante 2009/10, planteada por la ASOC durante la revisión y modificación del plan de gestión de la Zona en el próximo año. El Observador del CC-CCRVMA además se comprometió a asegurar que la CCRVMA prestara atención a las inquietudes relacionadas con este tema.

Otros asuntos relacionados con el Anexo V

(118) El Comité analizó la propuesta de Estados Unidos y Nueva Zelandia sobre la protección de áreas geotérmicas en cuevas de hielo en el Monte Erebus, isla Ross. Acordó alentar a las Partes interesadas y sus científicos a colaborar para generar un inventario de las cuevas de hielo del Monte Erebus; a las Partes interesadas y sus científicos a colaborar en la elaboración de un Código para prevenir la contaminación; y a los científicos, las Partes interesadas y el SCAR a elaborar material de guía adecuado para otras áreas geotérmicas en la Antártida. El Comité también señaló otras recomendaciones para alentar a las Partes a adoptar una suspensión temporal para las visitas informales o las visitas para otros fines que no sean la investigación científica; y para el ingreso para cualquier fin en las cuevas de hielo del Monte Erebus que se consideren prístinas hasta que pueda acordarse un código de conducta; y para alentar a los científicos a esterilizar sus equipos y vestimenta.

(119) El Comité también consideró un análisis presentado por Australia, Nueva Zelandia y el SCAR, que identificó 15 regiones sin hielo con características biológicamente distintas (Regiones Biogeográficas de Conservación Antártica) que abarcan el continente antártico y las islas situadas frente a la costa dentro del área del Tratado Antártico. El Comité acordó que las Regiones Biogeográficas de Conservación Antártica debían utilizarse en forma sistemática y conjuntamente con otras herramientas acordadas dentro del Sistema del Tratado Antártico, como modelo dinámico para la identificación de zonas que pueden ser designadas como Zonas Antárticas Especialmente Protegidas dentro de los criterios ambientales y geográficos sistemáticos a los que se hace referencia en el Artículo 3(2) del Anexo V del Protocolo. El Comité también realizó pedidos de la Secretaría y las Partes para contribuir con la recolección y accesibilidad de datos espaciales, y aceptó incorporar el mapa de las 15 Regiones Biogeográficas de Conservación Antártica en el Manual de especies no autóctonas del CPA.

(120) La Reunión aprobó la Resolución 6 (2012) sobre las Regiones Biogeográficas de Conservación Antártica.

(121) La Reunión recibió con satisfacción la aprobación de las Regiones Biogeográficas de Conservación Antártica recientemente definidas como una nueva herramienta para apoyar la identificación de áreas para la consideración de una protección o gestión especial, dentro de un marco ambiental sistemático.

(122) El Comité debatió una propuesta de la Federación de Rusia de solicitar a cualquiera de las Partes la revisión de un plan de gestión para una Zona

designada principalmente a fin de proteger los valores antárticos vivos, para presentar ante el CPA los resultados de un programa de vigilancia científica sobre el estado de dichos valores. Si bien el Comité aceptó la necesidad de una vigilancia a largo plazo de las zonas protegidas, algunos Miembros se mostraron preocupados por las posibles consecuencias de un sistema obligatorio, que temían que pudiera incluir el acceso imperioso a las zonas protegidas, y desalentar la revisión de los planes de gestión.

Conservación de la flora y fauna antárticas (Tema 8 del programa de la Reunión del CPA)

Cuarentena y especies no autóctonas

(123) Luego de la conferencia del SCAR sobre los resultados del proyecto "Aliens in Antarctica" del Año Polar Internacional (API), el Comité acordó:

- Incluir las evaluaciones de riesgos explícitas en lo espacial, diferenciadas por actividad, en el mayor desarrollo de estrategias para reducir los riesgos que representan las especies terrestres no autóctonas.
- Desarrollar, en colaboración con el SCAR, el COMNAP, la IAATO, la IUCN y las Partes, una estrategia de vigilancia para las áreas con alto riesgo de establecimiento de especies no autóctonas tal como se identifica en el proyecto Aliens in Antarctica.
- Prestar mayor atención, en colaboración con sus socios, a los riesgos que representa la transferencia intraantártica de propágulos, teniendo en cuenta que tales evaluaciones solo constituyeron una parte pequeña del proyecto Aliens in Antarctica.

(124) El Comité además consideró la función del SCAR en la reducción del riesgo de introducción accidental de especies no autóctonas asociadas con la importación a la Antártida de alimentos frescos y vegetales, y acordó: alentar a las Partes a implementar las listas de verificación del COMNAP/ SCAR para los gestores de las cadenas de suministro; e investigar otros métodos para reducir el riesgo de introducción de especies no autóctonas en la Antártida asociadas con los alimentos frescos. Asimismo, acordó incluir las directrices propuestas por Australia y Francia para minimizar los riesgos de introducción de especies no autóctonas y enfermedades asociadas con las instalaciones de hidroponia en el Manual de especies no autóctonas.

Otros asuntos relacionados con el Anexo II

(125) El Comité destacó con interés la información de Alemania y el SCAR sobre el sonido antropogénico en el Océano Austral, y solicitó actualizaciones periódicas sobre las investigaciones posteriores en esta área.

Vigilancia ambiental e informes sobre el estado del medio ambiente (Tema 9 del programa de la Reunión del CPA)

(126) El Comité continuó su análisis iniciado en la XIV Reunión del CPA sobre el posible uso de técnicas de teledetección para una mejor vigilancia del medioambiente y el cambio climático en la Antártida. En respuesta a un documento presentado por el Reino Unido sobre las técnicas de teledetección para vigilar los cambios en la vegetación en las ZAEP y el ambiente antártico más amplio, el Comité:

- reconoció el valor significativo que ofrece la combinación de vigilancia satelital y aérea como una nueva técnica para recopilar evidencia detallada del cambio en la vegetación, relacionado con un cambio climático localizado;
- alentó a las Partes con programas de trabajo relacionados con el cambio en la vegetación a analizar, en colaboración con el Reino Unido, el mayor desarrollo y la aplicación de dichas técnicas de vigilancia; en particular, para identificar áreas geográficas especiales o programas científicos adecuados para dichas técnicas; y
- invitó a las Partes a comentar sobre la metodología y compartir sus experiencias de aplicar técnicas similares.

(127) El Comité acordó además que Alemania coordinaría y lideraría un grupo de contacto intersesional sobre el tema de la teledetección como herramienta adicional para vigilar las poblaciones de pingüinos en la Antártida, que podría vincularse con la CCRVMA y presentar un informe en la XVI Reunión del CPA.

(128) En respuesta a una presentación por parte de Nueva Zelandia sobre las técnicas simples y rápidas que usan el análisis del sistema de información geográfica (SIG) para vigilar los cambios en la vegetación a escalas detalladas, el Comité:

- reconoció el posible uso de las técnicas del SIG como método para vigilar los cambios en la distribución y abundancia de las especies a escalas detalladas, que podría combinarse con la teledetección para vigilar los cambios a gran escala tanto para las especies como para el medio ambiente;

- acordó establecer una red de sitios para vigilar la distribución y abundancia de las especies, asignándole prioridad a las ZAEP designadas por su diversidad y abundancia de flora y/o fauna, donde la vigilancia puede realizarse durante el proceso de revisión del plan de gestión; y

- reconocer el valor de aplicar metodologías uniformes en las ZAEP, de manera que los cambios en la diversidad y abundancia de las especies puedan compararse en todo el continente para obtener una comprensión más global de los efectos del cambio climático en la Antártida.

(129) En respuesta a una presentación de Chile relacionada con la presencia de microorganismos asociados con los seres humanos de los desagües de las plantas de tratamiento de aguas residuales en la Antártida, el Comité acordó que los Miembros debían aumentar su vigilancia preventiva de la actividad microbiana en áreas cercanas a los desagües de plantas de tratamiento de aguas residuales, y señaló que el COMNAP analizaría en su Reunión General Anual en julio de 2012 la posibilidad de revisar la información relevante y las directrices relativas al tratamiento de aguas residuales.

Informes de inspecciones (Tema 10 del programa de la Reunión del CPA)

(130) El Comité analizó un Informe de inspección de la Federación de Rusia y Estados Unidos, sobre su inspección conjunta de la Base Scott (Nueva Zelandia), la Estación Concordia (Francia e Italia), y la Estación Mario Zucchelli (Italia). Francia, Italia y Nueva Zelandia proporcionaron respuestas preliminares a los hallazgos, y el Dr. H. Miller, como Presidente del Proyecto EPICA, brindó información complementaria sobre las características históricas y técnicas del proyecto de núcleos de hielo profundo del Domo C.

(131) En respuesta a una revisión de las inspecciones conforme al Artículo 14 del Protocolo de Madrid presentadas por la ASOC y el PNUMA, el Comité observó que el mecanismo de inspección fue vital para respaldar la aplicación práctica del Protocolo de Madrid, y varios Miembros recomendaron que las Partes inspeccionadas informaran sobre las medidas que habían tomado en respuesta a las recomendaciones de los informes de inspección. En este aspecto, la Federación de Rusia informó al CPA sobre los avances realizados en respuesta a las inspecciones de la Estación Molodezhnaya, la Estación Druzhnaya IV, la Estación Soyuz, la Estación Leningradskaya y la Estación Vostok, que llevó a cabo Australia en 2010 y 2011.

Cooperación con otras organizaciones (Tema 11 del programa de la Reunión del CPA)

(132) El Comité recibió los informes anuales del COMNAP, el SCAR y la CCRVMA. Teniendo en cuenta la relevancia de los informes de otras organizaciones para una serie de temas de su programa, el Comité decidió analizar este tema del programa antes en las futuras reuniones.

Reparación y remediación del daño ambiental (Tema 12 del programa de la Reunión del CPA)

(133) El Comité reiteró que la reparación y remediación era de fundamental importancia, y decidió continuar los debates informales durante el período entre sesiones para desarrollar aún más el proyecto de Manual de limpieza de la Antártida propuesto por Australia y el Reino Unido. El Manual incluirá orientación para ayudar a las Partes a cumplir con sus obligaciones conforme al Anexo III del Protocolo Ambiental de limpiar los sitios de eliminación de residuos en tierra antiguos y los sitios de trabajo abandonados de actividades anteriores, y podría actualizarse periódicamente.

(134) El Comité analizó el resumen de Australia de los temas clave para responder al pedido de la XXXIII RCTA, en la Decisión 4 (2010), de asesoramiento sobre temas ambientales relacionados con la posibilidad práctica de reparar y remediar el daño ambiental. El Comité estableció un GCI que coordinará el Dr. Neil Gilbert de Nueva Zelandia, bajo los siguientes Términos de referencia:

- sobre la base del WP 26 de la XXXV RCTA *Aspectos ambientales relacionados con la posibilidad práctica de reparar o remediar el daño ambiental* (Australia) y, según corresponda, otros documentos presentados en la XV Reunión del CPA sobre el tema de la reparación y remediación del daño ambiental:
- preparar una respuesta preliminar para la Decisión 4 (2010) donde la RCTA solicitó al CPA "que analizara los aspectos ambientales relacionados con la posibilidad práctica de reparar o remediar el daño ambiental en las circunstancias de la Antártida";
- cuando corresponda, intentar identificar y presentar ejemplos para ayudar a ilustrar las cuestiones planteadas en el proyecto de asesoramiento; e
- informar en la XVI Reunión del CPA sobre los resultados de este trabajo.

(135) La RCTA acogió con agrado la respuesta del CPA al pedido de la RCTA presentado en la Decisión 4 (2010) y espera con interés los resultados del programa propuesto del trabajo del CPA sobre el tema de la reparación y remediación que son importantes para abordar el legado ambiental de los sitios de actividad anterior.

Asuntos generales (Tema 13 del programa de la Reunión del CPA)

(136) Después de considerar el informe del COMNAP sobre su estudio de planes de contingencia para derrames de combustible, el Comité instó a las Partes a continuar mejorando sus planes de contingencia dentro del marco de sus Programas Nacionales Antárticos.

Elección de autoridades (Tema 14 del programa de la Reunión del CPA)

(137) El Comité reeligió al Dr. Yves Frenot de Francia como Presidente por un segundo período de dos años.

(138) Se eligió a Birgit Njåstad de Noruega como Vicepresidenta del CPA.

(139) El Comité agradeció cálidamente a Ewan McIvor de Australia por desempeñarse como Vicepresidente por dos períodos, y por coordinar el GSPG.

Preparación para la XVI Reunión del CPA (Tema 15 del programa de la Reunión del CPA)

(140) El Comité aprobó el programa provisional para la XVI Reunión del CPA incluido en el Anexo [1]del informe del CPA.

(141) La Reunión agradeció al Dr. Frenot por su excelente presidencia, agradeció al Vicepresidente saliente Ewan McIvor por su sobresaliente desempeño en el Comité durante sus dos períodos de servicio, y felicitó al Comité por su capacidad para brindar a la RCTA de manera constante y dedicada asesoramiento de gestión acertado basado en un sólido trabajo de fondo.

Tema 9. Responsabilidad: aplicación de la Decisión 4 (2010)

(142) Las Partes brindaron información actualizada sobre el estado de su ratificación del Anexo VI del Protocolo. Hasta junio de 2012, seis Partes Consultivas habían ratificado el Anexo VI, y se preveía que aproximadamente otras seis

Partes Consultivas lo hicieran antes de la XXXVI RCTA. La Reunión recibió gratamente el trabajo en curso de las Partes Consultivas y de otras Partes, al mismo tiempo que señaló que era poco probable que el Anexo entrara en vigencia antes de la XXXVI RCTA. Las Partes Consultivas confirmaron que se habían comprometido a ratificar el Anexo VI, y atribuyeron las demoras en la ratificación a las limitaciones de recursos y/o determinados desafíos para la implementación.

(143) La Federación de Rusia presentó el IP 71, *On preparation for ratification of Annex VI of the Protocol on Environmental Protection to the Antarctic Treaty*, que resume los cambios relevantes a su legislación local durante el año anterior. En 2012, el Parlamento ruso analizó un proyecto de ley relacionado con la reglamentación de las actividades de los ciudadanos rusos y las personas jurídicas en la Antártida que exige la Medida 4 (2004) y la Medida 1 (2005). Durante la Reunión, la Federación de Rusia informó que la legislación en cuestión ya había sido aprobada por el Parlamento ruso y había entrado en vigencia el 5 de junio de 2012.

(144) La Federación de Rusia señaló la dificultad que había tenido para calcular con precisión el costo de las medidas de respuesta, que requerían una comprensión del alcance y las características de cada medida, y una metodología para el cálculo de los costos de dichas medidas. Sugirió que era necesario elaborar un marco unificado para ello, a fin de evitar discrepancias entre las Partes.

Tema 10. Seguridad y operaciones en la Antártida

(145) El COMNAP presentó el WP 13, *Comprender el riesgo que representan los tsunamis para las operaciones y el personal costero en la Antártida en los Programas Nacionales Antárticos*, preparado en forma conjunta con el SCAR, que informó que un análisis preliminar indica que ocasionalmente pueden surgir riesgos de tsunamis de un nivel moderado a preocupante para las operaciones y el personal costero de la Antártida de los Programas Nacionales Antárticos.

(146) El Reino Unido y España señalaron que habían implementado algunos procedimientos de respuesta frente a tsunamis en algunas estaciones antárticas después del terremoto de Chile de 2010 y, en el caso de España, después del terremoto de Japón de 2011. Estados Unidos mencionó su importante inversión y experiencia en los sistemas de alerta de tsunamis. Argentina recordó la información al respecto que había presentado en la

XXXIV RCTA. La OHI y la OMM indicaron que estaban dispuestas a brindar asistencia en caso de ser necesario.

(147) La Reunión apoyó la recomendación del COMNAP de que las organizaciones con experiencia en la detección, elaboración de modelos, investigación y la gestión de los sistemas de alerta de tsunamis trabajen junto al COMNAP y el SCAR en la siguiente fase de este proyecto, principalmente para elaborar un plan de comunicaciones de alerta de tsunami que sea simple, económico y práctico, junto con materiales educativos y de concientización sobre tsunamis.

(148) Nueva Zelandia presentó el WP 49, *Respuesta de la RCTA ante la CCRVMA con respecto de los incidentes que implican a buques pesqueros*, que informa sobre dos respuestas de búsqueda y salvamento en el Mar de Ross durante la temporada 2011/12 que involucraron los buques *FV SPARTA* de bandera rusa y *FV JEONG WOO 2* de bandera coreana. Nueva Zelandia propuso que las Partes apoyen el Protocolo de Torremolinos de 1993 y el Código Polar de la OMI, mejoren las normas de seguridad de los buques, insten a la CCRVMA a fortalecer su Resolución 20/XXII, recuerden a los operadores que proporcionen detalles de contacto al Centro de Coordinación de Rescate Marítimo responsable antes de ingresar en el área del Tratado Antártico y acepten informar al CPA sobre las medidas tomadas para reducir el impacto ambiental de los buques accidentados.

(149) Si bien las Partes reconocieron que la seguridad de los buques era un tema importante y un área adecuada para que considerara la RCTA, algunas de las Partes manifestaron preocupación de que la RCTA no debería prejuzgar las negociaciones en curso de la OMI, y señalaron que es preciso que haya coherencia con las resoluciones de la CCRVMA relevantes existentes.

(150) Australia se mostró de acuerdo con la idea de solicitar a los buques que proporcionen sus datos de contacto a un CCRM al ingresar en el área del Tratado. En la opinión de Australia, al ser una nación con responsabilidades por la coordinación de búsqueda y salvamento en el Océano Austral, también es importante que, una vez que los buques se encuentran dentro del área del Tratado, informen a los CCRM correspondientes al ingresar en una otra área para la cual tiene responsabilidad otro CCRM. Australia considera que es parte de la competencia de la RCTA promover la seguridad de los buques en la Antártida, y que este tema se debe continuar considerándose en el futuro.

(151) Luego de otros debates, la Reunión aprobó la Resolución 7 (2012) Seguridad de los buques en el área del Tratado Antártico.

(152) Estados Unidos presentó el WP 51, *Coordinación de la Búsqueda y salvamento marítimo y aeronáutico (SAR) – Propuesta sobre considerar los medios para mejorar la coordinación de SAR en la Antártida.* Señaló que el SAR era una inquietud clave para todas las Partes del Tratado, incluidos sus Programas Nacionales Antárticos y los organismos que administran e implementan el SAR en la Antártida. Teniendo en cuenta la cantidad cada vez mayor de incidentes marítimos en la Antártida en años recientes, Estados Unidos cree que ya es hora de explorar diversas maneras de mejorar la coordinación del SAR a través, por ejemplo, del establecimiento de mejores prácticas u otras medidas. Los debates entre las Partes del Tratado pueden mejorar la coordinación con respecto a las circunstancias bajo las cuales los cinco estados que operan los Centros de Coordinación de Rescate Marítimo con responsabilidades de coordinación de SAR en el área del Tratado Antártico deben buscar la ayuda de los Programas Nacionales Antárticos y otras partes que participan en misiones científicas o de otro tipo en las áreas de operación especificadas. Como resultado, se propone que haya un debate centralizado de SAR en la XXXVI RCTA en un grupo de trabajo especial que se reúna durante un día, con la participación de los expertos en SAR de las Partes, que se incluirían en delegaciones nacionales para tales debates.

(153) Las Partes aceptaron esta respuesta y plantearon temas que podría considerar dicho grupo de trabajo, como la prevención de accidentes. Chile señaló que en cualquier día durante la temporada, habría al menos 20 buques en su área de responsabilidad de SAR, la mitad de los cuales serían buques de la IAATO. Esto indicaba la necesidad de compartir información sobre los programas de informe con otros CCRM. Alemania solicitó la inclusión específica de expertos de DROMLAN en el grupo de trabajo especial. Rusia señaló que habría un nuevo buque rompehielos disponible para SAR en la Antártida en 2012/13 si era necesario. Suecia indicó su intención de involucrar a expertos con experiencia por la cooperación conforme al nuevo acuerdo SAR ártico. La IAATO hizo hincapié en la importancia de incluir SAR aeronáutico, especialmente políticas de rastreo de posición y de administración de tráfico aéreo. India señaló que posiblemente sea necesario incluir grupos SAR regionales, ya que muchas estaciones costeras están fuera del alcance de CCRM y CCRA. Argentina, Estado con responsabilidad SAR en la Antártida se encuentra seriamente consustanciada con los compromisos asumidos. Asimismo, considera importante que se analicen formas para mejorar la coordinación de los MRCC y que no se erosionen sus competencias específicas

(154) El COMNAP confirmó que pondría a disposición los informes de sus dos Talleres de SAR previos para colaborar con el análisis de este tema por parte del grupo de trabajo especial, y señaló que este grupo de trabajo especial se beneficiaría con los servicios de interpretación. Estados Unidos consultaría a las Partes interesadas y los participantes de la RCTA entre sesiones para preparar el programa para el debate del grupo de trabajo especial.

(155) La Reunión aprobó la Resolución 8 (2012) Coordinación mejorada de búsqueda y rescate marítimo, aeronáutico y terrestre.

(156) La OHI presentó el IP 70, *Informe de la Organización Hidrográfica Internacional (OHI) sobre la "Cooperación en Levantamientos hidrográficos y Cartografía de las aguas antárticas"*, que informa sobre el estado de los levantamientos hidrográficos y la producción de cartografía náutica en la Antártida. La OHI invitó a las Partes a reconocer la importancia de este trabajo, y destacó que un mayor intercambio de información hidrográfica entre las Partes era fundamental para su objetivo de mejorar la cartografía hidrográfica y náutica por la seguridad de la navegación y la protección del medioambiente marino en la Antártida. La OHI señaló que la 11º Reunión de la Comisión Hidrográfica de la Antártida de la OHI en octubre de 2011 había acordado que la mejora de la coordinación a nivel nacional debería ser una práctica permanente entre las Partes. La OHI centró la atención en su programa de trabajo para el período 2013-2017, que incluía una evaluación de riesgos para la región antártica y el desarrollo de un programa de trabajo para mejorar la cartografía de la Antártida (2013/14).

(157) Las Partes recibieron con agrado el informe y agradecieron a la OHI su trabajo. La Reunión señaló la importancia de la cartografía hidrográfica para evitar la pérdida de vidas e incidentes graves con buques.

(158) Nueva Zelandia informó que estaba intentando activamente colaborar con otros Programas Nacionales Antárticos para completar la cobertura del levantamiento hidrográfico de rutas de navegación en el mar de Ross, sobre la base de los levantamientos realizados en el mar de Ross en 2001 y 2004, y apoyó el pedido de la OHI a las Partes de alentar la participación voluntaria en las actividades de recolección de datos.

(159) El Reino Unido señaló que, si bien apoyaba plenamente el trabajo de la OHI, y en especial de su CHA, dudaba si, teniendo en cuenta que el Código Polar aún estaba en desarrollo, este era el momento indicado para que la RCTA transmitiera la cuestión específica de la participación voluntaria en la recolección de datos.

(160) El Reino Unido presentó el WP 4, *Evaluación de actividades en tierra en la Antártida*, que incluía una lista de preguntas para la consideración por parte de las autoridades competentes como parte del proceso de autorización de actividades no gubernamentales en tierra. La lista (una reformulación de la lista de verificación analizada en la XXXIV RCTA) tiene por objeto mejorar la uniformidad de las evaluaciones, y responde a los comentarios recibidos entre sesiones a través del foro del sitio web de la STA.

(161) Muchas de las Partes manifestaron su apoyo a este trabajo y agradecieron al Reino Unido. Noruega señaló que no todas las preguntas serían relevantes para todas las actividades en tierra. Los Países Bajos reiteraron que era responsabilidad de las autoridades nacionales competentes aprobar las actividades conforme a los requisitos locales, y que la lista de preguntas debería reflejar este punto.

(162) La Reunión aprobó la Resolución 9 (2012) Evaluación de las actividades de expedición en tierra.

(163) El COMNAP se refirió al IP 32, *COMNAP Survey of National Antarctic Programs on Oil Spill Contingency Planning*, que también había sido analizado por el CPA, y presentó los resultados de una nueva encuesta del COMNAP sobre planes de contingencia para derrames de combustible llevado a cabo en el período entre sesiones 2011/12. Veintidós de los veintiocho Programas Nacionales Antárticos Miembros del COMNAP respondieron a esta encuesta que actualizó efectivamente la encuesta llevada a cabo por el COMNAP en 1996.

(164) Al recibir con agrado este informe, la IAATO señaló su participación en la encuesta y los beneficios de la colaboración con el COMNAP.

Cuestiones de seguridad y turismo

(165) Alemania, el Reino Unido y Estados Unidos presentaron el WP 17 rev.1, *Compilación de directrices para yates que complementan los estándares de seguridad del tráfico de buques alrededor de la Antártida*, que hace referencia al GCI liderado por Alemania convocado en 2011/12. El GCI revisó y actualizó la lista de verificación de temas específicos relacionados con yates presentada en el WP 37 en la XXXIV RCTA, y proporcionó directrices para yates que navegan en los mares abiertos o regiones polares.

(166) La Reunión aprobó la Resolución 10 (2012): Directrices para yates.

(167) Nueva Zelandia presentó el WP 48, *Reiterada expedición comercial no autorizada: Nilaya/Berserk,* que brinda información actualizada a las Partes sobre la iniciativa de Nueva Zelandia, junto con Argentina, Chile, Noruega, la Federación de Rusia y Estados Unidos de cooperar en relación con este incidente, y los intentos reiterados que realizó el organizador de la expedición del *Nilaya /Berserk* de realizar expediciones no autorizadas a la Antártida. El IP 75, *Participación de Chile en situación yate Nilaya / Berserk* (Chile), y el IP 81, *The Nilaya/Berserk Expedition* (Noruega), proporcionaron más información en relación con este incidente. Nueva Zelandia también agradeció a la IAATO por su cooperación para alertar a los operadores, y se propuso alentar a las Partes a que tomaran medidas prácticas para reducir estas actividades, especialmente otras expediciones del organizador de la expedición del *Nilaya/Berserk.*

(168) Noruega informó a la Reunión que, en abril de 2012, las autoridades noruegas denunciaron al organizador responsable de la expedición del *Nilaya* ante las autoridades judiciales por las violaciones de las normas antárticas noruegas. La denuncia fue por no cumplir con el requisito de brindar suficiente notificación y realizar IEE, y la falta de seguro de búsqueda y salvamento. Actualmente el caso está en manos de la Fiscalía noruega, que funciona independientemente en el sistema legal noruego. No se han proporcionado indicaciones acerca de cuándo finalizará la investigación.

(169) Luego del pedido de apoyo presentado por Nueva Zelandia, Argentina solicitó a sus autoridades migratorias, Control de Puertos, CCRM, así como a los Comandantes de la base argentina, que proporcionen cuanto antes toda información sobre los pasajeros que viajaban a bordo del buque. Mientras esperaban que el buque llegara al Puerto de Ushuaia, hubo contacto frecuente con Nueva Zelandia. El 10 de abril a las 5 p.m., el buque ingresó a Ushuaia desde el Puerto Williams (Chile), con la bandera de Rusia y con el nombre "Berserk". La autoridad marítima informó este hecho al consulado de Nueva Zelandia, que se comunicó con su ciudadano a bordo del buque, para proceder con los requisitos migratorios.

(170) Chile agradeció a Argentina, Nueva Zelandia, la Federación de Rusia y la IAATO por su cooperación con el intercambio de información que hizo posible conocer el paradero del *Nilaya/Berserk,* e informó que el buque se encontraba entonces en el Puerto Williams y que posiblemente estaría preparándose para otra expedición en la próxima temporada. Se observó que las expediciones de buques a la Antártida no autorizadas (incluidos los riesgos asociados) constituyen una preocupación común para todas las Partes.

(171) Las Partes reconocieron que las actividades contrarias al Protocolo y otros instrumentos relevantes del Tratado en la Antártida, incluidas aquellas que son reiteradas y/o financiadas comercialmente, constituyen una causa de preocupación importante. En este aspecto, las Partes reafirmaron su compromiso de tomar medidas preventivas y de cumplimiento adecuadas, conforme a la legislación local pertinente, en respuesta a las actividades contrarias al Protocolo y otros instrumentos del Tratado en la Antártida. Al recordar la Resolución 3 (2004), las Partes también destacaron la importancia de continuar la cooperación y el intercambio de información en relación con las actividades contrarias al Protocolo y otros instrumentos relevantes del Tratado.

(172) En referencia a los incidentes que involucraron expediciones no autorizadas, Brasil presentó el IP 64, *Brazilian Motor Yacht Accident*. Brasil indicó que, en la próxima temporada estival, su armada intentaría retirar el yate, que había naufragado en bahía Maxwell.

(173) Haciéndose eco de la preocupación de las Partes, la IAATO presentó el IP 37, *Report on IAATO Operator use of Antarctic Peninsula Landing Sites and ATCM Visitor Site Guidelines, 2011-2012 Season*, en el que reitera su compromiso de brindar esta información a la RCTA y el CPA anualmente.

(174) LA IAATO presentó el IP 38, *Establishing IAATO Safety Advisories*, sobre la implementación por parte de la IAATO de un sistema interno formalizado que aspira a mejorar la seguridad de los operadores en la Antártida, asegurando de este modo que se pueda acceder fácilmente a un banco que permita realizar búsquedas de "conocimientos locales" acumulados con el tiempo sobre cuestiones generales y asesoramiento específico para cada sitio. La IAATO presentó el primer Aviso específico para bahía Balleneros, isla Decepción y señaló que las recomendaciones previas para mejorar la seguridad se convertirían a este formato y se redistribuirían a través del Manual de operaciones de campo de la IAATO.

(175) El Reino Unido señaló que este sistema era sumamente útil y alentó una mayor relación entre la IAATO y el COMNAP sobre temas relacionados con la seguridad de los buques.

(176) En respuesta, el COMNAP señaló que cuenta con un sistema de Notificación de accidentes, incidentes y cuasi accidentes que permite a los Programas Nacionales Antárticos intercambiar información sobre cuestiones de seguridad a través de alertas instantáneas por correo electrónico que pueden complementarse con otros detalles.

(177) Reiterando, en este contexto, la importancia de la recolección de datos exactos y la notificación, el Reino Unido presentó el IP 42, *Data Collection and Reporting on Yachting Activity in Antarctica in 2011/12,* preparado en forma conjunta con la IAATO. El informe (una actualización del WP 20 presentado en la XXXIV RCTA) identifica ocho yates posiblemente no autorizados que operaban en la Antártida en la temporada 2011/12. La IAATO señaló que si bien la cantidad de buques no autorizados había disminuido durante la última temporada, las Partes deberían continuar prestándole mucha atención a este tema.

(178) Al presentar el IP 53, *Follow-up to Vessel Incidents in Antarctic Waters*, la ASOC destacó el WP 49, *Respuesta de la RCTA ante la CCRVMA con respecto de los incidentes que implican a buques pesqueros* (Nueva Zelandia), el WP 51, *Coordinación de la Búsqueda y salvamento marítimo y aeronáutico (SAR) – Propuesta sobre considerar los medios para mejorar la coordinación de SAR en la Antártida* (Estados Unidos) y el WP 63, *Intercambio de información en tiempo real del tráfico marítimo en la Antártica* (Chile), que demuestran los posibles peligros en la navegación en la Antártida, y hacen hincapié en que es necesario tomar otras medidas para asegurar la máxima protección para la vida humana y el medio ambiente. La ASOC señaló la falta de notificación adecuada en la mayoría de los incidentes e invitó a las Partes a tomar medidas definitivas para abordar la notificación, investigación, respuesta y seguimiento de incidentes.

(179) La ASOC presentó el IP 56, *Progress on the Development of a Mandatory Polar Code*, y recordó la Resolución 8 (2009), que expresaba el deseo de las Partes de que la OMI comenzara a trabajar cuanto antes para formular los requisitos obligatorios para los barcos que operan en aguas antárticas. La ASOC alentó a las Partes a asegurar que el Código se aplique a los buques nuevos y a los ya existentes; exija normas de clase polar para todos los buques que posiblemente encuentren hielo; se aplique a todos los buques, incluidos los buques pesqueros y yates; y que incluya un capítulo de protección ambiental. La ASOC invitó a las Partes a participar en el grupo de correspondencia de la OMI, el Subcomité de Diseño y Equipamiento (DE) en febrero de 2013, y el Comité de Protección del Medio Marino en octubre de 2012. La ASOC recordó a las Partes que su fuerte liderazgo en relación con este tema en la OMI garantizaría la efectividad del Código.

(180) Las Partes señalaron la importancia de continuar participando en el desarrollo del Código, debido a la relevancia que tiene para las operaciones en la Antártida.

(181) La Federación de Rusia presentó el IP 73, *Russian Experience of Applying Automatic Aids to Approach of Heavy Transport Aircraft at the Antarctic Aerodromes using Satellite Navigation Systems*, que recuerda que la seguridad aérea era importante para abordar la seguridad general de las operaciones en la Antártida. Las experiencias rusas relacionadas con el uso de sistemas de navegación satelital especialmente adaptados a las condiciones antárticas durante el período estival 2011/12 mostraron que estos sistemas podían mejorar significativamente la seguridad aérea.

(182) El COMNAP presentó el IP 4, *Implicaciones de la gestión de una Antártida que cambia – Taller del COMNAP*, y señaló que el documento era un resumen de los debates entre los directores y subdirectores de los Programas Nacionales Antárticos, que son las personas que cuentan con más conocimientos directos de la Antártida. El Taller brindó la oportunidad de debatir el cambio actual, y analizar respuestas prácticas y técnicas necesarias para respaldar la ciencia antártica.

(183) El COMNAP también hizo referencia al IP 31, *Best Practice for Energy Management – Guidance and Recommendations*, que había sido analizado en la Reunión del CPA. El documento demostraba que había varios ejemplos de iniciativas de ahorro de energía en los Programas Nacionales Antárticos.

Tema 11. El turismo y las actividades no gubernamentales en el área del Tratado Antártico

Panorama del turismo antártico en la temporada 2011/12

(184) La IAATO presentó el IP 39, *IAATO Overview of Antarctic Tourism: 2011-12 Season and Preliminary Estimates for 2012-13 Season*, que brinda un informe de las actividades turísticas en la Antártida durante la última temporada, además de un resumen de las tendencias del turismo en la Antártida para la próxima temporada. La cantidad total de pasajeros y clientes que transportaron los operadores de la IAATO durante 2011/12 disminuyó a 26.519, lo que implica una reducción de aproximadamente el 22% con respecto a la temporada anterior y marca el cuarto año consecutivo de reducción. La IAATO aclaró que las cifras presentadas en el documento se refieren solo a las actividades de sus miembros.

(185) La IAATO señaló que si bien los factores económicos mundiales habían incidido en la reducción de todas las formas de turismo antártico en 2008/09, 2009/10 y 2010/11, la marcada reducción durante la temporada 2011/12 se

debía a los cambios en el Anexo I del Convenio MARPOL de la Organización Marítima Internacional (OMI), que entraron en vigencia el 1 de agosto de 2011. Estos cambios prohibieron el uso y transporte de combustible pesado en el área del Tratado Antártico, y afectaron significativamente la cantidad general de turistas a la Antártida, ya que se redujo la cantidad de viajes de los operadores de solo cruceros de la IAATO que usan buques que transportan a más de 500 pasajeros. Los cálculos para la temporada 2012/13 anticipan un aumento a 34.950 turistas, aún por debajo de la temporada 2007/08.

(186) En respuesta a una consulta de Chile, la IAATO informó que si bien los viajes de solo crucero habían disminuido notablemente, otros cruceros, que incluyen aquellos con desembarco, estaban aumentando. La IAATO también aseguró a la Reunión que no se estaba realizando ningún tipo de recarga de combustible dentro del área del Tratado.

(187) Argentina presentó el IP 86, *Áreas de interés turístico en la región de la Península Antártica e Islas Orcadas del Sur. Temporada 2011/2012,* el IP 87, *El turismo antártico a través de Ushuaia. Comparación de las últimas cuatro temporadas,* y el IP 88, *Informe sobre flujos de visitantes y de buques de turismo antártico que operaron en el puerto de Ushuaia durante la temporada 2011/2012.* Argentina había estado registrando sistemáticamente el movimiento de pasajeros y buques que visitan la Antártida a través del puerto de Ushuaia desde la temporada 2008/09, y brindando esta información a la RCTA. Estos documentos proporcionan detalles sobre todos los viajes de turismo desde Ushuaia e incluyen información sobre los pasajeros, la tripulación, personal de las expediciones, operadores turísticos, propietarios de buques y registro de barcos. Si bien se centran especialmente en los buques que llegan a Ushuaia, los documentos proporcionan una fuente de información alternativa y/o complementaria a las demás fuentes disponibles en la actualidad, para ayudar a evaluar las actividades turísticas en la Antártida.

(188) Suecia expresó su agradecimiento a la Argentina por la ayuda valiosa que brindó en una situación de emergencia médica que se produjo en la estación Melchior, con la ayuda de Chile y la IAATO.

Supervisión y gestión del turismo

(189) Argentina presentó el WP 43, *Informe final del Grupo de contacto entre sesiones sobre la supervisión del turismo en la Antártida,* que propuso un proyecto de lista de verificación para respaldar las inspecciones del

proceder en el terreno de las actividades de los visitantes, conforme al Artículo VII del Tratado Antártico y el Artículo 14 del Protocolo de Madrid. La información obtenida de esta manera complementarían (pero no sustituirían) la información obtenida a partir de los procesos de evaluación ambiental, el intercambio de información, los informes de las Partes y Expertos presentados en la RCTA y la Reunión del CPA, y de las prácticas y procedimientos de la industria documentados (cuando corresponde).

(190) Al mismo tiempo que la ASOC considera que una lista de verificación facilitaría las inspecciones, también cree es importante para aumentar la cantidad de inspecciones de las actividades turísticas como se subrayó en el IP 59 de la XXXV RCTA presentado por el PNUMA y la ASOC.

(191) Luego de otros debates y de señalar que el uso de listas de verificación no era obligatorio ni restrictivo, la Reunión acordó una lista de verificación para ayudar a facilitar las inspecciones, al aprobar la Resolución 11 (2012) Lista de verificación para las actividades de campo de los visitantes.

(192) Estados Unidos presentó el WP 37, *Consideraciones sobre la realización de campamentos en la costa*, preparado en forma conjunta con Noruega. Al señalar el aumento de solicitudes no gubernamentales para campamentos con apoyo de embarcaciones, Estados Unidos consideró que sería útil contar con orientación que ayude a las autoridades correspondientes en el proceso de revisión de tales solicitudes. En la opinión de Estados Unidos y Noruega, la orientación necesaria se relacionaba especialmente con la definición de los sitios para acampar adecuados, las prácticas adecuadas para el tratamiento de residuos humanos, y garantizar una adecuada supervisión nocturna.

(193) Estados Unidos además observó que sería útil si las Directrices para sitios que reciben visitantes nuevas o revisadas incluyeran una declaración explícita acerca de si era recomendable acampar. Podría ser útil desarrollar directrices sobre campamentos que resuman las mejores prácticas, para ayudar en el proceso de revisión y mejorar la coherencia entre las autoridades competentes.

(194) La Reunión analizó distintos enfoques para las directrices para sitios que reciben visitantes, incluido si las directrices para sitios deberían informar si los sitios para acampar son adecuados, si se permite acampar, la necesidad de contar con directrices para sitios nuevas o revisadas, y si es adecuado un conjunto único de directrices, teniendo en cuenta la gran variedad de actividades que pueden describirse como campamento. Dichas directrices sobre campamentos podrían ser útiles para resumir las mejores prácticas que

nuevamente ayudarían en el proceso de revisión y mejorarían la coherencia entre las autoridades competentes.

(195) La IAATO confirmó que se había registrado un aumento de las visitas breves para pernoctar de sus operadores a la Antártida y que compartiría sus directrices actuales sobre visitas breves para pernoctar.

(196) Nueva Zelandia, los Países Bajos y la ASOC indicaron que consideraban que el análisis de las actividades de campamento y no gubernamentales de otro tipo también debería incluir si la actividad era aceptable conforme a los principios del Sistema del Tratado Antártico y los Principios Generales sobre turismo aprobados en virtud de la Resolución 7 (2009), y que no debía centrarse solo en un enfoque regulatorio.

(197) Varias Partes señalaron que este tema tenía relevancia para el CPA. Australia consideró que las directrices sobre campamentos podrían ayudar a las Partes a implementar las disposiciones para la evaluación del impacto ambiental del Protocolo y señaló que el campamento no era una novedad. Argentina opinaba de que el análisis de las expediciones de campamento deberían derivar de las mejores prácticas de los Programas Nacionales Antárticos.

(198) Algunas Partes estuvieron de acuerdo con las conclusiones del WP 37, que alentaron a las Partes y Observadores a elaborar o revisar las directrices para sitios que reciben visitas para agregar un enunciado específico que indique si el sitio es recomendable acampar en la subsección "Desembarcos" de la sección "Visitantes", y de ser así, indicar la cantidad máxima de personas que pueden acampar en el lugar e indicar en el mapa los sitios para acampar preferidos. Las Partes también analizaron la posibilidad de sugerir a la IAATO que trabaje con sus operadores con experiencia en campamentos en la costa, para generar un catálogo de sitios posiblemente adecuados para acampar, y elaborar directrices sobre campamentos para ayudar en el proceso de revisión y para mejorar la coherencia entre las autoridades competentes en el proceso de revisión de tales actividades. Sin embargo, otras Partes consideraron la cuestión de si convenía considerar las actividades de campamento en la costa en forma individual, teniendo en cuenta los detalles específicos de los sitios propuestos.

(199) Estados Unidos estuvo de acuerdo con las observaciones de algunas de las Partes de que los temas señalados en el WP 37 serían de interés para el CPA. Estados Unidos ofreció continuar informalmente el análisis entre sesiones.

(200) La Federación de Rusia presentó el IP 72, *Activity of the international air program DROMLAN and its interaction with non-governmental activity in*

the Antarctic, sobre el uso del programa implementado en forma conjunta por once Programas Nacionales Antárticos, que brinda apoyo a la aviación para actividades de expedición en Tierra de la Reina Maud. El programa organiza vuelos intercontinentales a la Antártica a los campos aéreos de hielo de la estación Novolazarevskaya de Rusia y la estación Troll de Noruega.

(201) En respuesta a la inspección realizada por Noruega a las instalaciones de la Tierra de la Reina Maud de Federación de Rusia (informada en la XXXIII RCTA), la Federación de Rusia confirmó que los participantes del programa DROMLAN habían aprobado el uso de la infraestructura del DROMLAN por parte de los operadores de turismo y no gubernamentales a través de un anexo a sus términos de referencia, que entró en vigencia en 2011, y exige a los usuarios de la infraestructura del DROMLAN que cumplan con las disposiciones del Tratado y el Protocolo. Teniendo en cuenta un aumento en el costo de las expediciones y las presiones presupuestarias de los Programas Nacionales Antárticos, la Federación de Rusia señaló que en la temporada 2011/12 esta medida había contribuido a reducir el costo del transporte aéreo de las Partes.

(202) Noruega agradeció a Rusia su informe integral y transparente en respuesta a la inspección de Noruega en 2010. La ASOC agradeció a Rusia por la información relacionada con el enlace aéreo del DROMLAN y consideró que la inclusión de las actividades turísticas como parte de los vuelos regulares debía evaluarse conforme al Artículo 8 (3) del Protocolo.

(203) Si bien los Países Bajos recibieron con agrado la información presentada por la Federación de Rusia, reiteraron su convencimiento de que la mejor garantía para asegurar una gestión sostenible de las actividades turísticas y no gubernamentales en la Antártida era mantener las actividades turísticas en barco.

(204) En respuesta a una consulta planteada por India, el Reino Unido confirmó que el operador no gubernamental "White Desert" que lleva a cabo actividades en el área cercana a la estación de Rusia y de India en la Tierra de la Reina Maud, estaba sujeto a sus procesos de autorización. Como operador de la IAATO, "White Desert" también cumple con todas las directrices operacionales de la IAATO.

(205) Francia presentó el WP 29, *Mejora del funcionamiento del Sistema Electrónico de Intercambio de Información (SEII) relativo a las actividades no gubernamentales en la Antártida*, y reiteró la importancia d mejorar el funcionamiento del SEII en relación con las actividades no gubernamentales en la Antártida, a fin de brindar a las partes información detallada para manejar estas actividades efectivamente. Francia señaló que los incidentes recientes en el mar de Ross ilustraban los problemas que enfrentaban las

autoridades competentes para abordar las infracciones a las reglamentaciones por parte de los operadores no gubernamentales en la Antártida.

(206) Los conceptos que deben considerarse incluyen mejorar el uso de los datos del SEII en las actividades no gubernamentales, la inclusión de datos más rigurosos para fines administrativos, y la posibilidad de una función más estructurada y un mecanismo más fácil de usar para el foro de las autoridades competentes iniciado por Alemania y los Países Bajos en la VIII Reunión del CPA (2005) y la IX Reunión del CPA (2006). La Secretaría informó que sería posible incluir la información sobre las autorizaciones y rechazos previos, y la cancelación de actividades de los operadores den el SEII de la Secretaría con solo algunos cambios poco importantes.

(207) Las Partes confirmaron la importancia de continuar desarrollando el SEII, y al mismo tiempo, señalaron que los requisitos de notificación del SEII no deberían sobrecargar a las Partes y que el uso del SEII debía continuar siendo voluntario.

(208) Al recibir con agrado la propuesta de Francia, la ASOC señaló que actualmente el 25 por ciento de las Partes no parecían estar intercambiando información a través de la base de datos. La ASOC expresó su deseo de ver a las Partes utilizar el sistema en forma completa el próximo año.

(209) La Reunión aprobó la Decisión 4 (2012) Sistema Electrónico de Intercambio de Información, que alienta el uso del sistema y lo modifica en varios aspectos; y las Partes continuarán trabajando con la Secretaría para pulir y mejorar el SEII.

Revisión de las políticas de turismo

(210) Los Países Bajos presentaron el WP 27 rev.1, *Informe del Grupo de contacto intersesional sobre "preguntas pendientes" del turismo en la Antártida*, y se refirió a la información de respaldo en el IP 67, que informa sobre el trabajo del GCI. Las cinco preguntas de prioridad que identificó el GCI trataron sobre: Mejorar el intercambio de información y la cooperación; medir y administrar el impacto acumulativo de las visitas; la importancia de los instrumentos regulatorios para prevenir o regular la mayor expansión de las actividades turísticas; la variedad cada vez mayor de actividades en la Antártida; y la posible formulación de reglamentaciones con respecto a las instalaciones permanentes para el turismo en la Antártida.

(211) En respuesta a la sugerencia de que podría formularse un plan de trabajo plurianual sobre cuestiones de turismo para incluirlo en el plan de trabajo plurianual más amplio de la RCTA, varias Partes indicaron que podrían estar de acuerdo en centrar los debates de las RCTA sobre turismo en las cinco preguntas de prioridad identificadas por el GCI. Nueva Zelandia identificó la expansión del turismo a áreas nuevas que no cuentan con datos ni información sobre la sensibilidad ambiental como una cuestión de alta prioridad para analizar. Japón destacó la importancia de usar los marcos existentes, como las ZAEA, ZAEP y las directrices para sitios.

(212) La ASOC presentó el IP 55, *Key Issues on a Strategic Approach to Review Tourism Policies,* y recomendó tres actividades clave: el aumento de la supervisión de las actividades turísticas a través de inspecciones realizadas conforme al Tratado Antártico y el Protocolo; la gestión proactiva de las actividades turísticas a través de reglamentaciones legalmente vinculantes, especialmente con respecto a la expansión del turismo, la diversificación y la ocupación de nuevos sitios; y la identificación del impacto ambiental del turismo en forma independiente del impacto de otras actividades o cambios ambientales, a fin de abordar la expansión y el impacto acumulativo.

(213) El Dr. Neil Gilbert, en representación del CPA, presentó el WP 22, *Aspectos ambientales e impacto del turismo y las actividades no gubernamentales en la Antártida,* y se refirió a la información de respaldo del IP 33, señalando que el CPA había analizado el informe anexado al IP 33, lo había avalado y enviado a la XXXV RCTA para respaldar el análisis de las cuestiones del turismo por parte de la RCTA.

(214) Al analizar la pregunta de prioridad d) en el WP 27 rev.1 sobre la posibilidad de mejorar el intercambio de información y la cooperación, la Reunión se refirió a las recomendaciones 1 y 2 del Estudio de turismo del CPA, anexado al IP 33. El Reino Unido y Nueva Zelandia dejaron asentada su preocupación de que el estudio había observado que los datos de turismo del SEII estaban bastante incompletos y no eran coherentes, y Nueva Zelandia sugirió que se alineara el intercambio de información de manera tal que sea coherente con la Resolución 6 (2005).

(215) Se plantearon varios puntos en el debate de la pregunta de prioridad relacionada con el control y prevención del impacto acumulativo (cuestión (g) en el WP 27 rev.1). Varias de las Partes hicieron hincapié en la importancia del papel permanente del CPA de abordar esta cuestión. La ASOC y Australia observaron que la Recomendación 7 del estudio del CPA podría ser un primer paso efectivo para tratar esta cuestión.

(216) Otras opciones planteadas incluyen: revisar las directrices para sitios, la posibilidad de hacer obligatorias algunas de las directrices, cerrar sitios por una o más temporadas, y establecer límites de precaución para la cantidad de visitantes. Nueva Zelandia observó el importante trabajo realizado por Oceanites Inc., que ofreció una serie de datos iniciales integrales. La IAATO observó en sus propias revisiones de prácticas de gestión de visitantes que consideraban importante enfocarse en tres líneas de vigilancia: Programas de vigilancia a largo plazo, estudios de investigación dirigidos a responder preguntas específicas y su propio sistema de bandera roja para resaltar los problemas inmediatos.

(217) Se plantearon varios puntos en el debate de la pregunta de prioridad relacionada con la posible adopción de instrumentos regulatorios en relación con la expansión de las actividades turísticas en la Antártida (pregunta (h) en el WP 27 rev.1). Si bien las Partes aceptaron que el Protocolo de Madrid se aplica a todas las actividades, cada país lo aplicó de acuerdo con su legislación nacional, hubo considerable debate sobre cómo abordar el turismo y las actividades no gubernamentales de manera adecuada. Algunas Partes también se refirieron a la necesidad de tener en cuenta la seguridad y la autosuficiencia de una actividad, conforme a la Medida 4 (2004), para asegurar que la actividad propuesta tenga un impacto mínimo o nulo en los Programas Nacionales Antárticos, sin su acuerdo previo.

(218) Varias Partes señalaron que el factor determinante de las evaluaciones de impacto ambiental debería ser el impacto de la actividad y no su fin, mientras que otros opinaron que el fin de la actividad era relevante para la aplicación del Protocolo.

(219) El Reino Unido señaló que al considerar el impacto ambiental, era importante que se tuvieran en cuenta todas las actividades humanas en los sitios que reciben muchas visitas. Por lo tanto, la recomendación para un rediseño y un uso concertado del SEII también debía incluir más información específica de los sitios sobre todas las visitas incluidas las de los operadores de la IAATO, las de los operadores que no forman parte de la IAATO y de los programas nacionales. También podría ser útil incluir información sobre las actividades de terceros que no son Parte, si está disponible.

(220) En respuesta a los comentarios de Alemania y los Países Bajos sobre la posibilidad de excluir determinados tipos de actividades turísticas, el Reino Unido acordó que, si bien, en principio de acuerdo con debatir sobre los tipos de actividades que deberían prohibirse, era difícil anticipar los tipos de actividades que serían aceptables en virtud de los requisitos del Protocolo

Ambiental y la Medida 4 (2004), pero que las Partes aún podían considerar inaceptables.

(221) La ASOC señaló que se carecía de información específica para determinados sitios turísticos, y destacó que las evaluaciones del impacto ambiental habitualmente no reflejan el impacto acumulativo de las visitas reiteradas a un sitio.

(222) Varios opinaron que había lagunas en el marco regulatorio actual de las actividades en tierra, en especial en relación con la expansión de las actividades turísticas en el interior de la Antártida. Las Partes reconocieron que era preciso analizar cómo regular el uso de las áreas prístinas, ya que es menos probable que las áreas del interior hayan estado expuestas al impacto producido por el hombre.

(223) La IAATO recibió con agrado el trabajo del CPA sobre los valores silvestres y la biorregionalización, que ofrecía la posibilidad de un enfoque estratégico a la gestión de áreas. Asimismo, la IAATO señaló las dificultades para aislar el impacto acumulativo proveniente de las actividades turísticas exclusivamente, como destacó en el estudio del CPA *Estudio sobre los aspectos ambientales y el impacto del turismo y las actividades no gubernamentales en la Antártida*.

(224) En relación con la clausura de las áreas prístinas, Argentina señaló que el Anexo V del Protocolo brindaba orientación a las Partes acerca de si era necesario hacerlo. El Reino Unido indicó que en general no consideraba que las áreas deberían ser clausuradas sin justificación ambiental. Japón señaló que no deberían prohibirse las investigaciones científicas y las actividades de vigilancia en las áreas prístinas, y que el criterio para identificar y designar ZAEP podría ser útil en la consideración de las áreas prístinas. La ASOC señaló que el Anexo I y V podrían regular algunas actividades aunque no todas, y se mostró a favor de la necesidad de designar áreas de referencia y libres de interferencia humana para fines científicos.

(225) En relación con las instalaciones permanentes para turistas, las Partes recordaron los debates prolongados sobre esta cuestión llevados a cabo en las Reuniones anteriores, incluido el desafío de definir lo que constituía una instalación permanente. Varias Partes aceptaron que no se deberían aprobar las actividades turísticas si es posible que tengan más que un impacto menor o transitorio, y Estados Unidos sugirió que las Partes podrían buscar establecer un umbral para tales actividades regulatorias, tal como excluir las actividades que requieren una Evaluación Medioambiental Global (CEE).

(226) La IAATO reiteró su compromiso para asegurar que las actividades de sus Miembros no produzcan más que un impacto leve o transitorio, y que ningún miembro de la IAATO manifestó interés por establecer instalaciones permanentes en la Antártida. Sin embargo, podrían ser aceptables las instalaciones clasificadas como "semipermanentes", y acompañadas de remediación en el sitio que pueden ocurrir dentro de una temporada. Hubo considerable apoyo a la opinión de que las actividades turísticas que pueden tener más de un impacto menor o transitorio no deberían autorizarse.

(227) La Federación de Rusia observó que la propiedad no gubernamental en la Antártida podría hipotecarse, arrendarse, venderse y heredarse. El nuevo propietario podría ser un ciudadano de un país que no es Miembro del Tratado Antártico y el Protocolo. En este caso, pueden usarse las estructuras permanentes no para su fin previsto inicialmente incluso si hay una EIA disponible.

(228) Al recordar que las actividades turísticas deberían estar sujetas a reglamentación, Argentina señala que se reserva el derecho de tener un centro de interpretación para fines turísticos con capacidad limitada de alojamiento en cualquier momento en cualquiera de sus estaciones, y que no perjudique a sus programas científicos y sea similar a los ya existentes. En su opinión, estos parecen no tener un impacto adverso en el medioambiente antártico.

(229) Japón observó se deben restringir las instalaciones según su impacto en el medio ambiente más que según su fin.

(230) En resumen, se identificaron dos tipos de preocupaciones que requerían diferentes enfoques. La primera preocupación era el posible impacto acumulativo del turismo en los sitios ya visitados, especialmente, a modo de ejemplo, aquellos en los que se registran cada vez más visitas. En relación con esta preocupación, se identificaron los desafíos de las limitaciones de datos y el acceso a los datos, al igual que la preocupación de que el proceso de evaluación del impacto ambiental analizaba el impacto de una actividad propuesta en un sitio visitado, pero no el impacto acumulativo de varias visitas. La segunda preocupación era la posible diversificación y expansión de las actividades, especialmente en las áreas no visitadas previamente. Esto plantea preguntas acerca de cómo se estaba aplicando el protocolo, y si sería útil en una etapa posterior comparar las prácticas en este aspecto.

(231) Estados Unidos señaló que estaba abierto a nuevos mecanismos vinculantes y aplicables que ayudarían a las Partes a regular el turismo y las actividades no gubernamentales. Estos mecanismos deberían tener una base científica sólida y un enfoque de precaución en el sentido de que la falta de certeza

científica absoluta no se debería usar como una razón para postergar medidas efectivas desde el punto de vista de los costos para evitar la degradación ambiental en la Antártida. Estados Unidos recomendó continuar trabajando sobre la gestión de áreas, y las recomendaciones del estudio sobre turismo, en especial la posibilidad de un impacto acumulativo. Estados Unidos observó que las posibles prioridades para el trabajo futuro incluyen considerar: la infraestructura permanente, actividades de aventura en tierra, seguridad marítima y búsqueda y rescate, aplicación de las reglamentaciones existentes y protección del medioambiente marino. Las prioridades identificadas por la Reunión deberían integrarse con el plan estratégico plurianual.

(232) Nueva Zelandia señaló que su coordinación de responsabilidades de búsqueda y rescate para gran parte del Océano Austral requería un enfoque de precaución en relación con el turismo y las actividades no gubernamentales en la región. Nueva Zelandia enfatizó las medidas de seguridad preventivas. Nueva Zelandia observó que, además del posible impacto ambiental de las actividades turísticas, la carga práctica que la búsqueda y rescate pueden implicar para los Programas Nacionales Antárticos así como las cuestiones legales relacionadas con el turismo que habían sido planteadas por las Partes en los debates, en conjunto sugieren la necesidad de una mayor supervisión del turismo de las Partes. En este aspecto, Nueva Zelandia sugirió que las Partes deberían mejorar su supervisión de tales actividades a través de una mejor recolección e intercambio de información, una vigilancia ambiental sistemática y dirigida, y un mayor uso de la herramienta de inspección.

(233) La Reunión acordó que los Países Bajos coordinaría un grupo de contacto informal para que trabaje hasta la XXXVI RCTA y prepare la revisión de las políticas de turismo por parte de la RCTA con los siguientes términos de referencia. El GCI se centrará en:

- Identificar ejemplos de actividades que contribuyen a la diversificación del turismo en la Antártida;
- Intercambiar información sobre experiencias y desafíos para aplicar la legislación local con respecto a dichas actividades;
- Intercambiar opiniones sobre la pregunta j) identificada por las Partes en el WP 27 rev.1, acerca de si es recomendable una mayor orientación de las políticas por parte de la RCTA sobre esta cuestión, teniendo en cuenta el Protocolo y otros instrumentos existentes sobre turismo en la Antártida.

(234) La Reunión observó que la Pregunta j) relacionada con la formulación de una orientación con respecto a las políticas por parte de la RCTA, teniendo

en cuenta el creciente aumento de la diversidad de actividades turísticas y no gubernamentales en la Antártida, y la Pregunta h) relacionada con la aprobación de instrumentos regulatorios para prevenir o regular la mayor expansión de actividades turísticas en la Antártida (IP 67, *Outstanding Questions on Antarctic Tourism: An Inventory and Discussion*).

(235) La Reunión analizó el estudio del CPA *Estudio sobre los aspectos ambientales y el impacto del turismo y las actividades no gubernamentales en la Antártida.* Varias Partes apoyaron el trabajo que había realizado Nueva Zelandia. Estados Unidos señaló que debería haber una priorización de estas recomendaciones durante el análisis de las Partes acerca de cómo procedería el trabajo.

(236) Australia, al apoyar las recomendaciones, observó que el CPA debería prestarles más atención a algunas de ellas, en tanto que la RCTA debería ocuparse de otras.

(237) Al analizar la Recomendación 1 del estudio presentado en el WP 22, sobre la elaboración de una base de datos administrada en forma centralizada para brindarle a la RCTA un panorama completo de las actividades turísticas, la ASOC señaló que las Partes deberían tener presente que el impacto acumulativo, y la expansión y diversificación de las actividades no deberían analizarse por separado, y que esto requeriría nuevos mecanismos para la obtención de datos para una evaluación del impacto ambiental (EIA). Estados Unidos advirtió que este trabajo adicional en relación con la Recomendación 1 requeriría acordar un mayor financiamiento y dotación de personal para la Secretaría. Podría acordarse que una Parte envíe un experto en datos a la Secretaría o contribuya voluntariamente con este trabajo.

(238) La IAATO sugirió que el desafío ante las Partes era doble, e incluía primero, la consideración de las implicaciones sobre la vida silvestre de la región y los límites del cambio aceptable, y en segundo lugar, los aspectos prácticos para abordar la gestión de visitantes. La IAATO se centra en educar a sus visitantes para que se conviertan en embajadores de la protección de la Antártida y, dentro de este contexto, el concepto de vida silvestre es importante. Confirmó su compromiso para colaborar con las Partes.

(239) Al elogiar a la IAATO por su información útil y señalar que los datos proporcionados actualmente por las Partes estaban incompletos y no eran coherentes, el Reino Unido destacó la necesidad de asegurar que la recolección de datos específicos para los sitios reflejara todas las visitas, incluidas las de aquellos que no son turistas, como los científicos y el personal de los programas nacionales.

(240) Las Partes señalaron que las posibles fuentes de datos además de los proporcionados por la IAATO podrían ser los resúmenes de datos posteriores a la temporada recopilados por los CCRM (teniendo en cuenta la preocupación de evitar la distribución de datos comerciales confidenciales) que incluyen información proporcionada por la IAATO, el COMNAP, datos satelitales, así como observaciones realizadas desde las estaciones. La IAATO también sugirió que las estaciones costeras podrían encargarse de este sistema de notificación de observaciones de yates.

(241) La Reunión aceptó que era necesario elaborar una base de datos de actividades turísticas administrada en forma centralizada, y señaló que el SEII podría brindar un mecanismo útil para dicha base de datos, quedando pendiente una mayor descripción de los tipos de datos requeridos, las lagunas en las fuentes de datos existentes, y una orientación acerca de cómo recopilar y administrar datos.

(242) En respuesta a la Recomendación 2, sobre la elaboración de una base de datos de sitios turísticos administrada en forma centralizada, las Partes efectuaron varias consultas y sugerencias. El Reino Unido reiteró su opinión de que la RCTA debería referirse a sitios muy visitados y de alta sensibilidad que requieren gestión, y no estuvo de acuerdo con el término "sitios turísticos". Australia sugirió que se debería pedir más asesoramiento al CPA sobre el alcance y el tipo de información que debía recolectarse; en tanto que Alemania sugirió que quizás podrían recopilarse datos sobre las actividades y los sitios en una base de datos única. Los Países Bajos sugirieron que sería necesario un debate de las políticas sobre el impacto acumulativo para avanzar con esta recomendación. Argentina hizo referencia a un debate anterior de la RCTA durante el cual se acordó que el término "sensibilidad ambiental" era difícil de definir y medir, y que se lo debería reemplazar por otro término más adecuado.

(243) Al recordar las Recomendaciones 1 y 2 del estudio del CPA, *Estudio sobre los aspectos ambientales y el impacto del turismo y las actividades no gubernamentales en la Antártida*, la Reunión acordó establecer un Grupo de Contacto Intersesional, a fin de asegurar que la RCTA pudiera acceder fácilmente a un panorama más completo de las actividades turísticas en la Antártida y para facilitar evaluaciones periódicas sobre el impacto posible y real en los sitios visitados, con el objeto de identificar puntos de información necesarios para fines administrativos, con los siguientes términos de referencia:

    a. articular claramente las preguntas que deben responderse para alcanzar los objetivos establecidos más arriba, considerar si los datos y las fuentes de información existentes responden a dichas preguntas, e identificar qué información o datos deben recolectarse e intercambiarse para responder a tales preguntas. Estas preguntas contribuirán a un diseño más eficiente y efectivo del SEII; y

b. proporcionar a la RCTA un resumen de los hallazgos.

(244) Asimismo, se acordó que:

- se invitaría a los Observadores y Expertos que participaron en la XXXV RCTA para que brinden información al GCI;
- el Secretario Ejecutivo abriría el foro de la RCTA al GCI y colaboraría con el GCI; y
- Nueva Zelandia se desempeñaría como coordinador, e informaría a la XXXVI RCTA sobre los avances realizados en el GCI.

(245) En relación con la Recomendación 3, relacionada con el método adecuado para evaluar la sensibilidad, varias Partes sugirieron que el CPA estaría en mejor lugar para determinar el método más adecuado. Por otra parte, Noruega ofreció compartir sus experiencias sobre esta cuestión en el Ártico. El Reino Unido destacó que las actividades deberían evaluarse en el contexto de las visitas previas que recibió el sitio, independientemente de si dichas visitas habían sido realizadas por turistas u otras personas. Si bien los Países Bajos apoyaron los métodos de evaluación con base científica, también enfatizaron la importancia de adoptar un enfoque de precaución y no postergar las medidas de gestión debido a la falta de conocimiento de un sitio. Asimismo sugirió que el concepto de sensibilidad relativa podría resultar útil. La IAATO señaló que era importante distinguir entre la sensibilidad del sitio y los índices de visitas, y destacó que algunos sitios con bajo índice de visitas eran sensibles al impacto.

(246) Al recibir y aceptar en principio la Recomendación 3 del estudio del CPA, la Reunión acordó solicitar al CPA, como cuestión de prioridad:

- desarrollar una definición y método adecuados para evaluar la sensibilidad de los sitios, y realizar un análisis de la sensibilidad relativa para, al menos, los sitios más visitados en la Antártida, según corresponda, que incluya, entre otros aspectos, un análisis de la vulnerabilidad de los sitios turísticos al establecimiento de especies no autóctonas, con el objeto de evaluar con mayor precisión las necesidades de gestión adecuadas.
- En este aspecto, la Reunión también señaló que además deberían incluirse consideraciones sobre la sensibilidad del sitio en el proceso de evaluación ambiental de actividades turísticas y no gubernamentales, como se sugiere en la Recomendación 3.

(247) Al recibir y aceptar en principio la Recomendación 4 del estudio del CPA, la Reunión acordó solicitar al CPA:

- considerar los medios a través de los cuales se revisan y actualizan las directrices específicas para cada sitio, incluida la frecuencia adecuada de revisión y la información necesaria para llevar a cabo una revisión.

(248) En relación con la Recomendación 5, sobre la revisión periódica de las tendencias de la actividad turística en determinados sitios turísticos, el Reino Unido señaló que el CPA ya estaba considerando el grado en que se implementaron las disposiciones de gestión, por ejemplo, las ZAEA, las Directrices para sitios o Directrices para programas nacionales para los sitios más visitados. Al recibir y aceptar en principio esta recomendación, la Reunión acordó:

- efectuar una revisión periódica de las tendencias de las actividades turísticas en determinados sitios, especialmente aquellos que reciben muchas visitas o los que se consideran especialmente sensibles al impacto.

(249) En relación con la Recomendación 6, sobre el desarrollo de un programa de vigilancia en el sitio aprobado por la RCTA, en el debate se observó que el CPA deberá considerar la medida en que otros programas podrían contribuir con este programa, incluido el programa de vigilancia a largo plazo *Oceanites*, que ayudó a identificar las tendencias de fondo; el programa de reproducción de una especie en particular; y el "proceso de bandera roja" de la IAATO que generó una respuesta inmediata. La ASOC señaló que un programa de vigilancia de la RCTA para resolver la carencia de datos podría requerir que las Partes, la industria del turismo, los turistas o las sociedades proporcionen otros recursos.

(250) Al recibir y aceptar en principio la Recomendación 6 del estudio del CPA, la Reunión acordó solicitar al CPA, como cuestión de prioridad:

- considerar cómo direccionar las iniciativas de vigilancia (por ejemplo, la frecuencia adecuada, el nivel de esfuerzo, y la ubicación de la vigilancia) para informar a la gestión ambiental; y
- diseñar un estudio piloto de vigilancia en el sitio para evaluar el posible impacto y la efectividad de las directrices para sitios en uno o más sitios que reciben visitantes.

(251) En relación con la Recomendación 7, sobre el desarrollo de una serie de niveles de activación de "mejor estimación" para colaborar en la orientación

de las iniciativas de vigilancia, el Reino Unido, advirtió que se debería analizar minuciosamente todo disparador para asegurar que no hubiera incentivos perversos que pudieran dar lugar a una carrera estilo "olímpica" de visitar sitios antes de que se alcancen los niveles de activación. Estados Unidos sugirió que esto podría lograrse a través de las respuestas de políticas, en tanto que la investigación científica podría proporcionar la base necesaria para cualquier mecanismo. Australia y la IAATO señalaron que los disparadores podrían informar el nivel de vigilancia necesario para un sitio en particular, en lugar de estar necesariamente vinculados con la clausura de sitios. Asimismo, la IAATO destacó la dificultad de obtener datos en tiempo real sobre la cantidad de visitantes durante la temporada, y señaló que los disparadores deberían ser específicos para cada sitio. La ASOC señaló que el estudio de turismo del CPA ya había identificado la necesidad de vigilar el impacto ambiental real y posible del turismo, y que era importante tomar medidas para abordar esta necesidad.

(252) Al recibir y aceptar en principio la Recomendación 7 del estudio del CPA, la Reunión acordó solicitar al CPA:

- Considerar la elaboración de una serie de parámetros de gestión o disparadores de indicadores ambientales para ayudar a orientar las iniciativas de vigilancia. Esto podría incluir la identificación de determinados parámetros que, en caso de alcanzarse, disparen la necesidad de realizar una revisión de la efectividad de la gestión actual en el sitio. Tal enfoque estaría respaldado por la definición y el análisis de sensibilidad del sitio que deberá efectuar el CPA.

(253) La ASOC señaló que el Artículo 8 (3) del Protocolo establecía que los procedimientos de EIA se aplicaban, entre otros aspectos, a cualquier cambio en una actividad, ya sea que el cambio surgiera de un aumento o una disminución en la intensidad de una actividad existente, o de la incorporación de una actividad, y que por lo tanto, llevar un registro de los parámetros, como la cantidad de turistas que desembarcan por temporada en un sitio, era relevante para la evaluación del impacto ambiental en lo que respecta al turismo.

(254) Las opciones que se analizaron para abordar la sugerencia de la Recomendación 8 de identificar una serie de posibles opciones de gestión que podrían aplicarse a la gestión de las actividades turísticas incluían clausura de áreas, períodos de descanso, y el agrupamiento de sitios como ZAEP o ZAEA si se identifica un área como vulnerable. Los Países Bajos acentuaron la necesidad de una política proactiva y de precaución, que la

IAATO sugirió que no debía ignorar una consideración minuciosa de las opciones de gestión, incluidos sus beneficios percibidos y su base científica. El Reino Unido y la IAATO preguntaron cómo las opciones para cubrir los buques y las operaciones de los buques se relacionarían con otros marcos regulatorios, como las reglamentaciones de la OMI.

(255) Con respecto a la Recomendación 8 del Estudio del CPA, la Reunión acordó:

    i. Teniendo presente la Recomendación 8 del estudio del CPA, Estudio sobre los aspectos ambientales y el impacto del turismo y las actividades no gubernamentales en la Antártida, así como la Pregunta g) identificada por las Partes en el WP 27 rev.1, se invita a las Partes a identificar las posibles opciones de gestión que podrían considerarse para la posible aplicación en el futuro;

    ii. Teniendo en cuenta las Preguntas j) y h) identificadas por las Partes en el grupo de contacto intersesional informado en el WP 27 rev.1 sobre la presente y posible diversificación y expansión de las actividades turísticas en áreas previamente no visitadas de la Antártida, la Reunión acordó la importancia de compartir la experiencia y las cuestiones relacionadas con su aplicación del Protocolo, incluido el proceso de Evaluación del Impacto Ambiental a dichas actividades.

(256) Se observó que, con respecto a la Recomendación 8 ii), el término "no visitado" podía incluir áreas que han estado sujetas a visitas poco frecuentes.

(257) El Presidente del CPA agradeció al Presidente del Grupo de Trabajo de Turismo por el análisis integral del estudio del CPA sobre los aspectos ambientales y el impacto de las actividades turísticas y no gubernamentales. El Presidente del CPA también señaló que trabajará con los Miembros del CPA durante el período entre sesiones para brindar respuestas a los pedidos de la RCTA en forma oportuna.

Tema 12. Inspecciones en virtud del Tratado Antártico y el Protocolo sobre Protección del Medio Ambiente

(258) Se llevó a cabo una inspección desde la última Reunión. La Federación de Rusia y Estados Unidos presentaron el IP 47, *United States – Russian Federation Report of Inspection*, que informa sobre la primera inspección conjunta realizada por ambos estados, la primera inspección llevada a cabo

por la Federación de Rusia, y la decimotercera llevada a cabo por Estados Unidos. Ambas Partes inspeccionaron la Base Scott (Nueva Zelandia), la Base Concordia (Francia/Italia), y la Estación Mario Zucchelli (Italia), desde el 23 al 28 de enero de 2012.

(259) Las inspecciones se realizaron conforme a las disposiciones relevantes del Tratado Antártico y el Protocolo de Madrid, y contaron con toda la cooperación de las Partes cuyas estaciones eran inspeccionadas. Las Partes que realizaron la inspección informaron que no observaron violaciones a las normas ambientales, y que estaban sorprendidas con el alcance y las características de las actividades de investigación que se realizaron en las tres estaciones. Si bien se destacó a la Estación Concordia como un ejemplo positivo de la cooperación internacional, se observó que esto también presentaba ciertas cuestiones relacionadas con la coordinación entre los Programas Nacionales Antárticos que tienen diferentes regímenes administrativos y legales.

(260) En respuesta, Italia agradeció al equipo de inspección de Estados Unidos y la Federación de Rusia, y destacó: que, desde el inicio de las actividades de Italia, las cuestiones ambientales fueron una preocupación importante; que la prevención y la selección del personal y la capacitación adecuados fueron factores clave para lograr el cumplimiento; que, si era necesario, Italia podía, junto con Francia, implementar un programa de vigilancia del pozo EPICA; también hizo hincapié en el hecho de que era probable que este aspecto preocupara a todos los demás Programas Nacionales Antárticos que efectuaban actividades de perforación. Nueva Zelandia seguramente consideraría el informe para continuar mejorando sus actividades en la Base Scott, e informó que la granja eólica que mantenía con Estados Unidos en la isla Ross había producido ahorros de energía que superaron ampliamente sus expectativas, y se refirió al BP 41, *Antarctic Heritage Trust Conservation Update,* que informaba sobre las actividades de conservación del patrimonio en la isla Ross.

(261) Al responder a una consulta de España relacionada con las recomendaciones o los procedimientos sobre los ejercicios de perforación, el SCAR se refirió a su Código de Conducta para la Exploración e Investigación de los Entornos Subglaciales, y su Grupo de Expertos de Gestión de Avance Tecnológico y Ambiental para la exploración subglacial en la Antártida (ATHENA, por su sigla en inglés).

(262) Japón observó con agrado que India había implementado las recomendaciones como resultado de la inspección que llevó a cabo en 2010 de la Estación Maitri, como se refleja en el BP 22 presentado al CPA.

(263) La ASOC presentó el IP 59, *Review of the Implementation of the Madrid Protocol: Inspections by Parties (Article 14)*, preparado en forma conjunta con el PNUMA, que revisó la práctica de las inspecciones. Notó que las inspecciones eran un elemento central del sistema del Tratado y que eran valiosas para identificar asuntos que requieren mayor atención, como una experiencia de aprendizaje. Desde la entrada en vigencia del Protocolo en 1998, se inspeccionaron 83 instalaciones y sitios, con una frecuencia de inspecciones anuales cada vez mayor. Doce de las 28 Partes Consultivas habían realizado inspecciones. Cuarenta y cinco de las 101 instalaciones de la lista del COMNAP nunca habían recibido una inspección. Se inspeccionaron una ZAEA, 6 ZAEP y 7 SMH, mientras que solo se inspeccionaron 7 buques durante el período.

(264) Varias Partes acentuaron la importancia de las inspecciones del Sistema del Tratado, y agradecieron a la ASOC y el PNUMA por este claro resumen, que Estados Unidos señaló ayudaría a planificar las inspecciones, en tanto que el Reino Unido recomendó que se establezcan vínculos entre las instalaciones antárticas y los informes de inspección previos en el próximo diseño del sitio web de la STA, ya que esto sería muy útil para los futuros programas de inspección.

(265) Australia recibió con agrado el informe de la inspección realizada por Estados Unidos y la Federación de Rusia. Australia se refirió al WP 51, el IP 39, y el IP 40 presentados en la XXXIV RCTA que informan sobre las inspecciones llevadas a cabo en 2009/10 y 2010/11. Australia recordó el compromiso asumido por la Federación de Rusia en dicha Reunión de brindar más información a las Partes sobre algunas preocupaciones ambientales planteadas en tales informes, e indicó que esperaba que se proporcionara dicha información a la RCTA en el futuro.

Tema 13. Temas científicos, cooperación científica y facilitación, incluido el legado del Año Polar Internacional 2007-2008

(266) El SCAR presentó el IP 2, que resume las iniciativas del Sistema de Observación del Océano Austral (SOOS, por su sigla en inglés) para desarrollar un sistema de observación eficiente y coherente. Se había publicado el Plan Científico para el Sistema, un Comité Directivo había coordinado su primera reunión y pronto se lanzaría un nuevo sitio web.

(267) En respuesta a una consulta de Noruega, el SCAR confirmó que había vínculos fuertes y en desarrollo entre el SOOS y las Redes Permanentes

de Observación del Ártico, el sistema equivalente que había estado implementándose en el Ártico durante varios años.

(268) Chile presentó el IP 18 *Contribuciones chilenas al conocimiento científico de la Antártica: Expedición 2011/12*, en el que describe sus actividades durante esta expedición, con el objeto de fomentar la cooperación con otras Partes. Informó que el Programa Antártico Nacional de Chile tenía 60 proyectos, 36 de los cuales eran en tierra, en los que participan 72 investigadores y brindan apoyo a hasta 95 investigadores de programas extranjeros.

(269) El SCAR presentó el IP 40 rev.1, *SCAR Products available to support the deliberations of the ATCM*, que señala que tiene varios productos disponibles para respaldar el trabajo de la comunidad científica de investigación de la Antártida.

(270) Al presentar el IP 48, *Japan's Antarctic Research Highlights in 2011–2012*, Japón enfatizó la importancia de la cooperación en todos los aspectos de la investigación antártica, especialmente en la logística y teniendo en cuenta las limitaciones financieras cada vez mayores. Los puntos destacados del Programa Nacional Antártico de Japón durante el último año incluyen su programa de observación de parámetros eólicos y plasmáticos denominado PANSY desde la superficie y hasta 500 km de altura, que implicó la construcción del radar atmosférico más grande instalado hasta el momento en la Antártida. Japón agradeció a Bélgica su apoyo a esta expedición en campo japonesa en la Estación Princesa Isabel.

(271) Bélgica señaló la importancia de la colaboración con su programa antártico, que había operado desde 1985 con el apoyo de varias de las Partes.

(272) En relación con este tema del programa se presentaron también los siguientes documentos:

- IP 21, *Anthropogenic Sound in the Southern Ocean: an Update* (SCAR)
- IP 35, *Antarctic Conservation for the 21st Century: Background, progress, and future directions* (SCAR, UICN, Nueva Zelandia)
- IP 83, *Medical scientific cooperation between Romania and UK within the SCAR for the study of biometeorological human adaptation in a changing climate* (Rumania)
- BP 4, *Report on Scientific Activity of Ukraine for 2011/2012 Season* (Ucrania)
- BP 6, *La base Belgrano II: un punto aventajado para observaciones científicas en el extremo austral del Mar de Weddell* (Argentina)

- BP 7, *Evaluación institucional del Instituto Antártico Argentino* (Argentina)
- BP 9, *Scientific & Science-related Collaborations with Other Parties During 2011-2012* (República de Corea)
- BP 21, *Icebreaker Oden and her Southern Ocean missions* (Suecia)
- BP 26, *XI Encuentro de Historiadores Antárticos Iberoamericanos Playa Hermosa, Piriápolis - Uruguay - 24 y 25 de noviembre de 2011* (Uruguay)
- BP 27, *Actividades de investigación y proyectos científicos coordinados por el Instituto Antártico Uruguayo en la campaña 2011 – 2012* (Uruguay)
- BP 33, *Programa de cooperación binacional en asuntos antárticos "Ecuador-Venezuela"* (Ecuador)
- BP 35, *Biorremediación con microorganismos antárticos* (Ecuador)
- BP 37, *Scientific results of Russian studies in the Antarctic in 2011* (Federación de Rusia)
- BP 39, *Law-Racovita-Negoita Base. An example of cooperation in Antarctica* (Rumania)
- BP 40, *ERICON Aurora Borealis Icebreaker. A new era in the polar research* (Rumania).

Tema 14. Implicaciones del cambio climático para la gestión del área del Tratado Antártico

(273) Australia presentó el WP 32, *Los intereses de la RCTA en el debate internacional sobre cambio climático - alternativas para generar un mayor compromiso*, que ofrece varias opciones para que las Partes del Tratado Antártico busquen colectivamente aumentar la participación en los debates internacionales sobre cambio climático, tal como se recomienda en la RETA 2010. Las opciones incluyen registrar a la Secretaría del Tratado Antártico como una organización observadora para las sesiones de negociación de la Convención Marco de las Naciones Unidas sobre el Cambio Climático (CMNUCC); emitir una declaración conjunta sobre asuntos antárticos ante la Conferencia de las Partes (CP) de la CMNUCC o ante algún organismo subsidiario; participar en el programa de trabajo de Nairobi del Organismo subsidiario sobre Asesorías científicas y tecnológicas de la CMNUCC en calidad de organización asociada; y organizar un evento paralelo sobre asuntos antárticos durante la CP de la CMNUCC.

(274) Australia señaló que la búsqueda de una participación más estrecha con la CMNUCC sería coherente con las disposiciones del Tratado Antártico, y con la práctica de establecer relaciones de trabajo eficaces con otros organismos internacionales, donde sea necesario para obtener progresos en la protección y gestión de la Antártida. No se pretendía que las opciones fueran prescriptivas, sino que buscaran establecer una relación de trabajo efectiva con la CMNUCC en lugar de conexiones institucionales formales.

(275) La ASOC también respaldó una mayor difusión a la comunidad internacional sobre la investigación del cambio climático en la Antártida, y sugirió que el Tratado Antártico, en lugar de la Secretaría, debería postularse como Observador en la CMNUCC. Señaló que el plan de comunicaciones apoyado por Noruega, el Reino Unido y la ASOC (como se establece en el IP 44, *Communicating the Science of Climate Change*, presentado por el SCAR) estaba avanzando satisfactoriamente.

(276) El Reino Unido señaló la importancia de actualizar el informe sobre cambio climático y medio ambiente antártico (ACCE) presentado por el SCAR y enviado al Grupo Intergubernamental sobre Cambio Climático (GIECC), y sugirió usarlo para actualizar la CMNUCC. Argentina sugirió que la Reunión redactara una declaración para presentarla ante la CMNUCC, que destaque las implicaciones del cambio climático para la Antártida y las responsabilidades y objetivos comunes de las PCTA. Varias delegaciones sugirieron alentar a las Partes a informar a sus delegaciones nacionales en la CMNUCC y otros foros relevantes sobre las cuestiones polares, y la organización de eventos paralelos antárticos en dichas reuniones.

(277) Las Partes se mostraron satisfechas con el análisis de las opciones para llevar adelante las recomendaciones de la RETA. Mientras que las Partes consideraron que era conveniente asegurar que la CMNUCC tomara conciencia de los datos relevantes relacionados con la Antártida y las actividades científicas en la Antártida, y muchas recordaron que anteriormente se había intentado un sistema de intercambio de cartas entre la CMNUCC y la RCTA, varias Partes mostraron preocupación acerca de la conveniencia y el costo de registrar a la STA como Observador en la CMNUCC, la conveniencia de encargarle a la Secretaría un rol de coordinación de políticas, y los desafíos de negociar una declaración de todas las Partes Consultivas.

(278) El SCAR informó que era Observador de la CMNUCC y que a través de su organización matriz, el Consejo Internacional de Ciencias, interactuaba con el GIECC. Debido a un presupuesto limitado para estas actividades, su

interacción ocurría principalmente con el GIECC. Algunas delegaciones consideraron que la condición del SCAR de Observador de la CMNUCC brindaba oportunidades para difundir las cuestiones climáticas de la Antártida.

(279) En respuesta al WP 39, *Invitación a la Organización meteorológica mundial, OMM* presentado por el Reino Unido y Noruega, que propone que la Reunión invite a la OMM a la próxima RCTA para actualizar a las Partes sobre las actividades de su Panel de Expertos en Observaciones Polares, Investigación y Servicios, la Reunión aceptó invitar a la OMM a la XXXVI RCTA, y señaló que espera que continúe participando en la RCTA en el futuro.

(280) La Reunión recibió con agrado la asistencia de la OMM a la XXXV RCTA y la presentación del IP 8, *Contemporary opportunities for weather and related Polar Observations, Research and Services - leading to improved mitigation of risk*, que informa sobre el trabajo del Consejo Ejecutivo (Panel de Expertos) sobre Observaciones Polares, Investigación y Servicios (EC-PORS). Este organismo tiene por objeto reunir el trabajo de la OMM para mejorar los servicios y aumentar al máximo las oportunidades en las observaciones, la investigación y los servicios meteorológicos (y relacionados) tanto para el área ártica como antártica.

(281) La Reunión agradeció a la OMM por su trabajo y apoyó la cooperación más estrecha entre la RCTA y la OMM, especialmente para actualizar las recomendaciones técnicas relacionadas con la meteorología como resultado de la Revisión de las Recomendaciones de la RCTA sobre Asuntos Operacionales (SP 9).

(282) El COMNAP presentó el IP 4, *Implicaciones de la gestión de una Antártida que cambia – Taller del COMNAP*, que resume el debate realizado en el marco de la XXIII Reunión General Anual del COMNAP en Estocolmo, Suecia, y se refirió al IP 31, *Best Practice for Energy Management – Guidance and Recommendations,* que se había analizado en la XV Reunión del CPA.

(283) España comentó sobre el IP 4, e hizo hincapié en que había desafíos importantes para la gestión antártica tanto por el cambio climático como por las presiones financieras. Por lo tanto, las Partes necesitaban intentar encontrar las maneras de cooperar de manera proactiva con estas cuestiones para abordarlas con mayor eficiencia.

(284) Bulgaria, debido a los rápidos cambios globales, apoyó plenamente la afirmación de España.

(285) La Reunión recibió con agrado el SP 8, *Medidas adoptadas por el CPA y la RCTA con base en las recomendaciones de la RETA sobre el cambio climático*, y alentó a la Secretaría para que continuara brindando estas actualizaciones útiles a la Reunión.

(286) El SCAR presentó el IP 45, *Antarctic Climate Change and the Environment: an Update,* un tercer informe de actualización que incluía una evaluación integral de la información científica sobre el sistema climático y las respuestas del ecosistema al cambio en la Antártida y el Océano Austral.

(287) En relación con este tema del programa se presentaron también los siguientes documentos:

- BP 17, *Energy Efficiency and Carbon Reduction Initiatives* (Nueva Zelandia)
- BP 25, *Proyecto Eficiencia Energética en la Base Científica Antártica Artigas (BCAA)* (Uruguay).

Tema 15. Asuntos operacionales

(288) El COMNAP presentó el IP 7, *Revisión de los Documentos de Trabajo del COMNAP y los Documentos de Información presentados a la RCTA 1988 - 2011*, que presenta el trabajo realizado por el COMNAP como autor y coautor desde 1988.

(289) Ecuador presentó el IP 69, *Proyecto para que la Estación Científica Ecuatoriana "Pedro Vicente Maldonado" tenga el carácter de permanente*, que detallaba el proyecto de Ecuador de transformar su estación de verano *Pedro Vicente Maldonado* en una estación permanente.

(290) Argentina presentó el BP 5, *Cambio de nombre a una base antártica de Argentina,* que se refirió al cambio de nombre de una estación argentina de *Base Jubany* a *Base Carlini*, en homenaje a uno de los científicos más prestigiosos de la Argentina.

(291) En relación con este tema del programa se presentaron también los siguientes documentos:

- IP 62, *The Dirck Gerritsz Laboratory at the UK's Rothera Research Station* (Países Bajos y Reino Unido)
- BP 8, *The Second Antarctic Expedition of Araon (2011/2012)* (República de Corea)

- BP 28, *Renovación del Parque de Tanques de combustible de la Base Científica Antártica Artigas (BCAA)* (Uruguay)

- BP 29, *Tareas de mantenimiento de la Estación Científica T/N Ruperto Elichiribehety, Bahía Esperanza, Península Antártica* (Uruguay)

- BP 38, *Retiro de chatarra desde la base Presidente Eduardo Frei Montalva, isla Rey Jorge* (Chile).

Tema 16. Temas educacionales

(292) Documentos presentados en relación con este tema del programa:

- IP 44, *Communicating the Science of Climate Change* (SCAR)

- BP 2, *Estrategias para acercar la Antártica a los ciudadanos* (Chile)

- BP 20, *Australia's Antarctic Centenary celebrations* (Australia)

- BP 23, *Centenario de la conquista del Polo Sur: Eventos organizados por Uruguay* (Uruguay)

- BP 24, *Actividades educativas, culturales y de difusión del Instituto Antártico Uruguayo en el período 2011-2012* (Uruguay)

- BP 30, *Re-Edición del "Acta Antártica Ecuatoriana", publicación científica oficial del Ecuador sobre investigación antártica* (Ecuador)

- BP 31, *II Concurso Intercolegial sobre Temas Antárticos, CITA2011* (Ecuador)

- BP 32, *Seminario Taller "Ecuador en la Antártida: Historia, Perspectivas y Proyecciones"* (Ecuador).

Tema 17. Intercambio de información

(293) Francia presentó el WP 29, *Mejora del funcionamiento del Sistema Electrónico de Intercambio de Información (SEII) relativo a las actividades no gubernamentales en la Antártida*, que propone mejoras al SEII para brindar a las Partes información en forma más rápida y completa sobre las actividades no gubernamentales realizadas en la Antártida. Francia propuso que el uso del SEII fuera obligatorio teniendo en cuenta el escaso intercambio de información entre las Partes. Francia destacó que sería conveniente para el SEII permitir a las Partes registrar los antecedentes de autorizaciones y rechazos previos de permisos, a fin de proporcionar una "memoria" para

informar las futuras decisiones. Por otra parte, Francia propuso que se actualizaran periódicamente distintas secciones del SEII durante el año, para que las demás Partes pudieran poner a disposición la información en tiempo real.

(294) Chile presentó el WP 63, *Intercambio de información en tiempo real del tráfico marítimo en la Antártica*, que propone un sistema de intercambio de información en tiempo real coordinado para todo el tráfico marítimo en la Antártida. Este documento pretendía brindar una mayor comprensión de todos los buques que operan en aguas antárticas, y facilitaría las tareas de SAR. Chile reconoció que, si bien existían distintos sistemas propuestos por la IAATO, el COMNAP y la CCRVMA en relación con el intercambio de información de vigilancia de buques, sería muy valioso contar con un sistema integrado que brinde información más detallada. Dicho sistema podría ser administrado por la STA y los CCRM.

(295) Estados Unidos se mostró satisfecho por el interés de las Partes por las cuestiones de seguridad marítima y señaló el valor de continuar trabajando sobre estas cuestiones en las futuras RCTA.

(296) Argentina apoyó en términos generales las recomendaciones realizadas por Chile en el documento WP 63, al mismo tiempo que destacó la necesidad de trabajar sobre el desarrollo de un sistema de comunicaciones a través de los CCRM con responsabilidad de SAR en la Antártida. Dicho sistema permitiría el intercambio de información en tiempo real con respecto a los buques que operan en la Antártida.

(297) En respuesta a una consulta de Japón, Chile confirmó que esta información debería manejarse confidencialmente, y que cada organización sería responsable de asegurar que la información que recibiera se administrara en consecuencia.

(298) El COMNAP centró la atención en su sistema de notificación de buques existente. Este sistema estaba diseñado para permitir que los buques de los Programas Nacionales Antárticos brinden información integral, que las Partes podrían agregar y actualizar diariamente. Esta información se actualiza cada 24 horas y automáticamente por correo electrónico a los cinco CCRM con responsabilidad de SAR en aguas antárticas y a los puntos de contacto nacionales designados. El sitio web del COMNAP brinda una lista completa de buques registrados en el sistema, incluida su última información de posicionamiento.

(299) La IAATO señaló que su sistema de posicionamiento de buques brinda datos de rastreo en cada hora para los buques de pasajeros del SOLAS, sin incluir los yates. Los CCRM tienen acceso a esta base de datos y a la base de datos de buques de la IAATO, con toda la información que incluye, proporcionada como datos comerciales confidenciales. La IAATO señaló que si se proponía usar esta información más ampliamente, sería preciso una mayor aclaración para obtener la aprobación de sus miembros.

(300) La Secretaría presentó el SP 10, *Informe del Grupo de Contacto Informal sobre la mejora del SEII y otros temas vinculados con el intercambio de información*, que describe las mejoras realizados al SEII y proporciona un resumen del uso actual que realizan las Partes. Nueve Partes participaron en el GCI, que cubrió todos los aspectos del intercambio de información y se propuso identificar aspectos del SEII que eran problemáticos para las Partes y realizar mejoras al sistema.

(301) Varias Partes y la ASOC elogiaron a la Secretaría por su trabajo y actividades de seguimiento. La ASOC señaló que las mejoras en el índice de cumplimiento con los requisitos de intercambio de información durante el último año eran sorprendentes.

(302) La ASOC sugirió que aún no era suficiente un índice de cumplimiento entre las Partes del 75 por ciento en los informes anuales y del 82 por ciento en la información de pretemporada. Teniendo en cuenta las obligaciones del Tratado y del Protocolo de intercambiar información indicaron que aún debían realizarse mayores esfuerzos. La ASOC indicó que sería útil escuchar a aquellas Partes que aún no lograban el cumplimiento que indiquen qué otros cambios, técnicos o de otro tipo, podrían ayudarles.

Tema 18. La prospección biológica en la Antártida

(303) Bélgica presentó el IP 22, *Report on the Bioprospecting Activities Carried out by Belgian Scientists since 1998,* que informa a la Reunión sobre las actividades de bioprospección de Bélgica y el uso de los recursos genéticos en línea con la Resolución 7 (2005) y la Resolución 9 (2009).

(304) Los Países Bajos presentaron el IP 63, *An Update on Biological Prospecting in Antarctica and Recent Policy Developments at the International Level*, preparado en forma conjunta con Bélgica, Finlandia, Suecia y el PNUMA, que brinda una actualización sobre las actividades de bioprospección

relevantes desde la última RCTA, y los avances recientes en las políticas a nivel internacional.

(305) En respuesta a una sugerencia de indicar en el informe de esta Reunión que la RCTA estaba preparada para realizar la recolección y el uso de material biológico antártico en algún momento en el futuro, algunas Partes indicaron que posiblemente no sea necesario tratar esta cuestión, y otras Partes señalaron que otros foros podrían encargarse de ello si no lo hace la RCTA. Francia insistió en el hecho de que la prospección biológica debería permanecer en el programa de la RCTA, y que la RCTA era el único foro competente para abordar la prospección biológica en la Antártida. La Reunión aceptó realizar un seguimiento de los avances en otros foros y mantener actualizada a la Reunión al respecto.

(306) Las Partes recordaron la Resolución 9 (2009) que ratifica que el Sistema del Tratado Antártico es el marco adecuado para administrar la recolección de material biológico en el área del Tratado Antártico y para considerar su uso. Argentina además manifestó su opinión de que la Antártida no debía considerarse como un área fuera de la jurisdicción nacional.

(307) La ASOC también recordó a la Reunión la importancia de continuar intercambiando y poniendo a disposición de todos la información relevante tal como se acordó en la Resolución 7 (2005), y conforme al Artículo III del Tratado.

Tema 19. Preparación de la XXXVI Reunión

a. Fecha y lugar

(308) La Reunión recibió gratamente la amable invitación del gobierno del Reino de Bélgica de oficiar de anfitrión para la ATCM XXXVI en Bruselas del 20 al 29 de mayo de 2013.

(309) Para la planificación futura, la Reunión tomó nota del siguiente cronograma de las próximas RCTA:

- 2014 Brasil
- 2015 Bulgaria

(310) Bélgica presentó un programa preliminar y un proyecto de cronograma para la XXXVI Reunión Consultiva del Tratado Antártico, en Bélgica en 2013.

(311) La Reunión aceptó el cronograma propuesto para la XXXVI RCTA.

b. Invitación a las organizaciones internacionales y no gubernamentales

(312) Conforme a la práctica establecida, la Reunión acordó que se debería invitar a las siguientes organizaciones que tienen interés científico o técnico en la Antártida a que envíen expertos para que asistan a la XXXVI RCTA: la Secretaría del ACAP, la ASOC, la IAATO, la OHI, la OMI, la COI, el Grupo Intergubernamental sobre Cambio Climático (GIECC), la UICN, la PNUMA, la OMM y la OMT.

c. Preparación del Programa de la XXXVI RCTA

(313) La Reunión aprobó el Programa Preliminar para la XXXVI RCTA.

d. Organización de la XXXVI RCTA

(314) Conforme a la Regla 11, la Reunión decidió como cuestión preliminar proponer los mismos Grupos de Trabajo de esta Reunión para la XXXVI RCTA.

e. Conferencia del SCAR

(315) Teniendo en cuenta la valiosa serie de conferencias dictadas por el SCAR en varias de las RCTA, la Reunión decidió invitar al SCAR a dar otra conferencia sobre temas científicos relevantes para la XXXVI RCTA.

Tema 20. Otros asuntos

(316) Argentina recordó la plena vigencia del Artículo IV del Tratado Antártico con respecto a todos los asuntos, incluidos los documentos presentados en las RCTA.

(317) En relación con referencias incorrectas al status territorial de las Islas Malvinas, Georgias del Sur y Sandwich del Sur contenidas en documentos, cartografía y publicaciones presentados a esta Reunión Consultiva del Tratado Antártico, la Argentina rechaza cualquier referencia a estas islas como entidades separadas del territorio nacional argentino, asignándoles un status internacional que no poseen y afirma que las Islas Malvinas, Georgias del Sur y Sandwich del Sur y los espacios marítimos circundantes son parte integrante del territorio nacional argentino.

(318) Asimismo, rechaza el registro de buques operado por pretendidas autoridades británicas en dichos territorios y toda otra acción unilateral adoptada por las mencionadas autoridades coloniales, las cuales no son reconocidas y son rechazadas por la República Argentina. Las Islas Malvinas, Georgias del Sur, Sandwich del Sur y los espacios marítimos circundantes son parte integrante del territorio nacional argentino, se encuentran bajo la ocupación ilegal británica y son objeto de una disputa de soberanía entre la República Argentina y el Reino Unido de Gran Bretaña e Irlanda del Norte, reconocida por las Naciones Unidas.

(319) En respuesta, el Reino Unido manifestó que no tenía ninguna duda respecto de su soberanía sobre las islas Falkland, Georgias del Sur y Sandwich del Sur y sobre las plataformas marinas que las rodean, como es de conocimiento de todos los delegados. En tal sentido, el Reino Unido no posee ninguna duda acerca del derecho del gobierno de las islas Falkland de llevar un registro de navegación para los buques que llevan las banderas del Reino Unido e islas Falkland.

(320) La Argentina rechaza la declaración británica y reafirma su bien conocida posición legal.

Tema 21. Aprobación del Informe Final

(321) La Reunión aprobó el Informe Final de la XXXV Reunión Consultiva del Tratado Antártico.

(322) El Presidente de la Reunión, el Sr. Richard Rowe, pronunció las palabras de cierre.

(323) Se dio por finalizada la reunión el miércoles 20 de junio a las 2.40 pm.

2. Informe de la XV Reunión del CPA

2. Informe del Comité de Protección Ambiental (XV Reunión del CPA)

Hobart, 11 al 15 de junio de 2012

Tema 1. Apertura de la Reunión

(1)   El Dr. Yves Frenot (Francia), Presidente del CPA, declaró abierta la reunión el lunes 11 de junio de 2012, agradeciendo a Australia por organizar dicha reunión en la ciudad de Hobart y por ser su país anfitrión.

(2)   El Comité dio la bienvenida a Pakistán como nuevo Miembro, luego de su adhesión al Protocolo Ambiental.

(3)   El Comité expresó sus más sentidas condolencias a Brasil por la pérdida del Teniente Roberto Lopes dos Santos y el Teniente Carlos Alberto Vieira Figueiredo durante el incendio ocurrido en febrero de 2012 en la estación Comandante Ferraz, de Brasil, y a Bélgica por el repentino deceso del Sr. Alexandre de Lichtervelde, representante de Bélgica ante el CPA, en septiembre de 2011.

(4)   El Presidente brindó un resumen del trabajo realizado durante el período entre sesiones. Ello incluyó cuatro grupos de contacto informales, el trabajo del GSPG y otros estudios que contribuyeron a la elaboración de los documentos presentados ante la XV Reunión del CPA. Se completó satisfactoriamente todo el trabajo planificado al finalizar la XIV Reunión del CPA.

(5)   Se destacó que la mayor parte de este trabajo se llevó a cabo de conformidad con las tareas planificadas en el plan de trabajo quinquenal de CPA para el período entre sesiones 2011-2012.

Tema 2. Aprobación del programa

(6)   El Comité aprobó el siguiente programa y confirmó la asignación de 44 Documentos de trabajo (WP), 46 Documentos de información (IP), 5 Documentos de la Secretaría (SP) y 13 Documentos de antecedentes (BP), a los temas del programa:

1. Apertura de la Reunión

2. Aprobación del programa

3. Deliberaciones estratégicas sobre el trabajo futuro del CPA

4. Funcionamiento del CPA

5. Implicaciones del cambio climático para el medio ambiente: Enfoque estratégico

6. Evaluación del impacto ambiental (EIA)

   a. Proyectos de evaluación medioambiental global

   b. Otros temas relacionados con la evaluación del impacto ambiental

7. Protección de zonas y planes de gestión

   a. Planes de gestión

   b. Sitios y monumentos históricos

   c. Directrices para sitios

   d. La huella humana y los valores silvestres

   e. Protección y gestión del espacio marino

   f. Otros asuntos relacionados con el Anexo V

8. Conservación de la flora y fauna antárticas

   a. Cuarentena y especies no autóctonas

   b. Especies especialmente protegidas

   c. Otros asuntos relacionados con el Anexo II

9. Vigilancia ambiental e informes sobre el estado del medio ambiente

10. Informes de inspecciones

11. Cooperación con otras organizaciones

12. Asuntos generales

13. Elección de autoridades

14. Preparativos para la próxima reunión

15. Aprobación del informe

16. Clausura de la reunión

Tema 3. Deliberaciones estratégicas sobre el trabajo futuro del CPA

(7) Nueva Zelandia presentó el Documento de trabajo WP 57, *Portal de mioambientes antárticos*, elaborado en forma conjunta con Australia y el Comité Científico de Investigación Antártica (SCAR), que informa acerca del conepto para el desarrollo de un portal de medioambientes antárticos. El portal representaría una manera efectiva de fortalecer la vinculación entre las actividades científicas y de elaboración de políticas en la Antártida, mejorar la función de asesoramiento del CPA a la RCTA, facilitar la función de asesoramiento brindado por el SCAR a la RCTA y al CPA, y contribuir a la difusión de información sobre medioambientes antárticos hacia el público.

(8) Los Miembros acogieron con satisfacción la propuesta, al destacar la importancia de contar con información de fácil acceso para apoyar el trabajo del Comité, y expresaron su interés en contribuir con el desarrollo del portal durante el período entre sesiones. Noruega se ofreció como voluntario para compartir su experiencia con el Portal del mar de Barents, desarrollado en virtud de la Comisión conjunta de Noruega y Rusia sobre Protección Ambiental, y los sitios Web de los grupos de trabajo correspondientes del Consejo Ártico. Bélgica destacó su activa participación en el Portal de biodiversidad ANTABIF y ofreció su colaboración. Las principales preguntas planteadas por los Miembros se centraron en las implicaciones de los recursos, la posible duplicación de información publicada por el SCAR y por la Secretaría, la publicación multilingüe en los cuatro idiomas del Tratado Antártico, la propiedad y gestión a largo plazo del portal y sus contenidos, la manera en que las publicaciones serían avaladas por el CPA, y los principios que rigen los tipos de información que se incluirían.

(9) Nueva Zelandia informó que se daría consideración a dichos aspectos en la etapa de desarrollo y planificación del portal.

(10) El Comité respaldó el concepto de un Portal de medioambientes antárticos, y expresó su interés en recibir novedades el siguiente año de parte de Nueva Zelandia, el SCAR, Australia y los Miembros interesados, respecto de los avances en el desarrollo de un modelo para demostración.

(11) El Comité realizó revisó y actualizó el plan de trabajo quinquenal, al destacar su utilidad (Apéndice 1).

(12) El Comité destacó la importancia del plan de trabajo quinquenal para la gestión de su trabajo y prioridades, y acordó analizar el Plan al final de cada tema del programa en el futuro.

Tema 4. Funcionamiento del CPA

(13) La Secretaría presentó el Documento de la Secretaría SP 10, *Informe del Grupo de Contacto Informal sobre la mejora del SEII y otros temas vinculados con el intercambio de información*, que presenta información respecto del actual uso del Sistema Electrónico de Intercambio de Información (SEII), y sus recientes mejoras, y plantea una serie de preguntas respecto del intercambio de información. Nueve Miembros habían participado activamente en el Grupo de Contacto Informal. La Secretaría ofreció continuar trabajando para mejorar el SEII.

(14) El Presidente destacó que el SEII es una herramienta esencial para el intercambio de información respecto de las actividades que se desarrollan actualmente en la Antártida, y dio reconocimiento a la Secretaría por la mejora continua que brindaría apoyo al trabajo del CPA.

(15) Chile y los Estados Unidos alentaron mejoras adicionales al SEII, a fin de posibilitar el envío de datos que abarquen diversas especies, sitios y años. El Reino Unido destacó la necesidad de que los Miembros continúen aportando toda la información disponible al SEII a fin de alcanzar un caudal que garantice la sostenibilidad del sistema.

(16) El Comité expresó su agradecimiento a la Secretaría por su trabajo en la mejora del SEII, así como también por las diversas iniciativas que la Secretaría había implementado en apoyo al trabajo del CPA, de la RCTA y al trabajo entre sesiones, y alentó a los Miembros a aceptar el ofrecimiento de la Secretaría de facilitar mejoras adicionales al SEII.

(17) Francia destacó que, a dicho respecto, resultaba pertinente el Documento de trabajo WP 29, *Mejora del funcionamiento del Sistema Electrónico de Intercambio de Información (SEII) relativo a las actividades no gubernamentales en la Antártida*, presentado en relación con el tema 17 del programa de la RCTA.

Tema 5. Implicaciones del cambio climático para el medio ambiente: enfoque estratégico

(18) El Reino Unido presentó el Documento de trabajo WP 33, *RACER1 "Evaluación rápida de la resiliencia del ecosistema que rodea al Ártico: una herramienta del Ártico para evaluar la resiliencia del ecosistema y las áreas cuya conservación es importante, y su posible aplicación en la Antártida"* elaborado en forma conjunta con Noruega, el cual presenta una nueva herramienta de conservación desarrollada por el Fondo Mundial para la Naturaleza (WWF), a fin de identificar y trazar la cartografía de los sitios cuya conservación es de importancia en todo el Ártico, en función de la resiliencia del ecosistema. Este documento se presentó en respuesta a la Recomendación 29 de la Reunión de Expertos del Tratado Antártico (RETA) sobre las implicaciones del Cambio Climático (Svolvær, Noruega, 2010), el cual estableció que el CPA debe *"permanecer atento al desarrollo de herramientas de conservación relacionadas con el cambio climático en otras partes del mundo, que podrían también ser aplicables al contexto antártico"*.

(19) Los Miembros y la ASOC acogieron con satisfacción la iniciativa como una posible contribución al conjunto de herramientas disponibles para el CPA, y destacaron la posibilidad de complementarse con las herramientas existentes, tales como el Análisis de Dominios Ambientales y las Regiones Biogeográficas de Conservación de la Antártida, en el desarrollo de ecorregiones representativas a gran escala.

(20) Si bien el SCAR destacó que la metodología RACER podría contribuir a definir las áreas con un alto nivel de resiliencia dentro de las Regiones biogeográficas de conservación de la Antártida, también planteó la inquietud respecto del establecimiento de especies no autóctonas en dichas zonas, lo cual no se considera actualmente en el modelo. El SCAR ofreció trabajar conjuntamente con el Reino Unido y Noruega entre sesiones.

(21) Australia acogió con satisfacción el documento, y destacó que el progreso respecto de las Recomendaciones de la RETA cuya implementación aún se encuentra pendiente sólo podrá lograrse a través de la presentación de propuestas por parte de los Miembros para la consideración del Comité. Australia indicó que se complacería en participar en debates junto con el Reino Unido y Noruega. A modo de comentario preliminar, observó la importancia de tomar en consideración los distintos contextos de gestión y objetivos de conservación de las regiones del Ártico y de la Antártida.

(22) Diversos Miembros destacaron que las considerables diferencias en las condiciones físicas y la actividad humana entre el Ártico y la Antártida requerirían cierta adaptación de la metodología. Otras cuestiones planteadas se relacionaron con la necesidad de elaborar un concepto común de resiliencia y nivel de adaptación aceptable, la necesidad de proteger las zonas vulnerables, y el impacto de otros factores sobre la resiliencia, como por ejemplo el agotamiento del ozono. España también destacó la necesidad de proporcionar una traducción adecuada en español para el término inglés "resilience".

(23) Brasil sugirió que la bahía del Almirantazgo (bahía Lasserre) sería un sitio útil para realizar pruebas, tomando en cuenta los datos disponibles, tanto sobre las áreas marinas como terrestres.

(24) El Comité avaló el trabajo para probar la metodología RACER en la Antártida, al tiempo que tomó en cuenta la necesidad de adaptar la metodología al contexto antártico, y solicitó la presentación de los resultados de dichas pruebas ante la XVI Reunión del CPA, a fin de facilitar el debate en mayor profundidad.

(25) La Secretaría presentó el Documento SP 8, *Medidas adoptadas por el CPA y la RCTA con base en las recomendaciones de la RETA sobre el cambio climático*, que informa al Comité respecto de las medidas adoptadas en función de cada una de las 30 recomendaciones de la RETA.

(26) Nueva Zelandia agradeció a la Secretaría por su trabajo, y destacó la importancia de tener presentes las recomendaciones de la RCTA.

(27) El COMNAP presentó el Documento de información IP 31 *Best Practice for Energy Management – Guidance and Recommendations*, en respuesta a la Recomendación 4(2) de la RETA (2010), que solicita que el COMNAP presente un informe respecto del progreso alcanzado en la implementación de las mejores prácticas en la gestión de la energía, y que brinde a las Partes actualizaciones que incluyan detalles de las mejores prácticas en cuanto a la eficiencia energética y el empleo de energía alternativa. Dicho informe indica que, si bien la reducción del uso de combustible en las bases antárticas continúa siendo un aspecto de importancia, son los buques y aeronaves los que emplean la mayor cantidad de combustible, área en la cual se lograron ahorros de energía al mejorar la planificación operacional.

(28) La ASOC acogió con satisfacción las iniciativas del Reino Unido y Noruega en el Documento de trabajo WP 33, y del COMNAP en el Documento de información IP 31, al considerarlas contribuciones útiles al desarrollo del enfoque estratégico del CPA en torno al cambio climático.

(29) En respuesta a las inquietudes planteadas por Francia y los Estados Unidos respecto de la baja tasa de respuesta por parte de los Programas Nacionales Antárticos al estudio sobre gestión energética realizado por el COMNAP, el COMNAP indicó que el estudio se realizó durante la temporada estival austral, cuando la mayoría de los miembros se encontraban en la Antártida. Sin embargo, el COMNAP continuaría solicitando respuestas al estudio, y hará su mayor esfuerzo por proporcionar dicha información en la XVI Reunión del CPA.

(30) El SCAR presentó el Documento de información IP 44 *Communicating the Science of Climate Change,* que responde a la Recomendación de la RETA sobre el cambio climático y los impactos para la gestión y la gobernanza de la región antártica (2010), que identifica la necesidad de desarrollar un plan de difusión sobre el cambio climático, a fin de poner los resultados del informe ACCE del SCAR en conocimiento de aquellos encargados de la toma de decisiones, del público en general y de los medios. El SCAR ha mostrado cómo, con fondos proporcionados por Noruega y el Reino Unido y la ASOC, estaba implementando en forma activa maneras innovadoras de mejorar la comunicación en este aspecto. El SCAR se refirió también al Documento de información IP 45 *Antarctic Climate Change and the Environment: an Update.* El SCAR ha estado trabajando en una considerable actualización del Resumen Ejecutivo del Informe ACCE, mucho más completa que las anteriores. Esta actualización será presentada en una publicación sujeta a la revisión de pares expertos.

(31) El Reino Unido recordó que había emprendido un trabajo conjunto con Noruega y la ASOC a fin de informar acerca del aspecto científico del cambio climático.

(32) La IAATO observó que consideraba la instrucción de los clientes de sus Miembros en materia de cambio climático en la Antártida como un aspecto prioritario, y que, a modo de ejemplo, se encontraba actualmente preparando una conferencia genérica sobre el cambio climático para uso por parte de sus Miembros. A dicho respecto, la IAATO ofreció contribuir con el SCAR en su iniciativa de difusión.

(33) La ASOC presentó el Documento de información IP 58 rev 1, *Earth Hour Antarctica (2013)*, elaborado en forma conjunta con Australia y el Reino Unido, que propone que todas las luces de uso no esencial se apaguen de forma coordinada en las estaciones de investigación antártica de todo el continente, en ocasión de la "Hora de la Tierra" el 30 de marzo de 2013, guardando las restricciones operacionales y de seguridad, como una demostración de su apoyo a las medidas concretas para hacer frente a la amenaza del cambio climático.

(34) Los Miembros cuyas estaciones habían participado en iniciativas de la "Hora de la Tierra" anteriores, incluido el Reino Unido (las estaciones Halley y Rothera, Australia (las estaciones Casey y Mawson) y Nueva Zelandia (Base Scott), alentaron a otros programas nacionales a participar, e indicaron que les complacería responder toda pregunta sobre los requisitos de orden práctico en relación con las restricciones operacionales.

(35) El COMNAP sugirió que la reunión general anual del COMNAP para 2012 podría ser un foro adecuado para determinar los aspectos prácticos, técnicos u operacionales relacionados con la iniciativa de la "Hora de la Tierra".

Tema 6. Evaluación de Impacto Ambiental

6a) Proyecto de Evaluación Medioambiental Global

(36) No se presentaron documentos sobre este tema.

6b) Otros temas relacionados con la Evaluación del Impacto Ambiental

(37) La República de Corea presentó el Documento de información IP 23, *Final Comprehensive Environmental Evaluation (CEE) for the Proposed Construction and Operation of the Jang Bogo Station, Terra Nova Bay, Antarctica*, que busca responder a diversas consultas y recomendaciones de las Partes respecto del proyecto de CEE presentado ante la XIV Reunión del CPA (2011). Estas incluyen los impactos acumulativos relacionados con la concentración de estaciones en la bahía Terra Nova, el reciclado de agua, el remplazo de un incinerador propuesto por un reductor de residuos de alimentos, la introducción de un plan de gestión para las visitas a una colonia de skúas cercana, y un programa de vigilancia relacionado con dicha colonia; la introducción de especies no autóctonas, un programa de gestión

energética con energía solar y eólica, e información adicional acerca del desmantelamiento de estaciones gracias a un sistema de diseño modular. El inicio de la construcción está planificado para Diciembre de 2012.

(38) Diversos Miembros reconocieron la alta calidad de la CEE final, que respondía a la mayoría de las inquietudes planteadas en la XIV Reunión del CPA con base en el proyecto de CEE. Si bien la ASOC apreció la iniciativa de hacer a la estación Jang Bogo más ecológica, reiteró su inquietud respecto del impacto acumulativo de la construcción de la estación y su actividad en la bahía Terra Nova. Asimismo, la ASOC destacó que la nueva estación colocaría a Corea a la vanguardia de la ciencia en la región, y esperaba que Corea asumiría un rol primordial en la protección de la región del mar de Ross. Alemania destacó que desearía contar con información acerca del modelamiento del ruido provocado por el viento en la estructura de la estación, y con datos respecto de la colonia de skúas, una vez que la estación se encuentra operativa.

(39) Italia observó que ya había iniciado diversos proyectos científicos conjuntos con los científicos coreanos.

(40) El Comité felicitó a la República de Corea por el carácter integral de la CEE final. Los Miembros expresaron sus mejores deseos para la República de Corea en la operación de la estación Jang Bogo, y su deseo de aumentar la cooperación internacional y la investigación científica en la bahía Terra Nova.

(41) El Reino Unido presentó el Documento de información IP 30, *The Final Comprehensive Environmental Evaluation (CEE) for the Proposed Exploration of Subglacial Lake Ellsworth, Antarctica* , y una vez más agradeció a los Miembros por los comentarios realizados al Proyecto de CEE, tanto directamente al Reino Unido como al GCI liderado por Noruega. La Federación de Rusia destacó que el trabajo del Reino Unido enriquecería el patrimonio de conocimiento de la humanidad.

(42) El Comité felicitó al Reino Unido por el carácter integral de la CEE final.

(43) Diversos Miembros reconocieron la manera en la que los proponentes de cada una de las CEE habían observado el procedimiento del CPA para dar tratamiento a los comentarios de las Partes, a fin de limitar y evitar los impactos ambientales de conformidad con el Protocolo Ambiental.

(44) Nueva Zelandia presentó el Documento de trabajo WP 22, *Aspectos ambientales e impacto del turismo y las actividades no gubernamentales en la Antártida*, y se refirió al Documento de información IP 33 sobre el mismo tema. Estos documentos describen de manera general los resultados de un estudio global llevado a cabo por Nueva Zelandia a solicitud de la XXXII RCTA.

(45) Nueva Zelandia brindó un resumen de los resultados del estudio, los que ofrecen una visión global de las tendencias en materia de turismo a través del tiempo, las actuales características del turismo antártico, una consideración acerca de los posibles impactos ambientales del turismo antártico, un análisis de los sitios visitados por los turistas, un análisis del material publicado respecto del impacto del turismo en la Antártida, un resumen de las medidas regulatorias aprobadas por las Partes del Tratado, una evaluación de las medidas de control regulatorio aplicables, y ocho recomendaciones para el trabajo futuro. Nueva Zelandia destacó la dificultad de obtener datos independientes, confiables y completos respecto de todas las modalidades de turismo en la Antártida, y sugirió que la falta de datos e información integrales de fácil acceso para la RCTA tornaba dificultosa toda evaluación de los impactos medioambientales del turismo antártico.

(46) El Comité agradeció a Nueva Zelandia por su dedicación y esfuerzo en torno a esta cuestión, y reconoció el alto nivel de participación de otros Miembros y Observadores. Destacó que el estudio representaba un gran avance en pos de identificar los impactos, conocidos o no, del turismo y las actividades no gubernamentales, y era un ejemplo de la capacidad del CPA de responder de manera efectiva a las solicitudes de la RCTA.

(47) Los Miembros admitieron que la información disponible no se encontraba completa; sin embargo, se consideró poco probable que la investigación adicional y mayor elaboración pudieran alterar considerablemente los resultados. Al tiempo que expresaron su apoyo por los objetivos del estudio y recomendaciones relacionadas, algunos Miembros sugirieron que estas recomendaciones deberían ser consideradas como un abanico de opciones para su consideración por parte de la RCTA, y no como un paquete fijo de medidas que debían adoptarse en conjunto. También destacaron la necesidad de profundizar el trabajo para llenar las actuales lagunas en la información, al destacar que el estudio es un documento dinámico que requiere de la continua consideración por parte del CPA. El Comité acordó incluir algunas de las recomendaciones en su plan de trabajo quinquenal, según fuera apropiado.

(48) China apreció el trabajo realizado por Nueva Zelandia y expresó que esperaba contar con la oportunidad de participar en otros debates. Agradeció a la IAATO por los datos proporcionados, dado que la IAATO había realizado un gran trabajo en este tema.

(49) La ASOC destacó la labor de Nueva Zelandia en la producción de un detallado estudio con base en la información disponible. La ASOC observó que, si bien las publicaciones mencionadas establecían que no se contaba con ninguna evidencia concluyente de que el turismo hubiera generado un impacto sobre el medioambiente, no era posible llegar a la conclusión de que el turismo no había producido ningún impacto, dada la ausencia de datos. El informe no mencionó la ocupación de sitios a largo plazo, si bien, de hecho sí se trató de un impacto concreto, y sugirió que el CPA debería reconocer que el acceso de los turistas a zonas no transitadas previamente alteraba de manera fundamental su estado prístino. La ASOC apoyó las recomendaciones del estudio, si bien consideró que omitía la necesidad imperiosa de desarrollar una "visión" sobre el turismo antártico, que les ayudaría a las Partes a delinear el desarrollo de las actividades turísticas en vez de reaccionar ante éste.

(50) La IAATO agradeció el trabajo de Nueva Zelandia, al observar que se complacía en haber proporcionado información, y continuaría participando en estos debates, tanto en el CPA como en la RCTA.

(51) Luego del debate, el Comité acordó avalar el estudio y remitirlo a la RCTA para su consideración, al destacar que no sería necesario proceder a la aplicación de todas las recomendaciones en forma simultánea, y que la RCTA podría remitir los temas al CPA nuevamente para su consideración y asesoramiento en mayor profundidad. El estudio presentó las siguientes recomendaciones:

Recomendación 1: con objeto de cerciorarse de que la RCTA tenga a su disposición de manera asequible un cuadro completo de las actividades turísticas en la Antártida, y para facilitar las evaluaciones periódicas de la RCTA con respecto de los impactos medioambientales provocados por el turismo, la RCTA debería desarrollar una base de datos de gestión centralizada de las actividades turísticas, lo cual podría lograrse mediante un rediseño y el uso concertado del SEII. Deberán tomarse en cuenta los datos requeridos, si bien será relevante gran parte de la información recolectada en la actualidad por medio de los procesos de informes posteriores a las visitas, complementados con la presentación de informes precisos de todas las actividades turísticas autorizadas, incluidas las visitas de yates y las expediciones terrestres.

Recomendación 2: para mejorar la gestión específica de cada sitio debe establecerse, junto con la base de datos sobre visitas mencionada en la Recomendación 1, una base de datos de la RCTA de gestión centralizada de los sitios aptos para el turismo, incluida información acerca de su vulnerabilidad medioambiental.

Recomendación 3: debe elaborarse un método apropiado para evaluar la vulnerabilidad de los sitios, y efectuarse un análisis de vulnerabilidad relativa, al menos en aquellos sitios más visitados de la Antártida, incluida, por ejemplo, la consideración de la vulnerabilidad de los sitios turísticos ante el establecimiento de especies no autóctonas, a los fines de una evaluación más exhaustiva de las necesidades de gestión apropiadas. La consideración de la vulnerabilidad de los sitios debe incluirse además en el proceso de Evaluación de Impacto Ambiental de las actividades turísticas.

Recomendación 4: deben tenerse en cuenta los medios a través de los cuales se revisan y actualizan las directrices específicas para cada sitio, incluyéndose la frecuencia apropiada de las revisiones y la información requerida para respaldar una revisión.

Recomendación 5: deberá tenerse en cuenta la revisión periódica de las tendencias de la actividad turística en ciertos sitios de turismo seleccionados, en particular aquellos con altos niveles de visitas o aquellos considerados particularmente vulnerables a los impactos.

Recomendación 6: deberá tenerse en cuenta el establecimiento de un programa de vigilancia in situ aprobado por la RCTA, con los siguientes propósitos i) evaluar la eficacia de las directrices para sitios específicos y ii) realizar un seguimiento de los impactos.

Recomendación 7: debe tomarse en cuenta la elaboración de una serie de niveles de activación con base en la "mejor estimación" para ayudar a orientar las iniciativas de vigilancia. Esto puede incluir la identificación de ciertos parámetros (por ejemplo, la cantidad de turistas que desembarcan en un sitio por temporada) los cuales, en caso de alcanzarse, desencadenarían la necesidad de una revisión de la eficacia de la actual gestión en el mencionado sitio. Tal metodología se basaría en el análisis de vulnerabilidad del sitio al cual se hace referencia en la Recomendación 3 mencionada anteriormente.

Recomendación 8: debe tomarse en cuenta la identificación de un abanico de posibles alternativas de gestión que podrían ser aplicables a la gestión de las actividades de turismo, incluidos los buques y la operación de buques durante el transporte de turistas, así como también los datos e información necesarios para respaldar la aplicación de dichas medidas.

Asesoramiento del CPA a la RCTA

(52) El Comité avaló el *Estudio sobre aspectos ambientales e impactos del turismo y las actividades no gubernamentales*, y acordó remitir el estudio a la RCTA para respaldar su consideración de la gestión del turismo.

(53) Brasil presentó el Documento de trabajo WP 53 *Estación Comandante Ferraz: Plan propuesto para la demolición y construcción de módulos de emergencia en la Antártida*. El documento reseña un plan para la demolición y desmantelamiento del edificio principal, el cual resultó destruido por un incendio, y para la construcción y operación de Módulos de emergencia antárticos (MEA), en el lugar de emplazamiento de la estación Comandante Ferraz. Brasil indicó que el plan para la nueva estación se presentaría ante la RCTA en cuanto estuviese preparado.

(54) Brasil describió los acontecimientos en torno al incendio ocurrido en su estación y la trágica pérdida de vidas que resultó de éste, y expresó su gratitud hacia Chile, Argentina, Uruguay, la Federación de Rusia, Polonia y el Reino Unido por su ayuda durante el incendio y luego de éste, así como también a todos aquellos que habían expresado su apoyo y solidaridad. Brasil fue enfático en sus esfuerzos por defender el Protocolo Ambiental y por mitigar los impactos sobre el medioambiente producidos por el incidente, tanto durante las consecuencias inmediatas del incendio como por medio de sus planes de llevar a cabo actividades de limpieza de manera continua e integral, tomando en cuenta las muestras realizadas en Brasil y el modelamiento basado en información meteorológica y de otro tipo.

(55) Los Miembros expresaron sus condolencias a Brasil por la pérdida de vidas de brasileños y por la destrucción de la estación Comandante Ferraz, en la cual, tal como lo señalaran, se había llevado a cabo un trabajo científico invaluable.

Los miembros acogieron con satisfacción los esfuerzos rigurosos y continuos por mantener sus compromisos contraídos en virtud del Protocolo Ambiental y por mitigar y evitar los impactos sobre el medioambiente pese a las trágicas y difíciles circunstancias. Los miembros ofrecieron su ayuda efectiva a Brasil en sus esfuerzos de reconstrucción y en garantizar la continuidad de la ciencia antártica brasileña.

(56) Bulgaria agradeció a Brasil por salvar la vida del Comandante de base búlgaro, quien sufrió un ataque al corazón a bordo de la embarcación brasileña *Almirante Maximiano*.

(57) Algunos miembros ofrecieron sugerencias de construcción sobre el diseño de la estación y sobre la forma de reducir a un mínimo el riesgo de que ocurran tragedias similares en el futuro. La Federación de Rusia, que ha experimentado tres incendios en sus estaciones, los cuales han resultado en la pérdida de vidas, y España, que estaba remodelando su estación, se expresaron a favor de un diseño modular de las estaciones, y ofrecieron a Brasil su ayuda en estas materias.

(58) Agradeciendo a todos los Miembros que ofrecieron sus condolencias y apoyo, Brasil expresó su decisión de continuar con sus investigaciones en la Antártida durante la temporada estival austral de 2012-2013. Brasil señaló que confiaba en que podría trabajar con otros en la reconstrucción de la estación, y reiteró su intención de hacerlo en respeto y defensa del Protocolo Ambiental.

(59) La Federación de Rusia presentó el Documento de trabajo WP 34, *Tecnología para la investigación de la capa de agua del lago subglacial Vostok a través del pozo de perforación en el hielo 5G en la estación antártica rusa Vostok*, el cual describía el diseño tecnológico que permitiría realizar observaciones directas y tomas de muestra del lago ya a partir de 2014–2015. Rusia se refirió además al Documento de información IP 74, *Results of Russian activity for penetrating subglacial Lake Vostok in the season 2011-2012,* el cual informaba que se ha efectuado una penetración limpia desde el punto de vista ecológico, a través de 3.679,60 metros de hielo. La Federación de Rusia destacó que la descarga de una cantidad significativa de fluidos de perforación en la superficie del pozo de perforación, bombeado de manera inmediata, confirmó que el agua líquida del lago subió desde el fondo del pozo de perforación, evitándose así cualquier contaminación del lago con los fluidos de perforación. Se exhibió un video sobre la actividad.

(60) Diversas partes felicitaron a la Federación de Rusia por su importante logro científico y tecnológico, que generará un importante avance en los conocimientos científicos acerca de los lagos subglaciales.

(61) Aún cuando hubo felicitaciones para la Federación de Rusia, también se plantearon algunas inquietudes acerca del proceso. Bélgica preguntó la razón por la cual no se utilizaba la perforación térmica ni el fluido de organosilicona que se habían previsto originalmente para la actividad, y si se produciría algún efecto como resultado del cambio de tecnología. Bélgica preguntó también si no hubiese sido posible el uso del método de perforación térmica, evitándose la posible contaminación del lago, si se hubiese demorado el progreso hasta el comienzo de la siguiente temporada. Persistían las inquietudes de la ASOC en cuanto al problema de la contaminación, la que solicitó al respecto algunas aclaraciones acerca del destino de las fugas de fluido de perforación y acerca del contacto de dicho fluido con las aguas del lago. La ASOC señaló la necesidad de observar protocolos operacionales y de investigación bien formulados, aún cuando ello pudiera generar demoras en la obtención de resultados científicos, a fin de proteger los valores científicos y medioambientales de la Antártida.

(62) En respuesta a ello, la Federación de Rusia aclaró que no tuvo tiempo para transferir la tecnología de perforación térmica con el fluido de organosilicona, puesto que se desconocía el grosor exacto de la capa de hielo y no había indicaciones claras de cuán cerca de penetrar en el agua se encontraba la broca. Por otro lado, la tecnología de perforación térmica no habría permitido la extracción de una muestra de sondaje desde el sitio. La alternativa de insertar fluido de organosilicona en el pozo de perforación y de esperar un año más antes de reanudar la perforación se había descartado debido a las incertidumbres implicadas. La Federación de Rusia sostuvo que el fluido de perforación no contaminaría el lago puesto que no había forma de que un líquido de densidad menor penetrara en el agua lacustre bajo la presión de cuatro atmósferas. Más bien, el kerosene y el freón quedaban contenidos en el centro del pozo de perforación recientemente congelado, a medida que el agua era transportada hacia la superficie por la broca. La Federación de Rusia señaló que se esperaba recolectar muestras de agua pura para la temporada 2012/2013, y que se aplicarían nuevas tecnologías en 2014/2015 para investigar la columna de agua, incluyéndose procedimientos que maximizarían las condiciones de limpieza.

(63) Italia presentó el Documento de información IP 41, *Starting a feasibility study for the realization of a gravel runway near Mario Zucchelli Station,*

el cual destacaba sus planes de explorar dos sitios para la construcción de una pista de grava, debido a los problemas encontrados en la actual pista de hielo. En la temporada de 2012/2013 se realizaría un estudio estratigráfico mediante perforaciones, estudios realizados con radar desde helicópteros y la recopilación de datos meteorológicos, para el posterior análisis de adecuación de dichos sitios para las pistas propuestas, y en preparación para cualquier evaluación de impacto medioambiental que resultase necesaria.

(64) La República de Corea señaló que una nueva pista de grava resultaría muy conveniente para los científicos en la región, y ofreció su decidido respaldo y cooperación con Italia para que este proyecto pueda concretarse.

(65) La ASOC señaló que espera con interés la Evaluación Medioambiental Global de dicho proyecto antes de que éste prosiga, y expresó su opinión de que tal CEE debe incluir una evaluación de los impactos acumulativos de esta y otras instalaciones en la zona.

(66) India presentó el Documento de información IP 43, *Establishment and Operation of New Indian Research Station "Bharati" at Larsemann Hills*, y agradeció a diversas partes por sus provechosos comentarios durante el proceso de CEE.

(67) El Comité felicitó a India por la exitosa culminación de la estación Bharati en 2012, y expresó su interés en las contribuciones de la estación a la investigación científica realizada en forma colaborativa en la zona. China también agradeció a India por su gentil ayuda en el transporte de carga en las colinas de Larsemann durante la construcción de la estación Bharati luego de la pérdida de un helicóptero chino.

(68) En relación con este tema del programa se presentaron también los siguientes documentos:

- SP 6 *Lista anual de evaluaciones medioambientales iniciales (IEE) y evaluaciones medioambientales globales (CEE) preparadas entre el 1 de abril de 2011 y el 31 de marzo de 2012* (Secretaría).

- BP 36, *Resumen de la Auditoría Ambiental de Cumplimiento de la Estación Científica Ecuatoriana Pedro Vicente Maldonado* (Ecuador).

Tema 7.Protección de Zonas y Planes de Gestión

7a) Planes de Gestión

i) *Proyectos de Planes de Gestión que han sido examinados por el Grupo Subsidiario de Planes de Gestión*

(69) Australia presentó el Documento de trabajo WP 14, *Grupo subsidiario sobre planes de gestión - informe del trabajo entre sesiones correspondiente al periodo 2011/12, en representación del Grupo subsidiario de Planes de Gestión* (GSPG). Durante el período entre sesiones, el Grupo había revisado el plan de gestión revisado para la ZAEP Nº 140, Partes de isla Decepción, elaborado por el Reino Unido.

(70) El GSPG informó al Comité que la versión final del plan de gestión revisado preparada por el Reino Unido estaba bien redactada, era de buena calidad y abordaba de manera adecuada los puntos fundamentales planteados durante su revisión. Por consiguiente, el GSPG recomendó que el CPA apruebe dicho plan revisado.

(71) El Comité refrendó la recomendación del GSPG y concordó en remitir el plan de gestión revisado de la ZAEP 140 a la RCTA para su aprobación.

ii) *Proyectos de Planes de Gestión revisados que no habían sido examinados por el Grupo Subsidiario sobre Planes de Gestión*

(72) El Comité consideró los planes de gestión revisados de 13 Zonas Antárticas Especialmente Protegidas (ZAEP) y de 1 Zona Antártica Especialmente Administrada (ZAEA) en esta categoría:

- Documento de trabajo WP 2, *Plan de gestión revisado para la Zona antártica especialmente protegida Nº 151, Lions Rump, isla Rey Jorge/isla 25 de Mayo, islas Shetland del Sur* (Polonia).

- Documento de trabajo WP 3, *Plan de gestión revisado para la Zona antártica especialmente protegida (ZAEP) Nº 128, costa occidental de la bahía Lasserre, isla Rey Jorge/isla 25 de Mayo, islas Shetland del Sur* (Polonia).

- Documento de trabajo WP 8, *Revisión del Plan de Gestión para la Zona Antártica Especialmente Protegida (ZAEP) N° 129, punta Rothera, isla Adelaide* (Reino Unido).

- Documento de trabajo WP 9, *Revisión del Plan de Gestión para la Zona Antártica Especialmente Protegida (ZAEP) N° 109, isla Moe, islas Orcadas del Sur* (Reino Unido).

- Documento de trabajo WP 10, *Revisión del Plan de Gestión para la Zona Antártica Especialmente Protegida (ZAEP) N° 111, isla Powell del Sur e islas adyacentes, islas Orcadas del Sur* (Reino Unido).

- Documento de trabajo WP 11, *Revisión del Plan de Gestión para la Zona Antártica Especialmente Protegida (ZAEP) N° 115, isla Lagotellerie, bahía Margarita, Graham Land* (Reino Unido).

- Documento de trabajo WP 12, *Revisión del Plan de Gestión para la Zona Antártica Especialmente Protegida (ZAEP) N° 110, isla Lynch, islas Orcadas del Sur* (Reino Unido).

- Documento de trabajo WP 42, *Plan de gestión revisado para la ZAEA N° 4, isla Decepción* (Argentina, Chile, Noruega, España, Reino Unido y Estados Unidos).

- Documento de trabajo WP 44, *Plan de gestión revisado para la Zona antártica especialmente protegida (ZAEP) N° 132, Península Potter* (Argentina).

- Documento de trabajo WP 52, *Revisión del Plan de Gestión para la Zona Antártica Especialmente Protegida (ZAEP) N° 133, punta Armonía* (Argentina y Chile).

- Documento de trabajo WP 54, *Plan de gestión revisado para la Zona antártica especialmente protegida (ZAEP) N° 145, puerto Foster, isla Decepción, islas Shetland del Sur* (Chile).

- Documento de trabajo WP 58, *Plan de gestión para la Zona antártica especialmente protegida (ZAEP) N° 112, Península Coppermine, isla Robert, islas Shetland del Sur* (Chile).

- Documento de trabajo WP 60, *Plan de gestión para la Zona antártica especialmente protegida (ZAEP) N° 146, bahía Sur (bahía South), isla Doumer, archipiélago de Palmer* (Chile).

- Documento de trabajo WP 61, *Plan de gestión para la Zona antártica especialmente protegida (ZAEP) Nº 144 bahía Chile (bahía Discovery), isla Greenwich, islas Shetland del Sur* (Chile).

(73) Al presentar el Documento de trabajo WP 2, el cual presentaba un plan de gestión revisado para la ZAEP Nº 151, y el Documento de trabajo WP 3, que presentaba un plan de gestión revisado para la ZAEP Nº 128, Polonia indicó que sólo se habían propuesto rectificaciones de menor importancia.

(74) Varios Miembros solicitaron aclaración sobre una serie de aspectos, en particular asociados a la ZAEP Nº 128, incluidas las medidas asociadas a la gestión de especies de flora no autóctonas que se habían identificado en la Zona, la consideración de las Medidas de la RCTA en relación con el control de los sobrevuelos (inquietud planteada por Chile), y acerca de la ampliación de límites (respecto de la cual la IAATO solicitó que se demarcaran de manera clara). Además, Estados Unidos señaló que su campamento en la ZAEP Nº 128 había estado ubicado en dicho lugar desde antes de que la Zona fuera designada como ZAEP, y que durante el periodo entre sesiones se plantearía nuevas consultas para mejorar la utilidad del plan de gestión revisado.

(75) El Comité estuvo de acuerdo en remitir los planes de gestión revisados para las ZAEP Nº 128 y Nº 151 al GSPG para su revisión entre sesiones.

(76) Con respecto a los documentos de trabajo WP 8 (ZAEP Nº 129), WP 9 (ZAEP Nº 109), WP 10 (ZAEP Nº 111), WP 11 (ZAEP Nº 115) y WP 12 (ZAEP Nº 110), el Reino Unido describió algunas rectificaciones de menor importancia, las que incluían una modificación del formato con el propósito de ajustarse a las Directrices para la preparación de planes de gestión ZAEP, la información relativa al acceso a algunas Zonas, el establecimiento de coordenadas de los límites de las Zonas, y, donde correspondiese, información acerca de los campamentos.

(77) El Reino Unido explicó que las revisiones al Plan de Gestión para la ZAEP Nº 129 (en el Documento de trabajo WP 8), la cual originalmente se había establecido como una zona de control en función de la cual se pudiera realizar un seguimiento de los impactos producidos por el ser humano en un ecosistema antártico de páramo, desde la adyacente estación de Investigación Rothera, abarcaban cambios en el formato y la adición de una introducción, señalándose que si bien la Zona en sí era de poco valor intrínseco en cuanto

a conservación de su naturaleza, sí tenía valor como un sitio de investigación y observación biológicas.

(78) Cambios al Plan de Gestión para la ZAEP N° 109 (en el Documento de trabajo WP 9), [el cual se definió para la protección de una muestra representativa del ecosistema marítimo antártico, de sus valores medioambientales (principalmente la flora y fauna terrestres), y como sitio de control para su comparación con zonas sometidas a la investigación científica,], incluyó una descripción del emplazamiento de la Zona en el marco de los Dominios Ambientales, además de información sobre el acceso y los límites.

(79) Al presentar el Documento de trabajo WP 10, el Reino Unido explicó que las propuestas de revisiones al Plan de Gestión para la ZAEP N° 111, las cuales protegían de manera predominante a las poblaciones de aves y focas reproductoras, y en menor grado a la vegetación terrestre, abarcaron la adición de una introducción, de una referencia relativa al emplazamiento de la Zona en el marco de los Dominios ambientales, información sobre el acceso y los límites de la Zona y el lugar designado para campamentos.

(80) Los cambios en el Plan de Gestión para la ZAEP N° 115, que protege los valores medioambientales, principalmente la flora y fauna y avifauna terrestres, también abordaron el acceso, el contexto en cuanto a Dominios ambientales e información respecto de las estructuras dentro de la Zona.

(81) Al debatir sobre el Documento de trabajo WP 12, que abarca a la ZAEP N° 110, el Reino Unido explicó que la gestión de esta Zona, que protegía una de las mayores áreas con presencia de *Deschampsia antarctica* en toda la zona abarcada por el Tratado, necesitaba revisarse a la luz una mayor presencia de focas peleteras dentro de la Zona, y el reconocimiento del aumento en la biodiversidad de las comunidades terrestres.

(82) El Comité aceptó presentar los planes de gestión revisados para las ZAEP N° 109, 110, 111, 115 y 129 ante la RCTA para su aprobación.

(83) En relación con el Documento de trabajo 42, preparado conjuntamente por Argentina, Chile, Noruega, España, el Reino Unido y Estados Unidos, Noruega explicó que el Grupo de Gestión de la isla Decepción había efectuado su primera revisión quinquenal del Plan de Gestión para la ZAEA N° 4, la cual protege zonas de importante valor natural, científico, histórico, educacional y estético, y que estaban además sometidas a un amplio abanico

de exigencias que compiten entre sí. En este contexto, Noruega también agradeció a la ASOC y a la IAATO por sus contribuciones a la revisión quinquenal.

(84) Noruega hizo notar que los cambios propuestos al Plan de Gestión incluían lo siguiente: la protección de zonas no sometidas a una actividad humana importante; orientaciones en cuanto a que la isla Decepción no debiera, en lo posible, utilizarse como puerto de emergencia, las cifras actualizadas del censo de la población de pingüinos de barbijo en la ZAEA, las cuales indican una marcada e importante disminución, un paquete amplio de directrices y cambios al código de conducta para los visitantes; y la inclusión de directrices para reducir el riesgo de introducción de especies no autóctonas en la isla Decepción.

(85) España destacó que la isla Decepción era un volcán activo que suponía riesgos adicionales para las actividades humanas, tanto para aquellos que ingresan a la zona como para todo aquel a quien se le solicitara proporcionar ayuda de emergencia. A dicho respecto, España enfatizó que era preciso considerar cuidadosamente todas las actividades, y que ciertas circunstancias podían justificar el establecimiento de restricciones y prohibiciones.

(86) La Federación de Rusia elogió los fundamentos científicos del Plan de Gestión revisado y recalcó la importancia de que las decisiones sobre gestión se sustenten en información científica.

(87) El Comité aprobó el Plan de Gestión revisado para la ZAEA N° 4 y estuvo de acuerdo en presentarlo ante la RCTA para su aprobación.

(88) Con respecto al Documento de trabajo WP 44, Argentina destacó los cambios propuestos a la gestión de la ZAEP N° 132, originalmente designada como un Sitio de especial interés científico, que incluyen cambios editoriales, revisión de sus mapas y nueva información.

(89) El Comité estuvo de acuerdo en presentar el Plan de Gestión revisado para la ZAEP N° 132 al GSPG para su revisión.

(90) En representación de Chile y Argentina, Argentina presentó el Documento de trabajo WP 52, que reseña algunas rectificaciones de menor importancia al Plan de Gestión para la ZAEP N° 133. El Comité aprobó el Plan de Gestión revisado para la ZAEP N° 133 y estuvo de acuerdo en presentarlo ante la RCTA para su aprobación.

(91) En relación con los Documentos de trabajo WP 54 (ZAEP N° 145), WP 60 (ZAEP N° 146) y WP 61 (ZAEP N° 144), Chile expresó que las revisiones propuestas se vinculaban con la gestión de ZAEP que incluyeran áreas marinas y que por lo tanto sería apropiado derivarlas a la Comisión para la Conservación de los Recursos Vivos Marinos Antárticos (CCRVMA) antes de la consideración en mayor profundidad por parte del Comité. Asimismo, Chile informó a los Miembros que se realizarían más revisiones al mapa de la ZAEP N° 145 (WP 54) antes de su presentación ante la CCRVMA.

(92) Señalando las revisiones propuestas y la necesidad de consultar a la CCRVMA, el Comité estuvo de acuerdo en remitir los planes de gestión para las ZAEP N° 144, 145 y 146 al GSGP.

(93) En cuanto al Documento de trabajo WP 58, ZAEP N° 112, el Comité aprobó el Plan de Gestión revisado y estuvo de acuerdo en presentarlo ante la RCTA para su aprobación.

iii) Nuevos proyectos de planes de gestión de zonas protegidas y administradas

(94) El Comité consideró tres propuestas para la designación de nuevas Zonas Antárticas Especialmente Protegidas (ZAEP) dentro de esta categoría:

- WP 19, *La designación propuesta de una Zona Antártica Especialmente Protegida para zonas geotérmicas de altitud elevada de la región del mar de Ross* (Nueva Zelandia).

- WP 40, *Propuesta para una nueva Zona Antártica Especialmente Protegida en cabo Washington y en bahía Silverfish, bahía Terra Nova, mar de Ross* (Italia y Estados Unidos).

- WP 41, *Propuesta para una nueva Zona antártica especialmente protegida en el glaciar Taylor y en las Cataratas de Sangre, valle de Taylor, valles secos McMurdo, Tierra de Victoria* (Estados Unidos).

(95) Al presentar el Documento de trabajo WP 19, Nueva Zelandia señaló que tres sitios en la zona del mar de Ross contienen actividad geotérmica de altitud elevada: el monte Erebus (ZAEP N° 130: cresta Tramway, monte Erebus, isla Ross), el monte Melbourne (ZAEP N° 118: cima del monte Melbourne, Tierra de Victoria), y el monte Rittman en Tierra de Victoria. Los tres sitios contienen una singular biodiversidad en los caldeados suelos geotérmicos.

Nueva Zelandia propuso la designación de una ZAEP para estas tres zonas geotérmicas de la región del mar de Ross y presentó un proyecto de plan de gestión para una ZAEP que incluye diversos sitios.

(96) Nueva Zelandia sugirió que esta forma de designación de ZAEP representaba una metodología más estratégica para la protección de un tipo de medioambiente menos común en la Antártida, y que aplicaba medidas coherentes para proteger, en un único plan de gestión, los conjuntos de especies muy vulnerables y singulares conforme a la misma estricta norma.

(97) El Comité acogió la propuesta de Nueva Zelandia y los Estados Unidos, señalando el interés mutuo de ambos países por las zonas geotérmicas ubicadas a altitudes elevadas, sugirió la posibilidad del trabajo conjunto en terreno utilizando apoyo logístico compartido durante la temporada de campamentos 2012/2013 con el fin de perfeccionar el plan de gestión propuesto.

(98) El Reino Unido elogió la propuesta de Nueva Zelandia y sugirió que el debate entre sesiones debería considerar si las tres zonas contempladas en la propuesta estarían mejor protegidas en la forma de tres ZAEP separadas o conformando una sola gran ZAEP.

(99) La ASOC comentó que la propuesta de Nueva Zelandia representaba una iniciativa creativa y estratégica para la protección de hábitats inusuales o poco habituales, y alentó a los demás Miembros a adoptar un enfoque similar.

(100) De acuerdo con las sugerencias reseñadas en el Documento de trabajo WP 19, el Comité concordó en remitir el proyecto de Plan de Gestión para una nueva ZAEP propuesta en las áreas geotérmicas a gran altitud de la región del mar de Ross al GSPG para su revisión y comentarios iniciales antes de octubre de 2012, con anterioridad a la temporada de campamentos de verano de 2012/2013. Nueva Zelandia planificaba abordar todos los temas identificados durante la temporada 2012/2013 y presentar tanto un borrador del plan de gestión revisado como una reseña de sus respuestas a la asesoría del GSPG. Luego de una revisión adicional realizada por el GSPG, se presentaría a la XVI Reunión del CPA un borrador final del plan de gestión.

(101) Al presentar el Documento de trabajo WP 40, Estados Unidos e Italia destacaron el valor científico de la Zona propuesta para su designación como ZAEP, señalando que ésta incluye una de las mayores colonias de pingüinos

emperador de la Antártida además de un rico vivero de diablillos antárticos. Aunque la colonia de pingüinos ha atraído el interés del turismo, los límites propuestos reducirían el área a disposición de este tipo de actividades. En vista del tamaño del componente marino propuesto en la ZAEP, se propuso también someter el borrador del plan a la consideración de la CCRVMA conforme a la Decisión 9 (2005).

(102) Nueva Zelandia señaló la importancia científica de esta parte del mar de Ross, y que consideraba la propuesta como un complemento para la elaboración de propuestas para la protección de zonas marinas más amplias dentro de la CCRVMA y ofreció contribuir en la elaboración del plan de gestión propuesto. La República de Corea, que está en proceso de construir una estación en las cercanías de la ZAEP propuesta, realizó un ofrecimiento similar, así como también Alemania, que cuenta en la actualidad con una estación de investigación en la Zona (Gondwana).

(103) Si bien expresó su respaldo por la designación de una nueva ZAEP en la zona, el Reino Unido planteó sus dudas con respecto a la necesidad de excluir las visitas de turistas en la zona propuesta para la designación. La IAATO expresó su satisfacción por el hecho de que las consultas entre sesiones, a las cuales ofreció contribuir, consideraran los temas asociados al turismo. Habida cuenta de los bajos niveles de visitas, restringidos a periodos muy definidos del año, la IAATO expresó su esperanza de que se encontrara la manera de permitir las visitas controladas a la Zona sin comprometer los demás valores.

(104) El Comité estuvo de acuerdo en enviar el proyecto de Plan de Gestión para la nueva ZAEP propuesta para el cabo Washington y la bahía Silverfish al GSPG. El GSPG brindaría asesoramiento a los Estados Unidos y a Italia respecto del proyecto de Plan de Gestión, que debía ser considerado primero por la CCRVMA y luego ser debatido en la XVI Reunión del CPA.

(105) Al presentar el Documento de trabajo WP 41, Estados Unidos señaló que el Plan de Gestión propuesto se había desarrollado luego de prolongadas consultas con la comunidad científica, con el SCAR y con los miembros del CPA interesados. El aumento de las actividades en el glaciar Taylor y los recientes proyectos de perforación de núcleos de hielo han puesto de relieve la necesidad de proteger a las Cataratas de Sangre, ya que estas actividades pueden afectar la comunidad microbiana y química únicas del accidente. Asimismo se señaló que esta sería la primera ZAEP subglacial y la primera en contar explícitamente con un diseño en tres dimensiones.

(106) El Comité elogió esta propuesta por tratarse de la primera ZAEP definida en tres dimensiones, aprobó la designación propuesta de una nueva ZAEP para el glaciar de Taylor y las Cataratas de Sangre, y aceptó enviarla a la RCTA para su aprobación.

Asesoramiento a la RCTA

(107) Al revisar el asesoramiento del GSPG y luego de la evaluación del Comité, el Comité concordó en remitir los siguientes planes de gestión para su aprobación por parte de la RCTA:

N°	Nombre
ZAEP 109	Isla Moe, Islas Orcadas del Sur
ZAEP 110	Isla Lynch, Islas Orcadas del Sur
ZAEP 111	Isla Powell del Sur e islas adyacentes, islas Orcadas del Sur
ZAEP 112	Península Coppermine
ZAEP 115	Isla Lagotellerie, bahía Margarita, Graham Land
ZAEP 129	Punta Rothera, isla Adelaide
ZAEP 133	Punta Armonía
ZAEP 140	Partes de isla Decepción
Nueva ZAEP	Cataratas de Sangre
ZAEA 4	Isla Decepción

iv) Otros asuntos relacionados con los planes de gestión de zonas protegidas y administradas

(108) Australia presentó otros elementos producto del trabajo del GSPG durante el período entre sesiones (en el WP 14).

(109) El Comité agradeció al GSPG por su trabajo, que consideró de gran importancia por la eficiencia de sus reuniones.

(110) El Comité designó a la Sra. Birgit Njåstad de Noruega como nuevo coordinador del GSPG. El Comité agradeció al Sr. Ewan McIvor de Australia por su coordinación durante los últimos cuatro años.

(111) Teniendo presente la importante carga de trabajo que suponía la revisión de los planes de gestión propuestos, el Comité acordó postergar el análisis por

parte del GSPG de las medidas que surgieron del taller sobre ZAEA y, por consiguiente, revisó el plan de gestión sugerido para el período 2012/13:

Términos de referencia	Tareas sugeridas
TdR 1 a 3	Revisar proyectos de planes de gestión remitidos por el CPA para ser sometidos a revisión entre sesiones y proporcionar asesoramiento a los proponentes
TdR 4 y 5	Trabajo con las Partes relevantes a fin de garantizar el avance de la revisión de los planes de gestión cuya revisión quinquenal haya expirado
	Examinar y actualizar el plan de trabajo del GSPG
Documentos de trabajo	Preparar el informe para la XVI Reunión del CPA cotejándolo con los Términos de referencia 1 a 3 del GSPG
	Preparar informe para la XVI Reunión de la CPA cotejándolo con los Términos de referencia 4 y 5 del GSPG

(112) La República de Corea presentó el Documento de información IP 24, *Management Report of Narębski Point (ASPA 171) and Ardley Island (ASPA 150) during the 2011/2012 period*, que ofrece un resumen de los estudios sobre la flora y fauna llevados a cabo en estas ZAEP.

(113) Chile felicitó a la República de Corea por realizar los estudios, y a Argentina y Alemania por su ayuda, y manifestó sus deseos de colaborar para continuar recopilando datos en el área en el futuro.

(114) La IAATO presentó el Documento de información IP 38, *Establishing IAATO Safety Advisories*, que describe la implementación por parte de sus miembros de un sistema interno formalizado cuyo objetivo es mejorar la seguridad de los operadores en la Antártida. Cuando un incidente afecta a los operadores, se sigue un proceso para asegurar el análisis del incidente y, cuando corresponde, registrar las lecciones aprendidas y ponerlas a disposición de toda la industria. Luego del encallamiento de la motonave *Sea Spirit* el 9 de diciembre de 2011, la IAATO preparó el primer Aviso especial para la caleta Balleneros, en la isla Decepción. Asimismo, la IAATO señaló que las recomendaciones previas para mejorar la seguridad se convertirán a este formato y se distribuirán nuevamente a través del Manual de operaciones de campo de la IAATO.

(115) India presentó el Documento de información IP 61 *Report of the Larsemann Hills Antarctic Specially Managed Area (ASMA) Management Group*, elaborado en forma conjunta con Australia, China, Rumania y la Federación de Rusia. India señaló que los debates dentro del grupo de gestión sobre la primera revisión quinquenal del plan de gestión habían planteado una serie de cuestiones que continuaban analizándose, y se presentaría un plan de gestión revisado en la XVI Reunión del CPA.

(116) Bélgica acogió favorablemente las deliberaciones del grupo de gestión en torno a la decisión de designar a la península Stornes como ZAEP, a fin de cumplir la función de sitio de referencia, y sugirió que la protección podría extenderse para abarcar la península Broknes por su valor biológico y paleolimnológico. En términos generales, Bélgica destacó el valor de los lagos en las penínsulas Broknes y Grovnes para la investigación biológica y paleolimnológica.

(117) Brasil presentó el IP 66, *Working Plan Proposal for the Review of the Admiralty Bay Antarctic Specially Managed Area Management Plan (ASMA No. 1)*, e informó que el Grupo tenía previsto establecer un foro de debate en el sitio Web de la Secretaría, y visitar todas las estaciones y refugios durante la próxima temporada estival, como preparación para la presentación de un plan de gestión revisado para su consideración en la XVI Reunión del CPA.

(118) Estados Unidos presentó el IP 78, *Amundsen-Scott South Pole Station, South Pole Antarctica Specially Managed Area (ASMA No. 5) 2012 Management Report*, que ofrece un resumen de los constantes desafíos que plantea la gestión de las diversas actividades de la ZAEA. Estados Unidos manifestó satisfacción por la relación constructiva establecida con la industria del turismo, a la espera de una gran cantidad de visitantes asociados con las celebraciones del centenario de la llegada de Roald Amundsen y Robert Falcon Scott al Polo Sur, con especial atención al éxito del centro de visitantes. Estados Unidos también invitó a los Miembros a que brinden asesoramiento para contribuir a la gestión de la ZAEA y materiales que puedan mejorar la utilidad del sitio Web recientemente lanzado *www.southpole.aq*.

(119) La IAATO agradeció a Estados Unidos por su cooperación productiva durante el año del centenario. En respuesta a una consulta de la ASOC, la IAATO indicó que se preveía una disminución de la cantidad de visitantes a corto plazo, aunque no se podía anticipar con precisión la cantidad más allá de los próximos años.

(120) Noruega presentó el IP 82, *Deception Island Specially Managed Area (ASMA 4) Management Group Report*, elaborado en forma conjunta con Argentina, Chile, España, el Reino Unido y los Estados Unidos, que ofrece un resumen de las actividades llevadas a cabo dentro de la ZAEA isla Decepción, y el trabajo del grupo de gestión durante el período entre sesiones.

(121) En respuesta a una consulta de Francia respecto de un incidente relacionado con semillas de cebada esparcidas en la bahía Telefon, la IAATO indicó que dichas semillas habían sido esparcidas de manera inesperada como parte de una ceremonia religiosa llevada a cabo por turistas. El operador había recogido las semillas, reprendido al grupo y amenazado con retirarle la autorización de permanecer en tierra. Si bien las consultas con la comunidad científica indicaron que toda semilla dejada en el lugar de forma inadvertida carecía de posibilidades de germinar, la IAATO ha instituido una "vigilancia de cebada" en el sitio, contra toda posible introducción, e informará las novedades al CPA.

(122) En relación con este tema del programa se presentaron también los siguientes documentos:

- SP 7, *Situación de los Planes de Gestión de las Zonas Antárticas Especialmente Protegidas y las Zonas Antárticas Especialmente Administradas.*

7b) Sitios y monumentos históricos

(123) La Federación de Rusia presentó el WP 36, *Propuesta sobre la revisión de Sitios y Monumentos Históricos bajo la gestión de la Federación de Rusia*, que incluye las revisiones de las descripciones del SMH 4 (Busto de Lenin), el SMH N° 7 (Piedra de Kharma), el SMH N° 8 (Monumento a Shcheglov), el SMH N° 9 (Cementerio de expediciones soviéticas), el SMH N° 10 (Observatorio en Estación Oasis), y el SMH N° 11 (Tractor en Estación Vostok). Los cambios incluyeron actualizaciones de las descripciones (incluidos los títulos) y correcciones de las coordenadas.

(124) Chile presentó el WP 56 rev.1, *Propuesta de modificación del Sitio Histórico N° 37*, que propone modificaciones a la descripción del SMH, a fin de incorporar las estructuras asociadas.

(125) El Comité aprobó las descripciones revisadas para los SMH N° 4,7,8,9,10,11 y 37, y acordó enviarlas a la RCTA para su aprobación.

Asesoramiento a la RCTA

(126) Luego de analizar las revisiones de las descripciones de siete Sitios y Monumentos Históricos, el Comité acordó enviar las descripciones revisadasa la RCTA para su aprobación:

N°	Nombre del sitio/monumento
SMH 4	Edificio de la Estación del Polo de la Inaccesibilidad
SMH 7	Piedra de Ivan Kharma
SMH 8	Monumento a Anatoly Shcheglov
SMH 9	Cementerio de la isla Buromsky
SMH 10	Observatorio en Estación Soviética Oasis
SMH 11	Tractor en Estación Vostok
SMH 37	Sitio Histórico O'Higgins

(127) Argentina presentó el WP 46, *Informe final de los debates informales sobre Sitios y Monumentos Históricos*, en referencia a los debates llevados a cabo durante los períodos entre sesiones 2010-11 y 2011-12, liderados por Argentina. Los siguientes Miembros y Observadores participaron activamente en estos debates: Argentina, Australia, Brasil, Alemania, India, Nueva Zelandia, Noruega, el Reino Unido, Uruguay, la IAATO y la ASOC.

(128) Argentina informó que los debates en el segundo período entre sesiones se habían centrado en la exploración del posible uso más difundido de las "Directrices para sitios que reciben visitantes", la posible aplicación de planes de gestión, o su equivalente, a los SMH, y el papel que desempeñan los especialistas y expertos externos, en particular teniendo en cuenta la diversidad material y coyuntural del patrimonio antártico.

(129) Los Miembros agradecieron cálidamente a la Argentina y a los demás participantes por su productivo trabajo, y destacaron especialmente los esfuerzos realizados para incorporar todas las opiniones. Se hizo mención especial a la colaboración personal del Lic. Rodolfo Andrés Sánchez.

(130) Los Miembros acordaron que era muy valioso el intercambio de experiencias sobre la gestión de los SMH, teniendo en cuenta que no existe un enfoque único que cubra todos los aspectos de las características diversas de los SMH, y estuvieron de acuerdo con proseguir con los debates.

(131) El grupo de debate informal había preparado una lista de información adicional que podía agregarse a la lista de SMH aprobada conforme a la Resolución 5 (2011) para mejorar la transparencia y accesibilidad a una audiencia más amplia, como se indica a continuación. Se propuso que la Parte o Partes responsables de establecer el SMH en particular debería(n) cumplir la función principal de determinar si sería de utilidad toda otra información adicional.

(132) Diversos Miembros brindaron su apoyo a este enfoque. Estados Unidos señaló que sería de suma utilidad para cumplir con sus requisitos locales incluir información adicional, como un nombre específico de cada SMH.

INTRODUCCIÓN
• Número y nombre del SMH*
• Parte proponente original *
• Parte a cargo de la gestión*
• Tipo (sitio o monumento histórico/conmemorativo)
DESCRIPCIÓN DEL SITIO
• Ubicación*
• Características físicas y entorno local/cultural
• Características históricas/culturales
DESCRIPCIÓN DEL CONTEXTO HISTÓRICO
DIRECTRICES PARA SITIOS QUE RECIBEN VISITANTES (enlace, si corresponde)
FOTOS Y MAPAS
Designación de ZAEP (si corresponde)
• Enlace del Plan de Gestión
Los puntos marcados con * se refieren a la información que deben proporcionar las Partes conforme a la Resolución 5 (2011). El CPA destaca que, conforme a dicha Resolución, "si se desea mantener en los registros algún tipo de información de contexto adicional, dicho material podrá anexarse al informe del CPA para que se incluya en el Informe Final de la RCTA".

(133) El Comité también apoyó la conclusión de que todo examen y revisión de las Directrices ya existentes para un sitio que recibe visitantes (DSV) deben asegurarse de que la orientación aborde la necesidad de proteger todo valor histórico o cultural del sitio. Para lograr este objetivo se deben tener en cuenta los siguientes criterios acerca de cómo abordar la DSV, en relación con los SMH: a) La presencia de un SMH en un área muy visitada puede constituir una motivación sólida para considerar el desarrollo y la adopción de DSV para el sitio; b) La presencia de un SMH especialmente vulnerable

en un área menos visitada también podría constituir una motivación para desarrollar y adoptar DSV para el sitio; c) Podría resultar apropiado analizar si las DSV brindan suficiente protección al SMH del cual las Partes son responsables (y de no ser así, comenzar una revisión junto con otra Parte relevante/interesada, según corresponda).

(134) Por último, el Comité acordó que las Partes deberán trabajar con especialistas en patrimonio y/o representantes nacionales de organismos de expertos externos (por ejemplo, el Comité de Patrimonio Polar Internacional ICOMOS) para la elaboración de los planes de gestión (u otros mecanismos de gestión aplicables) específicamente diseñados para los SMH.

(135) China presentó el Documento de información IP 14, *Brief Introduction of the Maintenance and Conservation Project of No.1 Building at Great Wall Station*. Este edificio se designó SMH N° 86 en virtud de la Medida 12 (2011). Japón agradeció a China, e indicó que esperaba que China brindara más datos una vez finalizado el trabajo de restauración.

(136) En relación con este tema se presentaron también los siguientes documentos:

- Documento de antecedentes BP 41, *Antarctic Heritage Trust Conservation Update* (Nueva Zelandia)

7c) *Directrices para sitios*

(137) El Comité analizó las propuestas de directrices para sitios revisadas para un sitio, y nuevas directrices para tres sitios nuevos.

(138) El Reino Unido presentó el Documento de trabajo WP 15, *Directrices para sitios para la isla D'Hainaut, puerto Mikkelsen, isla Trinity*, elaborado en forma conjunta con Argentina y Estados Unidos en conjunto con la IAATO; y el Documento de trabajo WP 16, *Directrices para sitios para puerto Charcot, isla Booth*, elaborado en forma conjunta con Argentina, Francia, Ucrania, Estados Unidos, en colaboración con la IAATO.

(139) En representación del Grupo de Gestión de la isla Decepción (Argentina, Chile, Noruega, España, el Reino Unido y Estados Unidos), en conjunto con la IAATO, Noruega presentó el Documento de trabajo WP 45, *Directrices para visitantes para la Caleta Péndulo, isla Decepción, islas Shetland del Sur*, destinado a minimizar el riesgo de las presiones relacionadas con los

visitantes en este sitio de extraordinario valor natural e histórico, así como a salvaguardar la seguridad de los visitantes. Noruega señaló una enmienda relativa a los requisitos de desembarco de buques, en la que se eliminó el Requisito de desembarco de "dos buques por día como máximo (de la medianoche de un día a la medianoche del día siguiente)".

(140) El Comité aprobó los tres conjuntos de Directrices y acordó enviarlas a la RCTA para su aprobación.

Asesoramiento a la RCTA

(141) Después de considerar las directrices nuevas para tres sitios, el Comité acordó enviar las directrices para los siguientes sitios a la RCTA para su aprobación:

- Isla D'Hainaut, puerto Mikkelsen, isla Trinity

- Puerto Charcot, isla Booth

- Caleta Péndulo, isla Decepción

(142) Ecuador presentó el WP 59, *Revisión de las directrices para sitios visitados: isla Barrientos (isla Aitcho)*, elaborado en forma conjunta con España. Los cambios propuestos para las directrices existentes incluyen el reemplazo de puertos de anclaje y el reemplazo de una ruta que atraviesa la isla para evitar un mayor impacto sobre los lechos de musgo.

(143) El Comité agradeció a Ecuador y a España por su importante rol, y reconoció la importancia del trabajo que habían emprendido a fin de evaluar el daño a los lechos de musgo, y brindar información al Comité.

(144) El Comité expresó enfáticamente su gran inquietud respecto de los senderos que atraviesan los lechos de musgo en la isla Barrientos – isla Aitcho, y el daño ocurrido.

(145) El Comité estuvo de acuerdo con la importancia de evitar toda posibilidad de que se generen mayores daños al sitio, y consideró diversas opciones para lograr dicho objetivo. Varios Miembros destacaron la importancia de una mayor vigilancia e investigación en el sitio a fin de evaluar la recuperación

de los lechos de musgo y asegurar que se cuente con la información adecuada para contribuir a las decisiones respecto de futuras actividades en el sitio.

(146) El Comité reconoció las intenciones de la IAATO de introducir la suspensión temporal de las caminatas a través del área cerrada B entre sus miembros al menos para la temporada 2012/2013, y reconoció la importancia de prohibir todo tipo de visitas, al menos a la zona donde se produjeron los daños, a fin de brindar la posibilidad de considerar una gestión a más largo plazo.

(147) El Comité acordó introducir una suspensión temporal del acceso al área central de la isla Barrientos - isla Aitcho, para cualquier fin distinto a la investigación y vigilancia científica; modificar las directrices a fin de dar cuenta de la suspensión; alentar a los programas nacionales activos en el área a cooperar en la recopilación de datos e información adicionales respecto del daño ocurrido, así como también en el desarrollo de un programa de vigilancia a fin de evaluar la recuperación del sitio, y evaluar nuevamente la cuestión, incluidas las directrices del sitio, en la XVI Reunión del CPA.

(148) A dicho respecto el Comité preparó un proyecto de Resolución y recomendó su aprobación por parte de la RCTA.

Asesoramiento a la RCTA

El Comité acordó remitir a la RCTA las Directrices para sitios revisadas para la isla Aitcho/isla Barrientos y un proyecto de Resolución asociado.

(149) La IAATO presentó el Documento de información IP 37 *Report on IAATO Member use of Antarctic Peninsula Landing Site and ATCM Visitor Site Guidelines*, temporada 2011-2012. El Reino Unido indicó su intención de trabajar para proponer Directrices para sitios para la isla Orne en la próxima temporada, en un trabajo conjunto con las Partes y Observadores.

7d) La huella humana y los valores silvestres

(150) Nueva Zelandia presentó el WP 50, *Conceptos para la protección de la vida silvestre en la Antártida utilizando los instrumentos del Protocolo* y se refirió a más información en el IP 60, *Further information about wilderness protection in Antarctica and use of tools in the Protocol*, ambos elaborados en forma conjunta con los Países Bajos. Estos documentos buscaron avanzar sobre el debate acerca de cómo podían protegerse las áreas de importancia

en cuanto a su vida silvestre, y propuso desarrollar material orientativo práctico para apoyar la protección de los valores de vida silvestre cuando se aplica la evaluación del impacto ambiental y las herramientas de protección de zonas establecidas en el Anexo I y el Anexo V del Protocolo.

(151) Nueva Zelandia señaló que si bien podría interpretarse a la vida silvestre como un área sin contacto con los seres humanos, y por mucho tiempo se había considerado a la Antártida un área de este tipo, se trata cada vez menos de un área sin contacto con los seres humanos debido al impacto acumulativo de la actividad humana. El documento tenía como objetivo cuantificar los aspectos tangibles de la vida silvestre, y reconoció que los aspectos intangibles, tales como el valor estético, continuaban siendo objeto de debate. Nueva Zelandia y los Países Bajos agradecieron a la ASOC y a los demás por su asistencia en la preparación de los dos documentos.

(152) El Comité elogió a Nueva Zelandia y a los Países Bajos por su trabajo, aceptó que se había producido una degradación gradual de algunos aspectos de la vida silvestre de la Antártida, y analizó la importancia de las áreas libres de interferencia humana para la planificación de la conservación.

(153) Reconociendo las dificultades inherentes a la definición, evaluación y gestión de los valores de vida silvestre, Estados Unidos señaló que el avance gradual y seguro del CPA para abordar este tema había probado ser un enfoque útil. Noruega informó al Comité que aportaría ejemplos prácticos de su análisis de los valores de vida silvestre a altas latitudes del Ártico, para colaborar con los debates del CPA. La IAATO destacó la importancia de la vida silvestre en la Antártida para los operadores turísticos y sus clientes, y se mostró dispuesta a brindar apoyo al CPA.

(154) El Comité recibió con agrado la iniciativa de Nueva Zelandia y los Países Bajos de presentar ante la XVI Reunión del CPA el producto del trabajo entre sesiones, orientado a:

    a. desarrollar material orientativo para ayudar a las Partes a tener en cuenta los valores de vida silvestre en las evaluaciones del impacto ambiental de las actividades propuestas, y/o desarrollar propuestas para zonas protegidas sobre la base de sus valores de vida silvestre; y

    b. explorar las posibilidades de considerar las áreas prístinas en la planificación de la conservación, y posibles sinergias con la protección de las zonas silvestres en el desarrollo de propuestas de zonas protegidas en conjunto con el SCAR.

(155) El Comité acogió también favorablemente el ofrecimiento del SCAR de colaborar en este trabajo

(156) La ASOC presentó el IP 49, *Annex V Inviolate and Reference Areas: Current Management Practices,* que sugiere que la designación de áreas libres de interferencia humana conforme al Anexo V del Protocolo debía aplicarse ampliamente como una herramienta para contribuir a proteger la vida silvestre y los valores científicos. La ASOC señaló que solo se designaron 30 kilómetros cuadrados del área del Tratado Antártico como áreas libres de interferencia humana dentro de las 71 ZAEP existentes en la actualidad.

(157) El Comité agradeció a la ASOC por su documento, y algunos Miembros destacaron el valor de designar áreas libres de interferencia humana para posibles investigaciones científicas en el futuro. El Reino Unido alentó a los Miembros a que incorporen las áreas restringidas a las ZAEP nuevas y existentes, tal como se había hecho para las ZAEP N° 126 en la península Byers.

(158) Bélgica destacó que la designación de áreas prístinas representaría una herramienta invalorable para la investigación científica, y consideró que el progreso científico podría verse afectado por la falta de áreas de referencia preservadas de la huella humana.

(159) La ASOC presentó el IP 52, *Data Sources for Mapping the Human Footprint in Antarctica,* que propone la recopilación de los datos disponibles sobre investigación, logística, turismo, pesca en un formato común como primera medida para la elaboración de un modelo de la huella humana en la Antártida. La ASOC sugirió que el CPA podría analizar con el SCAR y el COMNAP la manera de integrar y analizar mejor esta información, y que se la debería agregar al plan de trabajo quinquenal. Durante el debate, se observó que el Portal de medio ambiente antártico propuesto (WP 57) podría servir como una herramienta para analizar la propuesta de la ASOC.

7e) Protección y gestión del espacio marino

(160) Ucrania presentó el Documento de información IP 68, *Progress of Ukraine on Designation of Broad-scale Management System in the Vernadsky Station Area*, en respuesta al aumento de las actividades científicas, logísticas y

de turismo en la zona, e invitó a las Partes interesadas a participar en la profundización del debate sobre protección del medioambiente y gestión de esta Zona.

(161) La Dra. Polly Penhale (Estados Unidos), en su calidad de Observadora del CPA ante la CCRVMA, presentó el Documento de información IP 80, *Report of the CEP Observer to the CCAMLR Workshop on Marine Protected Areas, Brest, France, 29 August to 2 September 2011*. Ella remitió a los Miembros al informe completo publicado en el sitio Web de la CCRVMA *(http://www.CCRVMA.org/pu/e/e_pubs/sr/11/a06.pdf)*. La Dra. Penhale señaló que el Taller consideró análisis de regionalización del medioambiente pelágico circumpolar, y de la cuenca de Crozet y de la región meridional de la meseta Kerguelen (océano Índico) y analizó los progresos alcanzados en los proyectos de propuestas para los hábitats pelágicos circumpolares, los recientemente expuestos hábitats bentónicos creados por el colapso de la plataforma de hielo en la Antártida oriental y la Región de mar de Ross. Señaló además que el taller reconoció que el CC-CRVMA y el CPA tenían intereses comunes en la protección marina, lo cual puede resultar en que existan ZAEP y ZAEA designadas por la RCTA dentro de la Áreas Marinas Protegidas de la CCRVMA.

(162) La ASOC presentó el Documento de información IP 54, *Implications of Antarctic Krill Fishing in ASMA No. 1 – Admiralty Bay*, que trata sobre la pesca de krill en la ZAEA N° 1 durante 2009/2010, una actividad que no se identifica de manera explícita en el Plan de Gestión de la ZAEA. La ASOC recordó a los Miembros que la Zona se había establecido en parte debido a que la bahía del Almirantazgo (bahía Lasserre) tenía una gran concentración de aves marinas y focas reproductoras, y afirmó que la cantidad de pingüinos presentes en la zona había disminuido, y que la investigación científica realizada durante las últimas décadas sobre los peces, krill, comunidades bentónicas y aves marinas en la Zona podían quedar expuestas al daño a causa de las actividades pesqueras. Se trataba del primer ejemplo en el cual se informaba de actividades de pesca en una ZAEA, lo cual sentaba un inquietante precedente.

(163) Para abordar dichas inquietudes, la ASOC recomendó una revisión inmediata del Plan de Gestión y una prohibición provisional de toda actividad pesquera en la Zona, y expresó su opinión de que la CCRVMA debería aplicar una clausura precautoria de las industrias pesqueras en las ZAEA con componentes marinos, y tomar medidas de conservación complementarias y procedimientos de envío de informes sobre incidentes a la RCTA.

(164) Polonia señaló que la vigilancia de los pingüinos en la bahía Admiralty realizada por los Estados Unidos es parte del sistema de la CCRVMA y que ha venido efectuándose desde hace 40 años. Habida cuenta de que el krill es un elemento crucial en la dieta de los pingüinos, fue sorpresivo ver buques de pesca de arrastre cosechando krill en bahía del Almirantazgo (bahía Lasserre), lo cual podría afectar estos conjuntos de datos de larga data. Polonia considera que la cosecha de krill cerca de los sitios de observación biológica debiera estar absolutamente prohibida a fin de evitar que ocurran situaciones como ésta en el futuro. La zona restringida debería estar determinada por la actividad alimentaria de los pingüinos, la cual podría alcanzar un radio de 50 km con respecto a la pingüinera. Esta restricción puede introducirse en los planes de gestión de ZAEP y ZAEA y también podría ser un primer paso en la designación de AMP. Polonia señaló además que las demás actividades de vigilancia realizadas por científicos en la bahía Rey Jorge podrían resultar amenazadas por las actividades pesqueras.

(165) Japón expresó su opinión de que el veto a la pesca debía introducirse si resulta necesario únicamente a efectos de cumplir con los objetivos de un plan de gestión.

(166) El Observador del CC-CRVMA ante el CPA informó al Comité que ya que no se mencionaba nada sobre cosechas en el plan de gestión de la ZAEA N°1, lo cual contrasta con lo expresado sobre la materia en el Plan de Gestión de la ZAEA N°7, no había claridad en cuanto a si la pesca en dicha zona era o no compatible con los objetivos de la ZAEA y por lo tanto había llamado la atención del CPA sobre estos asuntos en el Documento de información IP 28, *Informe del Observador de CC-CRVMA en la decimoquinta reunión del Comité de Protección Ambiental.*

(167) El Comité agradeció a la ASOC por plantear este asunto. A la luz de las inquietudes planteadas por diversos miembros y por la ASOC en cuanto a que la cosecha de krill podía no ser compatible con los valores científicos de la ZAEA, Brasil concordó en presentar una versión revisada del Documento de información IP 66 al Grupo de trabajo del CC-CRVMA sobre vigilancia y gestión del ecosistema con objeto de que se abordase el tema de la cosecha de krill en la ZAEA N° 1 durante el periodo entre sesiones, siguiendo los procedimientos fijados.

(168) El Observador del CC-CRVMA ante el CPA agradeció al CPA por su clara asesoría sobre estas materias y asumió el garantizar que las inquietudes planteadas por

el Comité en cuanto a la cosecha de krill en la ZAEA N° 1 se incluyeran en los debates sostenidos por la CCRVMA con objeto de aumentar la conciencia en cuanto a la interacción de las medidas de gestión espacial en la región.

(169) La ASOC presentó el Documento de información IP 50, *Antarctic Ocean Legacy: A Marine Reserve for the Ross Sea* y el Documento de información IP 51, *Antarctic Ocean Legacy, A vision for circumpolar protection* el cual propone la creación de una red de áreas marinas protegidas y de reservas marinas vedadas en el Océano Austral.

(170) La ASOC explicó que dichas propuestas fueron elaboradas por la Alianza del Océano Antártico y que estaban basadas en rigurosa investigación científica. Las propuestas identifican tres áreas adicionales que pueden incluirse en la zona marina protegida/reserva marina y 19 áreas marinas en torno a la Antártida que merecen la protección.

(171) En relación con este tema del programa se presentaron también los siguientes documentos:

- Documento de información IP 34, *Using ASMAs and ASPAs when necessary to complement CCRVMA MPAs* (UICN)

7f) Otros asuntos relacionados con el Anexo V

(172) Estados Unidos presentó el Documento de trabajo WP 38, *Desarrollo de protección para una Zona geotérmica; Cavernas de hielo volcánicas en monte Erebus, isla Ross*, preparado conjuntamente con Nueva Zelanda, el que alienta a las Partes a elaborar estrategias para la protección de los singulares medioambientes presentes en las áreas geotérmicas en las proximidades del monte Erebus.

(173) Estados Unidos señaló que esas áreas atraían el interés de significativas investigaciones científicas provenientes de una variedad de disciplinas. Las cavernas de hielo del monte Erebus son hogar de comunidades microbianas que están aisladas de los microbios que habitan en la superficie, y que han desarrollado un singular estilo de vida. En los últimos años las cavernas de hielo cercanas a la cima se han convertido en populares refugios para quienes trabajan en la zona. Estos sitios son especialmente vulnerables a la contaminación producida por microbios o por sustancias orgánicas

introducidos y dicha contaminación hace que disminuya su valor científico. Ya se ha observado contaminación en algunas de las cavernas de hielo.

(174) Estados Unidos recomendó que las Partes interesadas y el SCAR elaboren un inventario de las características de las cavernas de hielo, un Código de conducta que aborde la actual contaminación y reduzca a un mínimo las contaminación en el futuro, y una suspensión temporal voluntaria al ingreso a todas las cavernas con propósitos distintos de los científicos hasta que pueda concretarse la aplicación de un Código de conducta.

(175) Agradeciendo a Estados Unidos y a Nueva Zelandia por su iniciativa, el Reino Unido y Chile brindaron su decidido respaldo a la elaboración de material de orientación apropiado para otras zonas geotérmicas en la Antártida, y sobre este punto llamaron la atención del Grupo de gestión de isla Decepción.

(176) Respondiendo a una consulta de Francia, Estados Unidos aclaró que el Código de conducta será un complemento para la protección dentro del marco de la ZAEP propuesta para zonas geotérmicas a altitudes elevadas en la región del mar de Ross.

(177) El SCAR señaló su voluntad de trabajar conjuntamente con las Partes en la posterior elaboración de esta iniciativa.

(178) En respuesta a la propuesta el Comité aprobó la siguiente recomendación:

- Alentar a las Partes interesadas y a sus científicos a que colaboren en generar un inventario de las cavernas de hielo del monte Erebus que identifique la ubicación, el tamaño, el historial de actividad humana y las actuales características de las comunidades microbianas en cada una de las cavernas de hielo.

- Alentar a las Partes interesadas y a sus científicos a colaborar en el desarrollo de un Código de conducta que reconozca el actual nivel de contaminación microbiológica en las cavernas de hielo del monte Erebus y que se esfuerce por evitar una mayor contaminación de las cavernas de hielo que sean de interés para los estudios sobre microbiología.

- Alentar a los científicos, a las Partes interesadas y al SCAR a trabajar en conjunto en el desarrollo de material de orientación adecuado para las demás áreas geotérmicas de la Antártida.

(179) El Comité señaló también las demás recomendaciones de la propuesta:

- Alentar a las partes a aprobar una suspensión provisional sobre las visitas informales o las visitas con algún propósito que no sea de investigación científica al interior de las cavernas de hielo del monte Erebus hasta que haya acuerdo sobre un Código de conducta.

- Alentar a las Partes a aprobar una suspensión provisional del ingreso con cualquier propósito a las cavernas de hielo del monte Erebus que se consideren actualmente como en estado prístino hasta que pueda acordarse un Código de conducta.

- Alentar a los científicos que trabajan en las cavernas de hielo del monte Erebus a esterilizar sus equipos e indumentaria en la mejor medida posible y a que eliminen el uso de herramientas a base de combustibles como la gasolina al interior de las cavernas, reconociendo que las mejores prácticas serán identificadas cuando se desarrolle el Código de conducta.

(180) Australia presentó el WP 23 rev.1, *Regiones biogeográficas de conservación de la Antártida*, elaborado en forma conjunta con Nueva Zelandia y el SCAR, que presenta los resultados de análisis recientes de las relaciones entre los datos más exactos disponibles sobre biodiversidad terrestre antártica, los dominios ambientales adoptados conforme a la Resolución 3 (2008), y otras estructuras espaciales relevantes. Los análisis identificaron 15 regiones biológicamente representativas y libres de hielo que abarcan el continente antártico y las islas situadas frente a la costa en el área del Tratado Antártico.

(181) Entre otras posibles aplicaciones, Australia, Nueva Zelandia y el SCAR recomendaron que el Comité aprobara la clasificación representada por estas regiones biogeográficas de conservación de la Antártida como un modelo dinámico para identificar ZAEP dentro de un criterio geográfico ambiental sistemático, y una base para la gestión de riesgos relacionados con la transferencia de especies entre distintos lugares de la Antártida.

(182) La Federación de Rusia agregó que informaría a sus investigadores acerca de estos análisis a fin de realizar un aporte al trabajo futuro en las regiones biogeográficas de conservación de la Antártida. Los Países Bajos hicieron hincapié respecto de la utilidad de establecer referencias cruzadas entre el mapa de regiones biogeográficas de conservación de la Antártida y otros

mapas, tales como los de frecuencia de las visitas, para identificar las áreas que requieren consideración especial para la gestión o protección.

(183) En respuesta a las consultas de China y Argentina acerca de la aplicación prevista para el modelo, Australia explicó que el modelo no pretendía ser prescriptivo, y se proporcionaba como una herramienta más entre otras disponibles para facilitar la designación de ZAEP. Sería sumamente relevante para la designación de ejemplos de los principales ecosistemas terrestres.

(184) En respuesta a una consulta de los Estados Unidos, el SCAR informó al Comité que si bien sus análisis actuales se centraban en las áreas libres de hielo, pretendía incluir áreas subglaciales y otras áreas cubiertas de hielo en futuros análisis. El SCAR también indicó a los Miembros que podían consultar el Documento de información IP 40 rev.1, *SCAR Products available to support the deliberations of the ATCM*, para obtener una descripción de los métodos usados para la recolección y la gestión de datos. SCAR señaló que varios estudios más respaldaban los análisis realizados, pero destacó la necesidad de contar con más datos para el desarrollo futuro de las regiones biogeográficas. Algunos Miembros indicaron que sus programas nacionales podían aportar otros datos sobre biodiversidad. El SCAR alentó el uso de la Base de Datos de Biodiversidad Antártica.

(185) El Comité felicitó al SCAR y a los investigadores responsables del estudio presentado en el Documento de trabajo WP 23 rev.1 por el análisis minucioso con vistas a establecer un enfoque sistemático para la protección de zonas.

(186) El comité apoyó las recomendaciones del Documento de trabajo WP 23 rev.1 y

- aceptó que las regiones biogeográficas de conservación de la Antártida deben usarse uniformemente y junto con otras herramientas acordadas dentro del sistema del Tratado Antártico como modelo dinámico para la identificación de áreas que pueden ser designadas como Zonas Antárticas Especialmente Protegidas dentro del criterio ambiental y geográfico sistemático al que se hace referencia en el Artículo 3(2) del Anexo V al Protocolo.

- solicitó a la Secretaría del Tratado Antártico que publique en su sitio Web la capa de datos espaciales que describe las regiones biogeográficas de conservación de la Antártida;

- reiteró su visión de que los Miembros deben alentar una mayor recopilación y la presentación en forma oportuna de datos biológicos espacialmente explícitos;

- reconoció la relevancia de las regiones biogeográficas de conservación de la Antártida para su trabajo de hacer frente a los riesgos presentados por las especies no autóctonas, especialmente el riesgo de transferencia de especies entre distintos lugares de la Antártida; y

- acordó incorporar el "Mapa de la Antártida que presenta las 15 regiones biogeográficas de conservación" adjunto al Manual de especies no autóctonas del CPA, e identificar oportunidades para utilizar las regiones biogeográficas de conservación de la Antártida para controlar los riesgos presentados por las especies no autóctonas.

Asesoramiento del CPA a la RCTA

(187) El Comité recomienda que la RCTA adopte las regiones biogeográficas de conservación de la Antártida mediante una Resolución.

(188) La Federación de Rusia presentó el Documento de trabajo WP 35, *Propuestas sobre la preparación de planes de gestión revisados de Zonas Antárticas Especialmente Protegidas y Zonas Antárticas Especialmente Administradas*, que propone que cuando se revise el plan de gestión de una ZAEP o ZAEA, principalmente designada para proteger los valores vivientes, la Parte proponente deberá presentar ante el CPA un informe con los resultados de un programa de vigilancia científica sobre el estado de dichos valores.

(189) La Federación de Rusia expresó la opinión de que la vigilancia científica era necesaria para permitir decisiones objetivas con respecto a los planes de gestión. Además de las amenazas antropogénicas, el ecosistema Antártico es muy sensible y reaccionaría frente a una serie de factores externos. Esto hace preciso recolectar datos objetivos para detectar cambios a largo plazo en los valores biológicos que se protegen y para asegurar que aún sea necesario proteger los valores iniciales.

(190) Como ejemplo de un plan de vigilancia existente, la Federación de Rusia citó a la Medida de Conservación de la CCRVMA en relación con las áreas marinas protegidas, que brindó protección durante un período específico y

que podía prolongarse si la vigilancia científica así lo apoyaba. La Federación de Rusia propuso que el CPA adoptara un enfoque similar.

(191) Si bien los Miembros aceptaron que era necesario vigilar las áreas protegidas a largo plazo para asegurar que la protección continuase siendo efectiva, algunos manifestaron preocupación acerca de que un sistema obligatorio podría exigir el acceso a las áreas protegidas, y esto podría afectar los valores que se protegen. Asimismo, algunos Miembros expresaron sus inquietudes de que la vigilancia obligatoria desaliente la revisión de los planes de gestión, si su cumplimiento pasara a ser problemático.

(192) El Comité agradeció a la Federación de Rusia por su trabajo y reiteró la importancia de la vigilancia a largo plazo de los valores biológicos, tanto para la identificación de cambios a largo plazo como para confirmar que los valores que requieren protección continúan siendo relevantes. Sin embargo, los Miembros expresaron su inquietud de que en dichos casos en los que no resulte viable la vigilancia remota y las visitas podrían afectar los valores del sitio, el requisito de vigilancia podría tornarse contraproducente.

(193) La Federación de Rusia, reconociendo las dudas de los Miembros con respecto a su propuesta en esta etapa, manifestó su intención de continuar trabajando sobre esta cuestión.

(194) Australia presentó el Documento de información IP 26, *Analyses of the Antarctic Protected Areas System Using Spatial Information*, el cual brinda información actualizada al CPA sobre la adquisición por parte de Australia de un conjunto de datos integrales de información espacial que incluye los límites de todas las ZAEP y ZAEA, e informó al CPA acerca de la disponibilidad de este conjunto de datos en el sitio web de la Secretaría. Australia presentó ejemplos sobre cómo el conjunto de datos podría ayudar a evaluar y continuar desarrollando el sistema de áreas protegidas de la Antártida, y apoyar otras actividades del CPA.

(195) El Comité agradeció a Australia por la adquisición del conjunto de datos y por ponerlo a disposición libremente, y destacó la utilidad de la información para contribuir a un enfoque sistemático a la protección y gestión de zonas. Los Miembros agradecieron a Australia por compartir ese conjunto de datos, e indicaron su intención de usar el recurso para complementar su trabajo. Argentina se reservó el derecho de revisar la nomenclatura usada en el sitio Web de la Secretaría.

Tema 8. Conservación de la flora y fauna antárticas

8a) Cuarentena y especies no autóctonas

(196) El SCAR presentó el Documento de trabajo WP 5, *Resultados del Programa del Año Polar Internacional (API): Aliens in Antarctica*, acompañado por el Documento de antecedentes BP 1, *Continent-wide risk assessment for the establishment of non-indigenous species in Antarctica,* que juntos informaron sobre la evaluación de los riesgos del establecimiento de especies no autóctonas, y determinaron que el riesgo actual más importante afecta la costa oriental de la Península Antártica y las islas frente a la costa de la Península.

(197) El informe determinó que para el año 2100, el riesgo de establecimiento de especies no autóctonas continuará siendo más elevado en el área de la Península Antártica, pero como resultado del cambio climático, también aumentaría considerablemente en las áreas costeras libre de hielo al oeste de la plataforma de hielo Amery y, en menor medida, en la región del mar de Ross. El SCAR recomienda que el CPA: (i) incluya evaluaciones de riesgo explícitas en lo espacial, y diferenciadas según las actividades, para continuar con el desarrollo de estrategias para mitigar los riesgos que implican las especies no autóctonas terrestres; (ii) desarrolle una estrategia de vigilancia para áreas con riesgo elevado de establecimiento de especies no autóctonas; (iii) preste especial atención a los riesgos que implica la transferencia intraantártica de propágulos.

(198) El SCAR informó al Comité que la investigación indicó que la carga promedio de semillas durante período del Año Internacional Polar (API) 2007-2009 fue de 9,5 semillas por persona, aproximadamente 70.000 semillas ingresaron en la Antártida durante el primer verano del API, y se observó que los científicos, personal de apoyo a los científicos y el personal de apoyo al turismo tenían cargas mayores que los turistas.

(199) En respuesta a una consulta de Noruega, el SCAR comentó que si bien los análisis actuales se enfocaban en las plantas vasculares, la evaluación tenía implicaciones más amplias. El SCAR consideró que era valioso continuar con las investigaciones sobre otros grupos biológicos y sobre los métodos para identificar la colonización natural.

(200) Varios miembros informaron al Comité sobre los esfuerzos nacionales para mitigar los riesgos de introducción de especies no autóctonas. Estados Unidos

mencionó que informaría a la XVI Reunión del CPA sobre su experiencia en relación con la gestión para evitar la transferencia intracontinental de especies no autóctonas.

(201) La IAATO indicó que alentaría los controles para evitar la introducción de especies no autóctonas por parte de los operadores, y señaló que había lanzado una campaña de comunicación dirigida al personal en terreno, al que se había identificado como el principal portador de semillas.

(202) El Comité agradeció al SCAR e hizo hincapié en que este tema era de gran interés para el CPA, incluidos los aspectos relacionados con los riesgos cada vez mayores a causa del cambio climático, y el posterior desarrollo del Manual de especies no autóctonas.

(203) El Comité apoyó las recomendaciones del Documento de trabajo WP 5, y acordó:

- incluir evaluaciones de riesgo espacialmente explícitas y diferenciadas según las actividades, para continuar con el desarrollo de estrategias para mitigar los riesgos que implican las especies no autóctonas terrestres.

- en colaboración con el SCAR, el COMNAP, la IAATO, la UICN y las Partes, desarrollar una estrategia de vigilancia para las áreas con riesgo elevado de establecimiento de especies no autóctonas según se identifica en el proyecto *"Aliens in Antarctica"*. Tal estrategia debe incluir un mecanismo para diferenciar las colonizaciones naturales de las antropogénicas (véase Hughes & Convey 2012; XXXIII RCTA WP 15 *Orientación para los visitantes y responsables ambientales que descubran una especie presuntamente no autóctona en el medio ambiente terrestre y de agua dulce de la Antártida;* IP 44 de la XXXIII RCTA *Suggested framework and considerations for scientists attempting to determine the colonisation status of newly discovered terrestrial or freshwater species within the Antarctic Treaty Area*).

- prestar especial atención, en colaboración con sus socios, a los riesgos que implica la transferencia intraantártica de propágulos, dado que dichas evaluaciones solo constituyen una parte pequeña del proyecto *"Aliens in Antarctica"*.

(204) El Comité recibió con agrado el Documento de trabajo WP 6, *Reducción del riesgo de introducción accidental de especies no autóctonas asociadas con la importación de frutas y vegetales frescos a la Antártida* del SCAR, y confirmó que la prevención de la introducción de especies no autóctonas es de alta prioridad para los Miembros.

(205) El Comité apoyó las dos recomendaciones del WP 25 y acordó:

- instar a las Partes a implementar las listas de verificación del COMNAP/SCAR para los gestores de cadena de suministro; e

- investigar otros métodos para reducir el riesgo de introducción de especies no autóctonas a la Antártida en relación con alimentos frescos.

(206) Australia presentó el Documento de trabajo WP 25 rev.1, *Directrices para minimizar los riesgos de especies no autóctonas y enfermedades asociadas con instalaciones hidropónicas en la Antártida*, presentado en forma conjunta con Francia, en respuesta a la solicitud de la XIV Reunión del CPA para analizar las mejores prácticas para el uso de dichas instalaciones.

(207) Varios Miembros elogiaron las directrices propuestas. El Reino Unido se mostró interesado en cuanto a la posibilidad de contar con más información sobre las plagas en las unidades hidropónicas y a la disponibilidad de una evaluación de riesgos que tome en consideración la ubicación de la instalación y la vulnerabilidad del ecosistema que la rodea a la colonización de especies comunes de plagas.

(208) Japón también solicitó que la STA compile todas las directrices relevantes, incluidas las directrices pasadas, y las coloque a disposición de las Partes a través del sitio Web.

(209) Luego de una sugerencia del SCAR, el Comité acordó la modificación de las directrices para incluir una referencias a las trampas para insectos en los pisos superiores. Este cambio menor se incluyó en el proyecto de directrices durante la reunión.

(210) El Comité aceptó incluir las *Directrices para minimizar los riesgos de especies no autóctonas y enfermedades asociadas con instalaciones hidropónicas en la Antártida* en el Manual de especies no autóctonas.

(211) España presentó el Documento de información IP 13, *Colonisation status of the non-native grass Poa pratensis at Cierva Point, Danco Coast, Antarctic Peninsula*, elaborado en forma conjunta con Argentina y el Reino Unido, y destacó la necesidad de erradicar esta especie no autóctona cuanto antes sea posible.

(212) Australia alentó a los autores a informar sobre el éxito de los intentos para erradicar la planta, al destacar que su experiencia podría contribuir a las medidas adoptadas para hacer frente a la introducción de otras especies no autóctonas, según se describe en el Documento de información IP 29. En respuesta a una consulta del Presidente sobre el método de erradicación y la posible existencia de otras especies no autóctonas bajo las raíces del pasto, el Reino Unido aclaró que aún no habían desarrollado un método de erradicación y que recibirían con agrado el asesoramiento de otras Partes sobre métodos exitosos.

(213) El Reino Unido presentó el Documento de información IP 29, *Colonisation status of known non-native species in the Antarctic terrestrial environment (updated 2012)*, que actualiza información presentada ante el CPA en 2010 y 2011 sobre el estado de la colonización de las especies no autóctonas conocidas en el medio ambiente terrestre de la Antártida. Si bien la información indicó que no se habían realizado intentos para erradicar ninguna de las especies no autóctonas durante el año pasado, el SCAR y Sudáfrica se refirieron a los programas de erradicación en curso en los sistemas asociados y dependientes en la zona subantártica, que pueden aportar conocimientos útiles para la Antártida.

(214) Varios Miembros y la ASOC agradecieron la información actualizada, manifestaron su preocupación de que los esfuerzos realizados hasta la fecha no hubieran detenido la introducción de nuevas especies no autóctonas ni la expansión de las especies ya establecidas, y reafirmaron la necesidad de que los Miembros aumenten su colaboración para abordar esta cuestión. Se observó que un método de dispersión de especies no autóctonas era a través de su uso por parte de las especies autóctonas (por ejemplo, las skúas que utilizan pasto para los nidos).

(215) En relación con este tema del programa se presentaron también los siguientes documentos:

- BP 1, *Continent-wide risk assessment for the establishment of non-indigenous species in Antarctica.*

8b) Especies especialmente protegidas

(216) No se presentaron documentos sobre este tema del programa.

8c) Otros asuntos relacionados con el Anexo II

(217) Alemania presentó el Documento de información IP 20, *Evaluation of the "Strategic assessment of the risk posed to marine mammals by the use of airguns in the Antarctic Treaty area"*. Alemania informó que esta evaluación se encuentra disponible en *www.umweltbundesamt.de/antarktis-e/archiv/ evaluation_airguns_antarctic.pdf*, e invitó a los Miembros a brindar sus comentarios respecto de esta evaluación.

(218) El SCAR presentó el Documento de información IP 21 *Anthropogenic Sound in the Southern Ocean: an Update*, que responde a las solicitudes de la XIV Reunión del CPA respecto de una visión general de los avances en la investigación sobre los posibles impactos del sonido antropogénico sobre el Océano Austral. El SCAR también informó al Comité acerca de la publicación de una síntesis sustancial del tema en su aspecto científico por parte del Órgano Subsidiario de Asesoramiento Científico y Tecnológico de la Convención sobre la Diversidad Biológica. (Los impactos del ruido subacuático sobre la biodiversidad y hábitats marinos y costeros UNEP/CBD/SBSTTA/16/INF/12.)

(219) Alemania planteó algunos puntos adicionales. Al destacar que el SCAR se refería a la importante revisión de Southall para 2007 en cuanto al Desplazamiento Temporal del Umbral (TTS por sus siglas en inglés), resultaba de importancia reconocer que publicaciones más recientes (de Lucke en 2009 y de Popov en 2011) demostraban que, para las "ballenas de alta frecuencia" (ballenas que se comunican en alta frecuencia), los umbrales son considerablemente inferiores a aquellos extrapolados por Southall, lo cual, por lo tanto, requiere de una zona de exclusión para los estudios sísmicos de hasta varios kilómetros. Hasta el momento, no existe ningún umbral para TTS.

(220) Asimismo, el actual foco internacional había cambiado de lesión a perturbación (por ejemplo, en la Segunda Conferencia internacional sobre los efectos del ruido para la vida acuática de 2010 en Cork). La tercera conferencia se llevará a cabo en agosto de 2013 en Budapest, Hungría. Asimismo, gran parte de la investigación se ha concentrado recientemente en los cambios en el comportamiento a causa de las perturbaciones acústicas. Por ejemplo, para los zifios, p. ej. Tyack et al

(2011) sugiere un umbral de perturbación de 142 db SEL, que es muy inferior a todo valor utilizado hasta el momento por los reguladores para definir la perturbación. Alemania sugirió que podría resultar útil incluir una actualización respecto del trabajo del modelo Consecuencias de la perturbación acústica sobre las poblaciones (PCAD, por sus siglas en inglés).

(221) En conclusión, Alemania destacó que el ruido antropogénico puede tener efectos de gran alcance y producir impactos sobre los que no se tiene mucho conocimiento sobre el entorno marino. Alemania estuvo de acuerdo con las conclusiones del SCAR, respecto de que las políticas para la región del Tratado Antártico se beneficiarían en gran medida de una mayor investigación en el Océano Austral. Por último, Alemania informó a los Miembros respecto de un nuevo proyecto de investigación de Alemania para promover una mejor comprensión del impacto del camuflaje sobre las ballenas antárticas, cuyos resultados serían presentados al CPA.

(222) La ASOC agradeció a Alemania y también al SCAR por sus documentos. En particular, la ASOC agradeció a Alemania por llamar reiteradamente la atención del CPA sobre el tema del ruido en la Antártida, y también, en esta oportunidad, por emplear una perspectiva estratégica y precautoria en el abordaje los riesgos para los mamíferos marinos derivados del uso de armas de aire comprimido. La ASOC instó a los Miembros a tomar en consideración las recomendaciones contenidas en el Documento de información IP 20 de Alemania (respecto de las EIA adecuadas y la consideración de alternativas tecnológicas para la recopilación de datos de medición sísmica).

(223) El Comité observó con interés la información de Alemania y el SCAR, y solicitó actualizaciones periódicas respecto de la investigación adicional en este aspecto de parte del SCAR y de los Miembros.

(224) El SCAR acordó proporcionar al Comité actualizaciones respecto de este asunto, incluidos nuevos datos sustanciales cuando éstos se encuentren disponibles. En respuesta a una consulta de la Federación de Rusia, el SCAR sugirió que el impacto del ruido de las turbinas eólicas sobre los seres humanos podría analizarse mejor dentro del Grupo de Expertos conjunto del SCAR-COMNAP sobre Biología Humana y Medicina.

(225) El SCAR presentó el Documento de información IP 35, *Antarctic Conservation for the 21st Century: Background, progress, and future directions*, que informa acerca de los primeros avances realizados por el

SCAR, Nueva Zelandia y la UICN en cuanto al desarrollo de una futura estrategia abarcadora e integrada para la conservación de la Antártida, y sus ecosistemas dependientes y asociados.

(226) En respuesta a una consulta de los Países Bajos, el SCAR confirmó que había dado consideración al tema de los valores de conservación de la Antártida dentro del Grupo de Acción en Ciencias Sociales del SCAR, y con renombrados expertos en la materia. La ASOC destacó que el foco de la estrategia parecía orientarse hacia los valores de biodiversidad, y que esperaba que éste se ampliara para incluir los elementos no vivientes, dado que éstos abarcan una gran proporción del área Antártica.

(227) El Comité expresó su gran interés en los progresos realizados hasta la fecha en este respecto, y diversos Miembros ofrecieron mantener un compromiso de colaboración con este trabajo.

Tema 9. Vigilancia ambiental e informes

(228) El Reino Unido presentó el WP 7, *Teledetección para la vigilancia de Zonas Antárticas Especialmente Protegidas: uso de datos multiespectrales e hiperespectrales para vigilar la vegetación antártica,* que destaca los esfuerzos continuos que se realizan para alcanzar un uso más difundido de los métodos de teledetección satelitales y aéreos para la vigilancia de las ZAEP y el medio ambiente antártico en general.

(229) Los Miembros manifestaron un fuerte interés por esta técnica de recolección de datos y las oportunidades para intercambiar información y colaborar. La información útil en este aspecto podría incluir la metodología y conocimientos de los datos de teledetección que se usaron para compilar un mapa de la vegetación de Japón; los proyectos de investigación de Chile de la flora en la región de la Península Antártica; los datos de teledetección de Noruega sobre la vegetación a altas latitudes del Ártico; los proyectos de teledetección de Francia en las islas Kerguelen, que abordan cuestiones de validez de la verificación en terreno; y los proyectos de teledetección de alta resolución de Australia de la vegetación en la Antártida Oriental, específicamente los lechos de musgo en la estación Casey y en la ZAEP 135.

(230) El Reino Unido recibió con agrado los comentarios útiles y los ofrecimientos de información, y aclaró que también estaba llevando a cabo mediciones de verificación en terreno. Otras consultas que pudieron abordarse incluían la

sugerencia de China acerca de que el contenido de humedad del suelo y la vegetación deben tomarse en cuenta al recolectar datos hiperestpectrales, y la precaución de India de comparar los métodos de datos para evaluar la vegetación de la tundra ártica con aquellos empleados para los líquenes y musgos pequeños de la Antártida Oriental.

(231) El Comité:

      i. reconoció el valor significativo que ofrece la combinación de la vigilancia satelital y aérea como una nueva técnica para recopilar evidencia detallada de cambio en la vegetación, asociado con el cambio climático localizado;

      ii. alentó a las Partes con programas de trabajo relacionados con los cambios en la vegetación a que consideren la posibilidad de colaborar con el Reino Unido para desarrollar y aplicar estas técnicas de vigilancia; en especial, para identificar áreas geográficas especiales o programas científicos adecuados para estas técnicas;

      iii. invitó a las Partes a manifestar sus comentarios sobre la metodología y a compartir sus experiencias en relación con la aplicación de técnicas similares.

(232) Alemania presentó el Documento de trabajo WP 18, *Vigilancia de pingüinos mediante teledetección*, y se refirió al IP 46, *Pilot study on monitoring climate-induced changes in penguin colonies in the Antarctic using satellite images*, y remitió al Comité al estudio disponible en *www.uba.de/uba-info-medien-e/4283.html*.

(233) Alemania también resumió los resultados de una reunión informal de expertos llevada a cabo en mayo de 2012 en Alemania, que recomendó que el mayor desarrollo de la vigilancia de pingüinos mediante teledetección debería ser una alta prioridad, y debería involucrar a los programas relevantes, como la CCRVMA y el Sistema de Observación del Océano Austral (SOOS) .

(234) China, Japón, Australia, Estados Unidos y Argentina intercambiaron información acerca de las investigaciones sobre los pingüinos y el uso de la teledetección.

(235) El Comité acordó que Alemania coordinaría y lideraría un grupo de contacto intersesional informal sobre el tema de la teledetección como

una herramienta adicional para vigilar las poblaciones de pingüinos en la Antártida, que podría trabajar en contacto con la CCRVMA y presentar un informe en la XVI Reunión del CPA.

(236) Nueva Zelandia presentó el WP 20, *Implementación de un programa de vigilancia para evaluar los cambios en la vegetación en dos Zonas Antárticas Especialmente Protegidas*, e informó que las técnicas de análisis del sistema de información geográfica (SIG) brindan un método simple y rápido para vigilar los cambios en la vegetación a escalas detalladas y en áreas protegidas, que podría expandirse a otras áreas protegidas. Nueva Zelandia observó que este método podría ayudar a vigilar los efectos del cambio climático en la distribución y abundancia de las especies en la Antártida, conforme a las Recomendaciones 24 y 27 de la RETA (2010).

(237) Varios Miembros elogiaron el uso de las técnicas de vigilancia del SIG por parte de Nueva Zelandia como un método importante para vigilar el impacto del cambio climático que podría aplicarse ampliamente a sitios de toda la Antártida, y esperaban recibir información sobre los futuros desarrollos.

(238) China, Estados Unidos y el Reino Unido observaron que era importante la uniformidad al utilizar las técnicas de teledetección y del SIG para medir la diversidad biológica en la Antártida, e indicaron que presentarían el método de Nueva Zelandia a sus científicos. China ofreció compartir información sobre su desarrollo de una red de sensores inalámbricos para la vigilancia remota de la flora y fauna. Australia señaló que contaba con un extenso estudio de vigilancia de la vegetación en la ZAEP N° 135, cerca de la estación Casey, que podría contribuir a establecer una red de sitios en todo el continente.

(239) En consideración de la respuesta positiva con respecto al uso de las técnicas del SIG en las áreas protegidas, Rusia se refirió a su recomendación de hacer que la vigilancia sea obligatoria cuando se revisan los planes de gestión de ZAEP, ZAEA y SMH (en el WP 35). Otros Miembros expresaron la opinión de que la vigilancia obligatoria no era adecuada, debido a que algunos sitios eran demasiado sensibles o remotos.

(240) El Comité:

    i.   aceptó el posible uso de las técnicas del SIG como método para vigilar los cambios en la distribución y abundancia de las especies a escalas detalladas, lo cual podría combinarse con las tecnologías de teledetección para vigilar los cambios a macro escalas, tanto en relación con las especies como con el medio ambiente;

ii. acordó establecer una red de sitios para vigilar la distribución y abundancia de las especies, otorgándole mayor prioridad a las ZAEP designadas por su diversidad y abundancia de su flora y/o fauna, donde la vigilancia puede realizarse durante el proceso de revisión de los planes de gestión; y

iii. reconoció el valor de aplicar metodologías de vigilancia uniformes en las ZAEP, para que puedan compararse en todo el continente los cambios en la diversidad y abundancia de las especies para obtener una comprensión más integral de los efectos del cambio climático en la Antártida.

(241) Chile presentó el Documento de trabajo WP 55, *Nuevos registros de microorganismos asociados a la presencia humana en el medio marino antártico*, que informa al Comité acerca de la nueva información científica sobre la existencia de microorganismos asociados a la presencia humana provenientes de las plantas de tratamiento de aguas residuales en la Antártida. Chile se refirió a los proyectos de investigación que informaron la presencia de un nuevo caso de β-lactamasa de espectro extendido en la región de la Península Antártica y la existencia de *E. coli* resistente a antibióticos.

(242) En respuesta a una consulta de Argentina, Chile confirmó que podría llevar a cabo futuras investigaciones para determinar si es posible que los microorganismos asociados a la presencia humana que afectan la biodiversidad de la Antártida provengan de otros agentes.

(243) Varios Miembros informaron que también estaban llevando a cabo investigaciones relacionadas con el impacto de microorganismos asociados con la presencia humana provenientes de la descarga de aguas residuales, incluido Estados Unidos, que presentaría un informe en el futuro sobre una investigación acerca del seguimiento de la descarga estacional en la estación McMurdo en relación con la fluctuación de la cantidad de personal.

(244) El Comité acordó que los Miembros reforzaran su seguimiento preventivo de la actividad microbiana en áreas cercanas a las descargas de las plantas de tratamiento de aguas residuales, y señaló que el COMNAP consideraría la posibilidad de revisar la información y las directrices pertinentes

relacionadas con el tratamiento de aguas residuales en su Reunión General Anual que se llevará a cabo en julio de 2012.

(245) El SCAR presentó el Documento de información IP 2, *The Southern Ocean Observing System (SOOS)*, que brinda una actualización sobre los avances del diseño y la implementación del SOOS, una iniciativa conjunta del SCAR y el Comité Científico sobre Investigación Oceánica, que se había lanzado en agosto de 2011.

(246) El Comité expresó su decidido respaldo al programa, y señaló que generaría datos fundamentales para contribuir a nuestra comprensión del Océano Austral, la relación de sus ecosistemas asociados con otros océanos y el papel que desempeña en el cambio climático. Varios Miembros manifestaron su voluntad de participar, incluido Australia, que financia la oficina del SOOS en Hobart, y la Federación de Rusia, cuya primera etapa de un proyecto de investigación para cotejar los datos provenientes de una gran cantidad de fuentes de todos los océanos podría producir sinergias con el SOOS. India extendió una invitación a los programas nacionales para sumarse a sus Expediciones al Océano Austral anuales en el sector del Océano Índico.

(247) El Comité expresó su sincero agradecimiento por el trabajo de alta calidad y sumamente valioso del SCAR, y se mostró interesado en recibir los resultados que se obtendrán próximamente a través del SOOS.

(248) El SCAR presentó el Documento de información IP 40 rev.1, *SCAR Products available to support the deliberations of the ATCM*, elaborado en respuesta a una solicitud de la XIV Reunión del CPA, y señaló que pueden obtenerse detalles de los productos en *www.scar.org/researchgroups/productsandservices/*.

(249) Argentina señaló que utilizaba habitualmente estos recursos valiosos y recomendó a otros Miembros a que también lo hicieran. Noruega destacó que este era un ejemplo excelente del tipo de información y las herramientas que podrían estar disponibles a través del Portal Ambiental de la Antártida. El Reino Unido ratificó su compromiso de actuar como organismo coordinador para tres de los once productos enumerados.

(250) Estados Unidos recibió con satisfacción el compromiso cada vez mayor del SCAR durante los últimos años en relación con temas fundamentales para el trabajo del CPA y felicitó al SCAR por la alta calidad del material elaborado en respuestas a las solicitudes de asesoramiento por parte del CPA.

(251) Chile presentó el Documento de información IP 76 *Centro de Monitoreo Ambiental Antártico,* que presentó parte de las actividades desarrolladas por el proyecto de vigilancia del Programa Antártico Chileno.

(252) La ASOC presentó el Documento de información IP 53, *Antarctic Treaty System Follow-up to Vessel Incidents in Antarctic Waters*, que abordó los defectos del sistema de informe de incidentes de buques actual. El Comité acogió con agrado la información e indicó que el documento se analizaría con mayor profundidad en el tema 10 del programa de la RCTA.

Tema 10. Informes de inspecciones

(253) La Federación de Rusia y Estados Unidos presentaron el Documento de información IP 47, *United States-Russian Federation Report of Inspection*, que brinda información sobre las observaciones y conclusiones de las inspecciones conjuntas en la base Scott (Nueva Zelandia), la estación Concordia (Francia e Italia), y la estación Mario Zucchelli (Italia). Esta es la primera inspección hecha por el Programa Antártico de la Federación de Rusia, y fue la primera inspección conjunta para Estados Unidos. El equipo de inspección agradeció el cálido recibimiento del personal de la estación, especialmente debido a que el proceso requirió que para facilitar la inspección, el personal abandonara sus tareas habituales con poco tiempo de antelación.

(254) El Comité agradeció a la Federación de Rusia y Estados Unidos por la alta calidad del informe, y observó que el mecanismo de inspección era vital para respaldar la aplicación práctica del Protocolo Ambiental.

(255) Mientras que Francia e Italia estaban complacidas cuando se señaló a la estación Concordia como un modelo ejemplar en cuanto a las medidas de tratamiento de agua y por la colaboración en la gestión conjunta, se mostraron sorprendidas con los comentarios sobre la disparidad de los salarios entre el personal de apoyo francés e italiano, que consideraron irrelevante para la aplicación del Protocolo Ambiental. En respuesta, Estados Unidos señaló que al inspeccionar la eficiencia de las operaciones en estaciones operadas en forma conjunta, la cuestión de la disparidad de los salarios entre los programas nacionales se había planteado como un tema que provocaba algunas tensiones.

(256) En respuesta a los comentarios del informe relativos a la implementación del Protocolo Ambiental, Italia informó que era una de las pocas Partes en

ratificar el Anexo VI, lo que demuestra su gran interés por la conservación de los valores ambientales de la Antártida. En efecto desde el comienzo de las actividades de Italia en 1986, se trataron los asuntos medioambientales. La prevención, y la selección y capacitación adecuadas del personal fueron las herramientas clave que ayudaron a Italia a cumplir con los requisitos establecidos en el Protocolo. Italia reconoció la existencia de una dificultad legal e informó a las Partes que se establecería un grupo de trabajo para alcanzar una solución satisfactoria, haciendo hincapié en el hecho de que, según se describe en el informe de la inspección, hubo cumplimiento.

(257) Con respecto a las actividades en la estación Concordia y las preguntas sobre el pozo EPICA, Italia informó que este pozo aún es de gran interés científico y que fue objeto de una Evaluación Medioambiental Global (CEE, por su sigla en inglés). La información acerca de la disminución del nivel de líquido de perforación era incorrecta y fue un problema en la medición. El nivel actual no cambió desde el comienzo.

(258) De ser necesario, Italia podría implementar, junto con Francia un programa de vigilancia. Italia destacó que es probable que este asunto puede ser de interés para todos los demás Programas Nacionales Antárticos que están llevando a cabo o que han llevado a cabo en el pasado actividades de perforación, de modo que podría identificarse un procedimiento común de tratamiento.

(259) Hablando en su calidad de Presidente del Proyecto EPICA, el Prof. Dr. Heinz Miller de Alemania, aclaró que la estación Concordia estaba terminada después de la finalización del proyecto EPICA, y que el proyecto de perforación llevado a cabo entre 1995 y 2004 había comenzado en 1995, antes de la entrada en vigencia del Protocolo Ambiental. Por lo tanto, no había habido un requisito legal de completar una CEE o Evaluación de Impacto Ambiental (EIA, por su sigla en inglés). No obstante, Francia había completado una EIA, que incluía la intención de mantener el pozo del Domo C abierto por varios años después de la finalización del proyecto, para facilitar investigaciones posteriores de las capas de hielo. Se tomaron mediciones cada dos años, y la comunidad internacional pudo tener acceso al pozo. El fluido usado en el pozo del Domo C no era kerosene, sino el solvente no tóxico y biodegradable EXXOL-D40, y fue el mismo fluido usado en el segundo pozo EPICA en Tierra de la Reina Maud, que había tenido una CEE considerada por el CPA. También se usó freón en los pozos ya que era el único producto disponible en ese momento que permitiría perforar hasta grandes profundidades.

(260) Nueva Zelandia agradeció a la Federación de Rusia y Estados Unidos por inspeccionar la base Scott, y señaló que tomaría cuenta la totalidad del informe.

(261) La ASOC señaló que si bien la inspección había comprobado que las tres estaciones eran muy eficientes y estaban bien manejadas, también había planteado algunas cuestiones generales relacionadas con la antigüedad de las instalaciones y los efectos a largo plazo de los proyectos científicos, razón por la cual hizo hincapié en la necesidad de realizar un seguimiento de largo plazo del impacto de todas las actividades de la estación.

(262) El Reino Unido recibió satisfactoriamente las inspecciones de sus estaciones de investigación en la Antártida llevadas a cabo por otras Partes.

(263) El delegado australiano, el Sr. Ewan McIvor, al reflexionar sobre su reciente visita a la base Scott, felicitó a Nueva Zelandia por la gran variedad de iniciativas ambientales implementadas, incluida la granja eólica y las prácticas de tratamiento de residuos y de aguas residuales, y su significativo enfoque científico en asuntos directamente relevantes para el Comité.

(264) La ASOC presentó el Documento de información IP 59, *Review of the Implementation of the Environmental Protocol: Inspections by Parties (Article 14)*, elaborado en forma conjunta con el PNUMA, que se centró en el alcance de las inspecciones llevadas a cabo por las Partes conforme al Artículo 14 del Protocolo Ambiental. El análisis informó un aumento general de la cantidad de inspecciones oficiales y de las instalaciones y sitios inspeccionados desde la entrada en vigor del Protocolo Ambiental, en tanto que fueron escasas las inspecciones realizadas a las estaciones de investigación no activas, a otros sitios terrestres y a buques, sitios y actividades turísticas en el sitio. Nueva Zelandia señaló la conveniencia de dichos resúmenes, y alentó a las Partes a consultar el análisis al planificar las futuras inspecciones.

(265) Japón y Australia alentaron a las Partes que recibieron inspecciones a informar sobre las medidas que habían tomado en respuesta a las recomendaciones contenidas en los informes de inspección, y en este sentido, elogió el BP 22 de India, *Measures Adopted at Maitri Station on the Recommendations of Recent Visit of Japanese Inspection Team*.

(266) Bélgica enfatizó la importancia del mecanismo de inspección para evaluar el cumplimiento del Protocolo Ambiental, y manifestó su voluntad de participar en una inspección en el futuro.

(267) Haciendo referencia a su ofrecimiento en la XIV Reunión del CPA de brindar actualizaciones a las reuniones posteriores, la Federación de Rusia informó al CPA acerca de los avances realizados en respuesta a las inspecciones de la estación Molodezhnaya, la estación Druzhnaya IV, la estación Soyuz, la estación Leningradskaya y la estación Vostok llevadas a cabo por Australia en 2010 y 2011, y confirmó nuevamente su fuerte compromiso con el Protocolo Ambiental.

(268) La Federación de Rusia explicó que la estación Molodezhnaya fue la estación más grande de la era soviética en la Antártida, y que en 1996, se convirtió en una estación de temporada en la que se llevaban a cabo anualmente tareas científicas y medidas de protección ambiental. La Federación de Rusia realizó una revisión en 2010, en la que analizó el futuro de su programa nacional hasta el año 2020, y llegó a la conclusión de que la estación Molodezhnaya se convertiría en un sitio activo en 2014. Esto implica que a partir de 2014, aumentarían las actividades de protección ambiental.

(269) Con respecto a la estación Druzhnaya IV, la Federación de Rusia informó al Comité que era una estación estival, que existe desde hace veinte años, y que durante este tiempo se habían acumulado problemas ambientales. La Federación de Rusia se encontraba en vías de abordar estas inquietudes y tenía previsto incorporar otros equipos para acelerar las actividades de limpieza.

(270) La Federación de Rusia reconoció los problemas ambientales en las estaciones Soyuz y Leningradskaya, que tenía previsto abordar junto con los Miembros. La estación Soyuz había estado desocupada provisionalmente y había sufrido daños a causa del viento, pero ahora volvería a establecerse. La Federación de Rusia se mostró consternada debido a los daños provocados en la estación Leningradskaya Station por visitantes no autorizados.

(271) Frente a las inquietudes relacionadas con la estación Vostok, la Federación de Rusia informó al CPA que en breve comenzarían los planes de modernización.

(272) En respuesta, Australia reiteró su agradecimiento a la Federación de Rusia por su cooperación y por el cálido recibimiento durante las inspecciones, y recibió con agrado la información sobre los esfuerzos considerables

realizados por la Federación de Rusia luego de las inspecciones, a pesar de los desafíos que supone el medio ambiente antártico.

Tema 11. Cooperación con otras organizaciones

(273) El SCAR presentó el Documento de información IP 1, *Informe anual para 2011/2012 del Comité Científico de Investigación Antártica (SCAR).*

(274) El COMNAP presentó el Documento de información IP 3, *Informe anual para 2011 del Consejo de Administradores de los Programas antárticos Nacionales (COMNAP).*

(275) La CCRVMA presentó el Documento de información IP 28, *Informe del Observador del CC-CRVMA en la decimoquinta reunión del Comité de Protección Ambiental,* que ofrece una actualización sobre los análisis en los recientes foros de la CCRVMA sobre cinco cuestiones de interés común para el CPA y el CC-CRVMA. Los temas identificados en el taller conjunto del CPA/CC-CRVMA de 2009 son: a) el cambio climático y el medioambiente marino antártico, b) biodiversidad y especies no autóctonas en el medioambiente marino antártico, c) especies antárticas que requieren protección especial, d) gestión espacial de las áreas marinas y áreas protegidas, y e) vigilancia ambiental y del ecosistema.

(276) La CCRVMA centró la atención del Comité en los recientes talleres técnicos sobre la evolución de los sistemas representativos de AMP, y las próximas reuniones de la CCRVMA. Asimismo observó los avances en la creación de capacidades, con la reciente entrega de la primera beca científica, diseñada para ayudar a los jóvenes científicos a participar en el trabajo del Comité Científico de la CCRVMA y en sus grupos de trabajo, y el lanzamiento del programa de Pasantías de la Antártida y el Océano Austral, cuyo objetivo es brindar a los estudiantes la oportunidad de obtener experiencia en el trabajo de una organización dedicada a la gestión multilateral y a la conservación.

(277) Teniendo presente la relevancia de tales informes para una serie de temas del programa del Comité, Nueva Zelandia y Estados Unidos sugirieron que, en el futuro, se podría invitar al SCAR, el COMNAP y la CCRVMA a que presenten sus informes antes en la reunión del Comité.

(278) El Comité recibió con satisfacción los informes del SCAR, el COMNAP y la CCRVMA, y aceptó agregar el tema del programa "cooperación con otras

organizaciones" en el primer día de su programa de la reunión del próximo año, dado que muchas de las cuestiones informadas eran relevantes para todo el programa del Comité.

(279) La Dra. Polly Penhale, de Estados Unidos, fue designada Observadora del CPA para la XXXI Reunión del Comité Científico de la CCRVMA, en Hobart, Australia, del 22 al 26 de octubre de 2012.

(280) La Sra. Verónica Vallejos, de Chile, fue designada Observadora del CPA para la XXXII Reunión de delegados del SCAR, en Portland, Oregón, del 13 al 25 de julio de 2012.

Tema 12. Reparación y remediación del daño ambiental

(281) Australia presentó el Documento de trabajo WP 21, *Manual sobre limpieza de la Antártida*, preparado conjuntamente con el Reino Unido, y se refirió a la información de apoyo en el Documento de información IP 6. El proyecto del Manual sobre limpieza contiene orientaciones para ayudar a las Partes a abordar sus compromisos contraídos en virtud del Anexo III al Protocolo de Protección Ambiental de limpiar los anteriores sitios de eliminación de residuos en tierra y los sitios de trabajo abandonados pertenecientes a actividades del pasado, y puede actualizarse de manera periódica con base en los conocimientos y experiencias de los Miembros y Observadores (tal como se ha hecho con el Manual sobre especies no autóctonas).

(282) Australia señaló que si bien muchos Miembros habían informado ante las reuniones del CPA respecto de sus actividades de limpieza, no existían orientaciones centralizadas y fácilmente asequibles que ayudaran a las Partes en sus adicionales iniciativas por limpiar los anteriores sitios de eliminación de residuos e instalaciones que ya no se encuentran en uso.

(283) Diversos Miembros, al comentar sobre las experiencias de sus propios Programas nacionales antárticos en la limpieza de sus estaciones, acogieron con satisfacción los estimulantes documentos y expresaron su voluntad de compartir las lecciones aprendidas. Algunos de los temas que pueden resultar convenientes puntos de debate durante la posterior elaboración del proyecto del manual incluyeron el uso de una terminología específica y objetivos con respecto a la gestión basada en los riesgos, técnicas de remediación alternativas y la posibilidad de reciclaje de los materiales recuperados de los sitios abandonados.

(284) Italia señaló que la definición de "limpieza" que se presenta en el Documento de trabajo WP 21 pareciera no incluir ciertos tipos de contaminación involuntaria aparte de los derrames de combustible. Italia señaló que en otras regiones la evaluación de riesgos y objetivos de calidad medioambiental se basaban en el potencial impacto sobre la salud humana.

(285) Italia le recordó al Comité que debían tomarse en cuenta los aspectos ecotoxicológicos asociados a la mencionada actividad de limpieza y su posible impacto sobre la salud humana.

(286) Estados Unidos concordó en que la evaluación de los riesgos asociados es importante y recordó al Comité que debería considerarse el reciclaje en todas las operaciones de limpieza.

(287) Una serie de miembros consideró que el manual preparado por Australia estaba en condiciones de ser aprobado en esta reunión. El Comité reiteró que la reparación y remediación eran de la mayor importancia.

(288) La ASOC agradeció a Australia y al Reino Unido por el Documento de trabajo WP 21, y señaló que un manual de limpieza del medioambiente ayudaría a hacer más eficaces las operaciones de limpieza y conduciría a una mayor compatibilidad normativa en todos los diferentes programas antárticos.

(289) El Comité decidió que seguiría con la elaboración del proyecto de Manual sobre limpieza por medio de los debates informales durante el periodo entre sesiones y que produciría un documento actualizado incorporando los comentarios y sugerencias de los miembros, Observadores y Expertos, para la XVI reunión del CPA. Estados Unidos señaló que, de manera provisional, los Miembros pueden utilizar el manual en estado de borrador cuando planifiquen y emprendan trabajos de reparación y remediación.

(290) Australia presentó el Documento de trabajo WP 26, *Aspectos ambientales relacionados con la posibilidad práctica de reparar o remediar el daño ambiental*, el cual proporciona una actualización de menor importancia de una presentación similar ante la XXXIV RCTA (WP 28), y que aborda la Decisión 4 (2010) de la RCTA, a la cual se hace referencia en la información de apoyo contenida en el Documento de información IP 25. Al reflexionar sobre la solicitud de la RCTA en cuanto a asesoría sobre estas materias, y sobre el hecho de que el CPA le dio a estas materias una de las mayores

prioridades en su Plan de trabajo quinquenal, Australia presentó ocho puntos para su consideración en la respuesta del CPA a la RCTA.

(291) El Comité agradeció a Australia por su trabajo y por los ejemplos proporcionados en el Documento de información IP 25, y alentó a los Miembros a seguir compartiendo sus experiencias relacionadas con la reparación y remediación.

(292) Italia fue enfática en que, considerando la particular vulnerabilidad del medioambiente antártico, sería un desafío el de definir los niveles de riesgo aceptables específicos para el medioambiente antártico.

(293) En respuesta a la sugerencia de Italia de que había disponibles otras tecnologías de remediación *in situ*, tales como la de Oxidación Química in situ, Australia estuvo de acuerdo en que las metodologías *in situ* ofrecían diversos beneficios medioambientales y de costos y que otras tecnologías también podrían resultar apropiadas además de los ejemplos de reparación y remediación proporcionados en el Documento de trabajo WP 21 y en el Documento de antecedentes, BP 11.

(294) Los miembros estuvieron de acuerdo en que los ochos puntos mencionados en el Documento de trabajo WP 26 podrían aprovecharse para orientar el trabajo de los Miembros, y que proporcionaban un buen punto de partida para el debate durante el periodo entre sesiones.

(295) El Comité concordó en que un GCI sería un medio adecuado de obtener avances en su consideración de la Decisión 4 (2010), con el propósito de presentar su asesoría inicial a la XXXVI RCTA.

(296) El Comité acogió de buen grado el ofrecimiento del Dr. Neil Gilbert, de Nueva Zelandia, de coordinar el Grupo y convino en los siguientes términos de referencia:

　　　• Basarse en el Documento de trabajo WP 26 de la XXXV RCTA sobre asuntos medioambientales asociados a la factibilidad de reparación y remediación del daño medioambiental (Australia) y, según corresponda, otros documentos presentados durante la XV Reunión del CPA en materia de reparación y remediación del daño medioambiental:

- Preparar un borrador de respuesta a la Decisión 4 (2010), en donde la RCTA le solicita al CPA el 'considerar los asuntos medioambientales relacionados con la factibilidad de reparar o remediar el daño medioambiental en las circunstancias antárticas;

- Allí donde fuese pertinente, procurar la identificación y presentar ejemplos que ayuden a ilustrar los asuntos planteados en el borrador de asesoría; e

- Informar en la XVI Reunión del CPA sobre los resultados de este trabajo.

(297) El COMNAP presentó el Documento de trabajo WP 62, *Reparación o remediación del daño ambiental: informe del COMNAP sobre su experiencia*, el cual resume los resultados del aprendizaje a partir del Taller sobre gestión de residuos en la Antártida organizado por el COMNAP en 2006, y refrescó la memoria del CPA con respecto a algunos ejemplos de iniciativas de limpieza del programa nacional.

(298) El COMNAP subrayó el importante papel del reciclaje y la reutilización de los materiales, y alentó a los Miembros a considerar los posibles usos del material descartado por otros programas nacionales.

(299) En relación con una operación realizada por el personal de la estación Belgrano II (77° 52' S y 34° 37' O), Argentina informó al Comité que el incidente había ocurrido debido a una interpretación incorrecta de los procedimientos operacionales para la gestión de residuos. Señaló que ya había elaborado planes para la recuperación de los mencionados tambores durante la próxima temporada estival antártica.

(300) La ASOC presentó el Documento de información IP 57, *Repair or Remediation of Environmental Damage*, que revisaba algunos asuntos claves asociados a la reparación o remediación del daño medioambiental, y concluyó que en su conjunto existía un entendimiento generalizado de qué constituía daño medioambiental en la Antártida, el cual incluye las actividades anteriores, las actividades en curso, actividades propuestas e incidentes y accidentes. La ASOC fue enfática en cuanto a que la reparación y remediación del daño medioambiental eran requisitos del Protocolo y que debían llevarse a cabo en la mayor medida posible (debiendo efectuarse como mínimo, las evaluaciones y seguimientos del daño, y su registro e informes adecuados), y

147

que debían contemplarse, al mismo tiempo los posibles efectos perjudiciales para el medioambiente. Asimismo, la ASOC señaló que los puntos planteados por Australia en el Documento de trabajo WP 28 durante la XXXIV RCTA trataban los aspectos más importantes de la reparación y remediación del daño medioambiental.

(301) El presidente agradeció a la ASOC por su contribución en estas materias y señaló que el Comité apreciaría la contribución de la ASOC a cualquier trabajo ulterior que se hiciera sobre ellas.

(302) En relación con este tema del programa se presentaron también los siguientes documentos:

- BP 11, *Clean-up Techniques for Antarctica* (Australia)
- BP 12, *Clean-up of a fuel spill near Lake Dingle, Vestfold Hills* (Australia)
- BP 13, *Development of environmental quality standards for the management of contaminated sites in Antarctica* (Australia)
- BP 14, *Assessment, monitoring and remediation of old Antarctic waste disposal sites: the Thala Valley example at Casey station* (Australia)
- BP 38, *Retiro de chatarra desde la base Presidente Eduardo Frei Montalva, isla Rey Jorge* (Chile).

Tema 13. Asuntos generales

(303) El COMNAP presentó el Documento de información IP 32, *Survey of National Antarctic Programs on Oil Spill Contingency Planning*, que incluyó los resultados de un estudio realizado durante el periodo entre sesiones 2011/2012 con el propósito de actualizar un estudio realizado en 1996. Si bien la mayor parte de las estaciones antárticas cuentan con planes de contingencia en caso de derrames de combustibles, muchos de esos planes no se han actualizado durante los últimos años. El COMNAP señaló que este tema se abordaría en su próxima reunión, en julio de 2012.

(304) El Comité agradeció al COMNAP por el estudio e instó a las Partes a seguir mejorando sus planes de contingencia en el marco de sus Programas antárticos nacionales.

Tema 14. Elección de autoridades

(305) El Comité eligió al Dr. Yves Frenot de Francia como Presidente del CPA por un segundo periodo de dos años, y lo felicitó por su reelección para dicha función.

(306) El Comité eligió a Birgit Njaastad de Noruega como Vicepresidenta y la felicitó por su designación para dicha función.

(307) El Comité agradeció a Ewan McIvor de Australia por su desempeño como Vicepresidente durante dos periodos y también por coordinar el GSPG.

Tema 15. Preparativos para la próxima reunión

(308) El Comité aprobó el Programa preliminar para la XVI Reunión del CPA (Apéndice 2)

Tema 16. Aprobación del informe

(309) El Comité aprobó su Informe.

Tema 17: Clausura de la reunión

(310) El Presidente cerró la Reunión el viernes 15 de junio de 2012.

Anexo 1

Programa y resumen de documentos de la XV Reunión del CPA

1. APERTURA DE LA **R**EUNIÓN	
SP 1 rev.1	*P*ROGRAMA Y CALENDARIO DE LA *XXXV RCTA* Y *XV* REUNIÓN DEL *CPA*
SP 15	*XV R*EUNIÓN DEL *CPA: RESUMEN DE DOCUMENTOS*

2. APROBACIÓN DEL PROGRAMA	

3. DELIBERACIONES ESTRATÉGICAS SOBRE EL TRABAJO FUTURO DEL *CPA*	
WP 57 Nueva Ze- landia, Australia y el SCAR	*P*ORTAL DE MEDIOAMBIENTES ANTÁRTICOS. Este documento informa acerca del desarrollo de un Portal de medioambientes antárticos en línea, que pretende ser la fuente de información principal sobre medioambientes antárticos, como una manera eficiente de fortalecer las relaciones entre las actividades científicas y de elaboración de políticas en la Antártida, mejorar la función de asesoramiento del CPA hacia la RCTA, facilitar la función de asesoramiento brindado por el SCAR a la RCTA y al CPA, y contribuir a la difusión de la información sobre medioambientes antárticos para el público.

4. FUNCIONAMIENTO DEL *CPA*	
SP 10 Secretaría	*I*NFORME DEL *G*RUPO DE *C*ONTACTO *I*NFORMAL SOBRE LA MEJORA DEL *SEII* Y OTROS TEMAS VINCULADOS CON EL INTERCAMBIO DE INFORMACIÓN. Este documento contiene un informe del GCI sobre la mejora del Sistema Electrónico de Intercambio de Información coordinado por la Secretaría, un informe acerca de otras mejoras y sobre el uso actual del SEII, y pre-guntas sin resolver vinculadas con el SEII y con los requerimientos de in-tercambio de información que la Secretaría desea abordar en la Reunión.

5. IMPLICACIONES DEL CAMBIO CLIMÁTICO PARA EL MEDIO AMBIENTE: ENFOQUE ESTRATÉGICO	
WP 33 Reino Unido y Noruega	*RACER1 - "E*VALUACIÓN RÁPIDA DE LA RESILIENCIA DEL ECOSISTEMA QUE RO-DEA AL *Á*RTICO*": UNA HERRAMIENTA DEL *Á*RTICO PARA EVALUAR LA RESILIENCIA DEL ECOSISTEMA Y DE LAS ÁREAS CUYA CONSERVACIÓN ES IMPORTANTE, Y SU POSIBLE APLICACIÓN EN LA A*NTÁRTIDA. Siguiendo una recomendación de la RETA sobre el cambio climático, este documento presenta la Evaluación rápida de la resiliencia del ecosistema que rodea al Ártico (RACER) del WWF, una nueva herramienta que se está utilizando en el Ártico para identificar y trazar la cartografía de los sitios cuya conservación es de importancia en función de la resiliencia de los ecosistemas, y recomienda que se realicen trabajos para evaluar la metodología de la RACER en un área de prueba en la Antártida con el fin de evaluar su aplicabilidad.

SP 8 Secretaría	*MEDIDAS ADOPTADAS POR EL CPA Y LA RCTA CON BASE EN LAS RECOMENDACIONES DE LA RETA SOBRE EL CAMBIO CLIMÁTICO.* Este documento presenta una actualización de las medidas adoptadas por la RCTA y el CPA en función de las 30 recomendaciones sobre cambio climático acordadas en la RETA sobre el Cambio Climático en 2009.
IP 31 COMNAP	*BEST PRACTICE FOR ENERGY MANAGEMENT – GUIDANCE AND RECOMMENDATIONS.* En este documento de información (IP), el COMNAP presenta los resultados de un estudio de los Programas Nacionales Antárticos respecto del estado de la implementación de las pautas de 2007 del CONMAP sobre mejores prácticas de gestión de la energía, en virtud de la Rec. 4 de la RETA sobre el Cambio Climático.
IP 44 SCAR	*COMMUNICATING THE SCIENCE OF CLIMATE CHANGE.* Este documento informa acerca del trabajo sobre comunicaciones climáticas del SCAR, y se concentra en los elementos que deben tenerse en cuenta en la comunicación de la investigación científica sobre el cambio climático en la Antártida.
IP 45 SCAR	*ANTARCTIC CLIMATE CHANGE AND THE ENVIRONMENT: AN UPDATE.* Este documento es el tercer informe de actualización a la RCTA desde la publicación del Informe sobre cambio climático en la Antártida (Informe ACCE) del SCAR (Turner *et al*., 2009).
IP 58 rev.1 ASOC, Australia y Reino Unido	*EARTH HOUR ANTARCTICA (2013).* En atención a los objetivos de la iniciativa mundial de la "Hora del Planeta" del WWF, la ASOC, Australia y el Reino Unido proponen que se apaguen de forma coordinada en todo el continente todas las luces de uso no esencial en las estaciones de investigación antárticas para la "Hora del Planeta" el 30 de marzo de 2013, guardando las restricciones operacionales y de seguridad.
BP 17 Nueva Zelandia	*ENERGY EFFICIENCY AND CARBON REDUCTION INITIATIVES.* Este documento proporciona información de contexto sobre el trabajo de Nueva Zelandia en torno a la eficiencia energética y las iniciativas para reducir la huella de carbono de las actividades en la Antártida, de conformidad con las recomendaciones acordadas en la RETA sobre el Cambio Climático.

6. EVALUACIÓN DEL IMPACTO AMBIENTAL

6a) Proyectos de evaluación medioambiental global

6b) Otros temas relacionados con la evaluación del impacto ambiental

WP 22 Nueva Zelandia	*ASPECTOS AMBIENTALES E IMPACTO DEL TURISMO Y LAS ACTIVIDADES NO GUBERNAMENTALES EN LA ANTÁRTIDA.* Este documento presenta los hallazgos clave y las recomendaciones del Estudio de turismo del CPA dirigido por Nueva Zelandia. Invita al Comité a considerar opciones para enviar la versión preliminar del estudio (presentada en el IP33) a la XXXV RCTA, o para continuar desarrollando el estudio antes de la XVI Reunión del CPA.

IP 33 Nueva Ze- landia	*Environmental Aspects and Impacts of Tourism and Non-govern- mental Activities in Antarctica.* Este documento presenta el estudio sobre los aspectos ambientales e impacto del turismo y las activida- des no gubernamentales en la Antártida, y las tablas y datos que lo respaldan (ver el WP 22).
WP 34 Rusia	*Tecnología para la investigación de la capa de agua del lago subglacial Vostok a través del pozo de perforación en el hielo 5G en la estación antártica rusa Vostok.* Este documento informa acerca de la metodología y las medidas operativas que deben imple- mentarse para realizar investigaciones de estratos de agua del lago Vostok, que pueden iniciarse en la temporada 2014-2015.
WP 53 Brasil	*Estación Comandante Ferraz : Plan propuesto para la demolición y construcción de módulos de emergencia en la Antártida.* Este do- cumento describe el plan de Brasil para la construcción y operación de módulos de emergencia en la Antártida (en la misma ubicación de la estación Comandante Ferraz). Asimismo, propone un plan para la demolición y remoción del edificio principal, que fue destruido por un incendio.
SP 6 rev.1 Secretaría	*Lista anual de evaluaciones medioambientales iniciales (IEE) y evaluaciones medioambientales globales (CEE) elaboradas entre el 1 de abril de 2011 y el 31 de marzo de 2012.* La Secretaría infor- mará acerca de la lista de IEE y CEE para el período de información más reciente.
IP 23 República de Corea	*Final Comprehensive Environmental Evaluation (CEE) for the Proposed Construction and Operation of the Jang Bogo Station, Terra Nova Bay, Antarctica.* Este documento proporciona informa- ción sobre la CEE final, que incluye un resumen de las respuestas a comentarios significativos planteados por el CPA en relación con el proyecto de CEE y otras mejoras y modificaciones importantes al proyecto de CEE.
IP 30 Reino Unido	*The Final Comprehensive Environmental Evaluation (CEE) for the Proposed Exploration of Subglacial Lake Ellsworth, Antarc- tica.* Este documento señala que la CEE final elaborada por el Reino Unido aborda comentarios sobre el proyecto de CEE recibidos por el CPA, las Partes y expertos. Se adjunta al documento una versión completa de la CEE final.
IP 41 Italia	*Starting a feasibility study for the realization of a gravel runway near Mario Zucchelli Station.* Italia informa que este año comen- zará un estudio con el propósito de evaluar la viabilidad técnica, económica y ambiental de una pista de grava en las cercanías de la estación Mario Zucchelli. Este documento informa que la pista sería una instalación importante que también podría resultar útil para el apoyo de otros Programas Nacionales Antárticos en el área.

IP 43 India	ESTABLISHMENT AND OPERATION OF NEW INDIAN RESEARCH STATION "BHA-RATI" AT LARSEMANN HILLS. India informa que la segunda fase de la construcción de la estación Bharati comenzó en noviembre de 2011, y que comenzó a operar formalmente el 18 de marzo de 2012. Este documento describe las actividades de la segunda y última fase de construcción llevadas a cabo durante la temporada estival austral 2011-2012.
IP 74 Rusia	RESULTS OF RUSSIAN ACTIVITY FOR PENETRATING SUBGLACIAL LAKE VOSTOK IN THE SEASON *2011–12.* Rusia informa acerca de detalles de la actividad de penetración en el lago Vostok durante la última temporada estival y los principales resultados obtenidos. Este documento informa que las sugerencias teóricas de especialistas rusos acerca de la física de los procesos presentes en el contacto del taladro con la capa de agua del lago consideradas en el proceso de la CEE se confirmaron en la práctica.
BP 36 Ecuador	RESUMEN DE LA AUDITORÍA AMBIENTAL DE CUMPLIMIENTO DE LA ESTACIÓN CIENTÍFICA ECUATORIANA PEDRO VICENTE MALDONADO. Este documento informa acerca del proceso de evaluación ambiental en la estación Maldonado durante las temporadas 2011-2012.

7. PROTECCIÓN DE ZONAS Y PLANES DE GESTIÓN

7a) Planes de Gestión

i.   Proyectos de planes de gestión que habían sido examinados por el Grupo Subsidiario sobre Planes de Gestión

WP 14 Australia	GRUPO SUBSIDIARIO SOBRE PLANES DE GESTIÓN – INFORME DEL TRABAJO ENTRE SESIONES CORRESPONDIENTE AL PERÍODO *2011/2012.* Este documento informa sobre el trabajo del GSPG de conformidad con los Términos de Referencia 1 a 3 y recomienda que el Comité apruebe la versión revisada de la ZAEP N° 140 *Partes de la isla Decepción,* que se adjunta a este documento.

ii.   Proyectos de planes de gestión revisados que no habían sido examinados por el Grupo Subsidiario sobre Planes de Gestión

WP 2 Polonia	PLAN DE GESTIÓN REVISADO PARA LA ZONA ANTÁRTICA ESPECIALMENTE PROTEGIDA *(ZAEP) N° 151* LIONS RUMP, ISLA REY JORGE/ISLA *25 DE MAYO E ISLAS* SHETLAND DEL SUR. Polonia llevó a cabo una revisión del Plan de Gestión para la ZAEP N° 151 y ha determinado que solo es necesario realizar cambios menores. Polonia recomienda que el CPA apruebe el Plan de Gestión revisado.
WP 3 Polonia	PLAN DE GESTIÓN PARA LA ZONA ANTÁRTICA ESPECIALMENTE PROTEGIDA *(ZAEP) N° 128* COSTA OCCIDENTAL DE LA BAHÍA LASSERRE, ISLA *25 DE MAYO E ISLAS* SHETLAND DEL SUR. Polonia llevó a cabo una revisión del Plan de Gestión para la ZAEP N° 128 y ha determinado que solo es necesario realizar cambios menores. Polonia recomienda que el CPA apruebe el Plan de Gestión revisado.

WP 8 Reino Unido	**REVISIÓN DEL PLAN DE GESTIÓN DE LA ZONA ANTÁRTICA ESPECIALMENTE PROTEGIDA (ZAEP) Nº 129, PUNTA ROTHERA, ISLA ADELAIDE.** El Reino Unido ha realizado una revisión del Plan de Gestión para la ZAEP Nº 129. Recomienda que el CPA solicite al GSPG que emprenda una revisión entre sesiones y que informe sobre ésta a la XVI Reunión del CPA.
WP 9 Reino Unido	**REVISIÓN DEL PLAN DE GESTIÓN DE LA ZONA ANTÁRTICA ESPECIALMENTE PROTEGIDA (ZAEP) Nº 109, ISLA MOE, ISLAS ORCADAS DEL SUR.** El Reino Unido ha realizado una revisión del Plan de Gestión para la ZAEP Nº 109. Recomienda que el CPA solicite al GSPG que emprenda una revisión entre sesiones y que informe sobre ésta a la XVI Reunión del CPA.
WP 10 Reino Unido	**REVISIÓN DEL PLAN DE GESTIÓN DE LA ZONA ANTÁRTICA ESPECIALMENTE PROTEGIDA (ZAEP) Nº 111, ISLA POWELL DEL SUR E ISLAS ADYACENTES, ISLAS ORCADAS DEL SUR.** El Reino Unido ha realizado una revisión exhaustiva del Plan de Gestión para la ZAEP Nº 111. Recomienda que el CPA solicite al GSPG que emprenda una revisión entre sesiones y que informe sobre ésta a la XVI Reunión del CPA.
WP 11 Reino Unido	**REVISIÓN DEL PLAN DE GESTIÓN DE LA ZONA ANTÁRTICA ESPECIALMENTE PROTEGIDA (ZAEP) Nº 115, ISLA LAGOTELLERIE, BAHÍA MARGARITA, GRAHAM LAND** El Reino Unido ha realizado una revisión exhaustiva del Plan de Gestión para la ZAEP Nº 115. Recomienda que el CPA solicite al GSPG que emprenda una revisión entre sesiones y que informe sobre ésta a la XVI Reunión del CPA.
WP 12 Reino Unido	**REVISIÓN DEL PLAN DE GESTIÓN DE LA ZONA ANTÁRTICA ESPECIALMENTE PROTEGIDA (ZAEP) Nº 110, ISLA LYNCH, ISLAS ORCADAS DEL SUR.** El Reino Unido ha realizado una revisión del Plan de Gestión para la ZAEP Nº 110. Recomienda que el CPA solicite al GSPG que emprenda una revisión entre sesiones y que informe sobre ésta a la XVI Reunión del CPA.
WP 42 Argentina, Chile, Noruega, España, Reino Unido y EE. UU.	**REVISIÓN DEL PLAN DE GESTIÓN PARA LA ZAEA Nº 4: ISLA DECEPCIÓN.** El Grupo de Gestión de la isla Decepción ha llevado a cabo su primera revisión quinquenal del Plan de Gestión de la ZAEA 4. El Grupo recomienda que el CPA apruebe los Planes de Gestión revisados para estas Zonas, que se adjuntan.
WP 44 Argentina	**REVISIÓN DEL PLAN DE GESTIÓN PARA LA ZONA ANTÁRTICA ESPECIALMENTE PROTEGIDA Nº 132 (PENÍNSULA POTTER).** Argentina ha realizado la revisión del Plan de Gestión para la ZAEP 132. Los cambios incluyen ajustes menores a los límites, un mapa más preciso y una actualización de la descripción de la Zona. Argentina solicita que el CPA considere la revisión y decida si la versión revisada puede adoptarse en la reunión o si debe ser considerada entre sesiones por el GSPG.

WP 52 Argentina y Chile	**REVISIÓN DEL PLAN DE GESTIÓN DE LA ZONA ANTÁRTICA ESPECIALMENTE PROTEGIDA Nº 133 (PUNTA ARMONÍA).** Argentina y Chile han realizado la revisión de la ZAEP 133. Los cambios incluyen ajustes menores a los límites, un mapa más preciso y una actualización de la descripción de la Zona. Argentina y Chile solicitan que el CPA considere la revisión y decida si la versión revisada puede adoptarse en la reunión o si debe ser considerada entre sesiones por el GSPG.
WP 54 Chile	**PLAN DE GESTIÓN REVISADO DE LA ZONA ANTÁRTICA ESPECIALMENTE PROTEGIDA Nº 145 PUERTO FOSTER, ISLA DECEPCIÓN, ISLAS SHETLAND DEL SUR.** Chile ha llevado a cabo la primera revisión del Plan de Gestión para la ZAEP 145, luego de la entrada en vigor del Anexo V del Protocolo. En vista de las extensas modificaciones que se propone hacer en el plan revisado, Chile requiere al GSPG un examen más detallado del plan revisado en el período entre sesiones.
WP 58 Chile	**PLAN DE GESTIÓN DE LA ZONA ANTÁRTICA ESPECIALMENTE PROTEGIDA Nº 112 PENÍNSULA COPPERMINE, ISLA ROBERT, ISLAS SHETLAND DEL SUR.** Chile presenta el Plan de Gestión para la ZAEP 112 conforme al formato requerido por el Anexo V del Protocolo. Chile recomienda que el GSPG considere el Plan de Gestión durante el período entre sesiones.
WP 60 Chile	**PLAN DE GESTIÓN DE LA ZONA ANTÁRTICA ESPECIALMENTE PROTEGIDA Nº 146, BAHÍA SUR (BAHÍA SOUTH), ISLA DOUMER, ARCHIPIÉLAGO DE PALMER.** Chile presenta el Plan de Gestión para la ZAEP 146 conforme al formato requerido por el Anexo V del Protocolo. Chile recomienda que el GSPG considere el Plan de Gestión durante el período entre sesiones.
WP 61 Chile	**PLAN DE GESTIÓN DE LA ZONA ANTÁRTICA ESPECIALMENTE PROTEGIDA Nº 144, BAHÍA CHILE (BAHÍA DISCOVERY), ISLA GREENWICH, SHETLAND DEL SUR.** Chile presenta el Plan de Gestión para la ZAEP 144 conforme al formato requerido por el Anexo V del Protocolo. Chile recomienda que el GSPG considere el Plan de Gestión durante el período entre sesiones (ver también el WP 42).
iii.	Nuevos proyectos de planes de gestión de zonas protegidas y administradas
WP 19 Nueva Zelandia	**DESIGNACIÓN PROPUESTA DE UNA ZONA ANTÁRTICA ESPECIALMENTE PROTEGIDA (ZAEP) PARA LAS ÁREAS GEOTÉRMICAS DE ALTITUD ELEVADA DE LA REGIÓN DEL MAR DE ROSS.** Nueva Zelandia propone la designación de una nueva ZAEP que comprende todas las áreas geotérmicas de altitud elevada en la región del mar de Ross (en el monte Erebus, el monte Melbourne y el monte Rittmann). La propuesta tiene por objeto representar un enfoque más estratégico para proteger un tipo de medio ambiente poco común en la Antártida y aplicar medidas uniformes para proteger de la misma manera los conjuntos de especies sensibles y únicos con un solo un plan de gestión.

WP 40 Italia y Estados Unidos	*PROPUESTA PARA UNA NUEVA ZONA ANTÁRTICA ESPECIALMENTE PROTEGIDA EN EL CABO WASHINGTON Y LA BAHÍA SILVERFISH, BAHÍA TERRA NOVA, MAR DE ROSS.* Italia y Estados Unidos proponen la designación de una nueva ZAEP en la parte norte de la bahía Terra Nova.
WP 41 Estados Unidos	*PROPUESTA PARA UNA NUEVA ZONA ANTÁRTICA ESPECIALMENTE PROTEGIDA EN EL GLACIAR TAYLOR Y LAS CATARATAS DE SANGRE, VALLE DE TAYLOR, VALLES SECOS MCMURDO, TIERRA DE VICTORIA.* Estados Unidos propone establecer una nueva ZAEP en el glaciar Taylor y las Cataratas de Sangre para proteger las características biológicas y físicas únicas de la zona y su gran valor científico y educativo. El aumento de las actividades en el glaciar Taylor y los proyectos de perforación de núcleos de hielo recientes han puesto en relieve la necesidad de proteger el medio ambiente de las Cataratas de Sangre, ya que estas actividades pueden afectar la comunidad microbiana y química únicas del accidente.

iv.	Otros asuntos relacionados con los planes de gestión de zonas protegidas y administradas
WP 14 Australia	*GRUPO SUBSIDIARIO SOBRE PLANES DE GESTIÓN – INFORME DEL TRABAJO ENTRE SESIONES CORRESPONDIENTE AL PERÍODO 2011/2012.* Este documento informa sobre el trabajo del GSPG de conformidad con los Términos de Referencia 4 y 5. El GSPG apreciaría recibir asesoramiento del CPA respecto del trabajo en el desarrollo de orientaciones para el establecimiento de ZAEA y para la preparación y revisión de planes de gestión de ZAEA. De conformidad con los acuerdos establecidos por la XXXI RCTA, el Comité desea considerar la designación de un nuevo coordinador del GSPG para que desempeñe sus funciones al concluir la XV Reunión del CPA.
SP 7 Secretaría	*SITUACIÓN DE LOS PLANES DE GESTIÓN DE LAS ZONAS ANTÁRTICAS ESPECIALMENTE PROTEGIDAS Y LAS ZONAS ANTÁRTICAS ESPECIALMENTE ADMINISTRADAS.* Este documento presenta información respecto del estado de los planes de gestión de ZAEP y ZAEA, de conformidad con los requisitos de revisión del Anexo V del Protocolo.
IP 24 República de Corea	*MANAGEMENT REPORT OF NARĘBSKI POINT (ASPA 171) AND ARDLEY ISLAND (ASPA 150) DURING THE 2011/2012 PERIOD.* Este documento presenta un resumen del estudio de la ZAEP 171 y sus cercanías y de la ZAEP 150 para alcanzar los objetivos y principios de los planes de gestión de las ZAEP durante el período 2011/2012.
IP 38 IAATO	*ESTABLISHING IAATO SAFETY ADVISORIES.* Este documento describe la implementación por parte de la IAATO de un sistema interno formalizado de Avisos en materia de Seguridad. Los Avisos tienen por objeto mejorar la seguridad de los operadores en la Antártida, con lo cual se asegura que se pueda acceder fácilmente a un banco que permita realizar búsquedas de "conocimientos locales" sobre cuestiones generales y asesoramiento específico para cada sitio.

IP 61 Australia, India, China, Rumania y Rusia	**REPORT OF THE LARSEMANN HILLS ANTARCTIC SPECIALLY MANAGED AREA (ASMA) MANAGEMENT GROUP.** Tras la adopción de la ZAEA, las Partes activas en la ZAEA establecieron un Grupo de Gestión para supervisar la implementación del Plan de Gestión. Este documento ofrece un breve informe de las actividades del Grupo de Gestión durante 2011-12.
IP 66 Brasil	**WORKING PLAN PROPOSAL FOR THE REVIEW OF THE ADMIRALTY BAY ANTARCTIC SPECIALLY MANAGED AREA MANAGEMENT PLAN (ASMA NO. 1).** En este documento, Brasil, como coordinador del Plan de Gestión de la ZAEA 1 durante un período de 5 años, describe el plan de trabajo propuesto para la revisión del Plan de Gestión de la ZAEA 1.
IP 78 Estados Unidos	**AMUNDSEN-SCOTT SOUTH POLE STATION, SOUTH POLE ANTARCTICA SPECIALLY MANAGED AREA (ASMA No. 5) 2012 MANAGEMENT REPORT.** Este documento ofrece un resumen de los constantes desafíos que plantea la gestión de las diversas actividades de la ZAEA N° 5. Analiza la implementación del área de campamento primaria y del área de campamento secundaria (o adicional) recientemente posicionadas y la implementación de un Centro de Visitantes.
IP 82 Argentina, Chile, Noruega, España, Reino Unido y EE. UU.	**DECEPTION ISLAND SPECIALLY MANAGED AREA (ASMA) MANAGEMENT GROUP REPORT.** Este documento presenta un resumen de las actividades realizadas dentro de la ZAEA isla Decepción, y el trabajo del Grupo de Gestión a fin de cumplir con los objetivos y principios del Plan de Gestión de la ZAEA N° 4 durante el período entre sesiones 2011-2012.

7b) Sitios y monumentos históricos	
WP 36 Rusia	**PROPUESTA SOBRE LA REVISIÓN DE SITIOS Y MONUMENTOS HISTÓRICOS BAJO LA GESTIÓN DE LA FEDERACIÓN DE RUSIA.** Este documento propone modificaciones y actualizaciones en la descripción de varios SMH bajo la gestión de la Federación de Rusia.
WP 46 Argentina	**INFORME FINAL DE LOS DEBATES INFORMALES SOBRE SITIOS Y MONUMENTOS HISTÓRICOS.** Este documento presenta el informe final de los debates informales sobre Sitios y Monumentos Históricos, conducidos por Argentina durante los períodos entre sesiones 2010-2011 y 2011-2012.
WP 56 rev.1 Chile	**PROPUESTA DE MODIFICACIÓN DEL SITIO HISTÓRICO N° 37.** Este documento propone incluir nuevas estructuras y elementos en el SMH 37, una estatua de Bernardo O'Higgins erigida en la estación O'Higgins. Chile propone modificar el SMH mediante la incorporación de las estructuras de la antigua estación O'Higgins, una placa y una gruta.

IP 14 China	**BRIEF INTRODUCTION OF THE MAINTENANCE AND CONSERVATION PROJECT OF NO.1 BUILDING AT GREAT WALL STATION.** Este documento informa sobre el Proyecto de Mantenimiento y Conservación del Edificio N° 1 en la estación Gran Muralla (SMH 86) que, según los planes, se completará durante los siguientes dos o tres años. Se prevé que el edificio sea un SMH sobre la historia de la investigación antártica china.
BP 41 Nueva Zelandia	**ANTARCTIC HERITAGE TRUST CONSERVATION UPDATE.** Este documento proporciona información sobre el Proyecto de restauración del patrimonio del Mar de Ross del Fondo Fiduciario para el Patrimonio Antártico (Antarctic Heritage Trust) que se está llevando a cabo en las ZAEP en la isla Ross y cabo Adare, relacionado con las bases de expedición construidas por la Expedición *Southern Cross* (1898-1900) dirigida por Carsten Borchgrevink; la Expedición *Discovery* (1901-1904) y la Expedición *Terra Nova* (1910-1913), ambas dirigidas por Robert Falcon Scott; y la Expedición *Nimrod* (1907-1909) dirigida por Ernest Shackleton.

7c) Directrices para sitios	
WP 15 Reino Unido, Argentina y EE. UU.	**DIRECTRICES PARA SITIOS PARA LA ISLA D'HAINAUT, PUERTO MIKKELSEN, ISLA TRINITY.** Este documento propone la adopción de directrices para sitios para la isla D'Hainaut, dado que el sitio es reconocido por su importancia histórica y contiene los restos de un barco ballenero y una gran pila de huesos de ballena. El sitio también presenta importantes valores ambientales. Los proponentes recomiendan que el CPA presente las directrices para sitios para su adopción por parte de la RCTA.
WP 16 Argentina, Francia, Ucrania, Reino Unido y EE. UU.	**DIRECTRICES PARA SITIOS PARA PUERTO CHARCOT, ISLA BOOTH.** Este documento propone la adopción de directrices para sitios para puerto Charcot, dado que el sitio es reconocido por su importancia histórica y contiene los restos de la base usada durante el invierno por la expedición antártica francesa, dirigida por el Dr. Jean Baptiste Charcot, en 1904. El sitio también presenta importantes valores ambientales, que incluyen especies florales y el hecho de una serie de especies de aves se reproducen en el área y varias especies de focas y pingüinos usan la playa como lugar de descanso.
WP 45 Argentina, Chile, Noruega, España, Reino Unido y EE. UU.	**DIRECTRICES PARA VISITANTES PARA LA CALETA PÉNDULO, ISLA DECEPCIÓN, ISLAS SHETLAND DEL SUR.** Este documento propone la adopción de directrices para sitios destinadas a minimizar el riesgo de las presiones relacionadas con los visitantes en este sitio de extraordinario valor natural e histórico, así como a salvaguardar la seguridad de los visitantes.

WP 59 Ecuador y España	*REVISIÓN DE LAS DIRECTRICES PARA SITIOS VISITADOS: ISLA BARRIENTOS (ISLAS AITCHO).* Este documento propone una revisión de las directrices para sitios para las islas Aitcho/isla Barrientos, adoptadas en 2005. En función de actividades de vigilancia durante los últimos años, el documento propone modificaciones en las pautas relacionadas con áreas de anclaje, rutas y mapas de la versión actual de las directrices.
IP 37 IAATO	*REPORT ON IAATO OPERATOR USE OF ANTARCTIC PENINSULA LANDING SITES AND ATCM VISITOR SITE GUIDELINES, 2011-2012 SEASON.* La IAATO informa acerca de los niveles de turismo en la Antártida y del uso de directrices para sitios o gestión de los Programas Nacionales en los sitios visitados en las proximidades de las estaciones.
BP 3 Estados Unidos	*ANTARCTIC SITE INVENTORY: 1994-2012.* Este documento proporciona información actualizada respecto de los resultados del proyecto de Inventario de sitios antárticos hasta febrero de 2012, que ha recopilado datos biológicos e información descriptiva de sitios en la Península Antártica desde 1994.

7d) Huella de la actividad humana y valores silvestres	
WP 50 Nueva Ze- landia y Países Bajos	*CONCEPTOS PARA LA PROTECCIÓN DE LA VIDA SILVESTRE EN LA ANTÁRTIDA UTILIZANDO LOS INSTRUMENTOS DEL PROTOCOLO.* Teniendo en cuenta el contexto de cambios significativos en el medio ambiente antártico y del aumento de la actividad humana en la Antártida, este documento propone desarrollar material orientativo práctico para apoyar la protección de los valores de vida silvestre cuando se aplica la EIA y las herramientas de protección de zonas establecidas en el Anexo I y el Anexo V del Protocolo. (ver también el IP 60).
IP 52 ASOC	*DATA SOURCES FOR MAPPING THE HUMAN FOOTPRINT IN ANTARCTICA.* Este documento sugiere que la recopilación de información sobre actividad huma en la Antártida a partir de diferentes repositorios de información en un formato común y en un solo lugar sería una medida útil para la elaboración de un modelo de la huella humana en la Antártida y el Océano Austral.
IP 60 Nueva Ze- landia y Países Bajos	*FURTHER INFORMATION ABOUT WILDERNESS PROTECTION IN ANTARCTICA AND USE OF TOOLS IN THE PROTOCOL.* Reconociendo las dificultades inherentes en la gestión de la vida silvestre, este Documento Informativo brinda información de respaldo para el WP sobre el desarrollo de material orientativo práctico para apoyar la protección de los valores de vida silvestre cuando se aplica la EIA y las herramientas de protección de zonas establecidas en el Anexo I y el Anexo V del Protocolo.

7e) Protección y gestión del espacio marino	
IP 34 UICN	*USING ASMAS AND ASPAS WHEN NECESSARY TO COMPLEMENT CCA-MLR MPAS.* La UICN considera que algunas AMP de la CCRVMA pueden requerir iniciativas de gestión y protección adicionales y que, por lo tanto, es importante que la RCTA, teniendo en cuenta las recomendaciones del Comité de la CCRVMA, considere si podría o no existir la necesidad de establecer ZAEA o ZAEP, en forma parcial o completa, en el área de una AMP de la CCRVMA.
IP 50 ASOC	*ANTARCTIC OCEAN LEGACY: A MARINE RESERVE FOR THE ROSS SEA.* Este documento presenta un resumen de una publicación de la Alianza Oceánica Antártica (AOA), de la cual la ASOC es miembro. La Alianza exige la creación de una red de áreas marinas protegidas y reservas marinas sin captura en el Océano Austral.
IP 51 ASOC	*ANTARCTIC OCEAN LEGACY: A VISION FOR CIRCUMPOLAR PROTECTION.* Este documento presenta un resumen del informe "Antarctic Ocean Legacy: A Vision for Circumpolar Protection" publicado por la Alianza Oceánica Antártica (AOA).
IP 54 ASOC	*IMPLICATIONS OF ANTARCTIC KRILL FISHING IN ASMA No. 1 - ADMIRALTY BAY.* La ASOC informa que en la reunión de 2011 del Grupo de Trabajo para Seguimiento y Ordenación del Ecosistema (GT-EMM) se observó que en 2009/2010 se registró pesca de krill en la ZAEA 1. La pesca no fue identificada ni prevista cuando la RCTA adoptó el plan de gestión tras su aprobación por parte de la CCRVMA. La ASOC ofrece una serie de recomendaciones a fin de prevenir eventos similares en el futuro.
IP 68 Ucrania	*PROGRESS OF UKRAINE ON DESIGNATION OF BROAD-SCALE MANAGEMENT SYSTEM IN THE VERNADSKY STATION AREA.* Dado el crecimiento de las actividades científicas, logísticas y turísticas en torno a la estación Verdnasky y las islas circundantes en los últimos años, Ucrania propone preparar un sistema de gestión completo y en gran escala para la zona e invita a todas las Partes interesadas a participar en posteriores debates sobre opiniones estratégicas de protección ambiental y posible gestión para esta zona.
IP 80 CCRVMA	*REPORT OF THE CEP OBSERVER TO THE CCAMLR WORKSHOP ON MARINE PROTECTED AREAS. BREST, FRANCE, 29 AUGUST TO 2 SEPTEMBER 2011.* Este documento presenta una sinopsis de los aspectos del taller de particular relevancia para la colaboración continua entre el CPA y el CC-CRVMA. En el sitio web de la CCRVMA puede consultarse una versión completa en línea.

7f) Otros asuntos relacionados con el Anexo V	
WP 23 rev.1 Australia, Nueva Zelandia y el SCAR	*REGIONES BIOGEOGRÁFICAS DE CONSERVACIÓN DE LA ANTÁRTIDA.* Este documento presenta los resultados de análisis recientes sobre las relaciones entre los datos de biodiversidad terrestre antártica, los dominios ambientales y otras estructuras espaciales relevantes. Los autores recomiendan que el Comité avale las "Regiones Biogeográficas de conservación de la Antártida" como un modelo dinámico para la identificación de ZAEP dentro de los criterios ambientales y geográficos sistemáticos, y como base para el trabajo continuo para abordar los riesgos de especies no autóctonas. Se presenta un proyecto de Resolución para su análisis por parte del Comité.
WP 35 Rusia	*PROPUESTAS SOBRE LA PREPARACIÓN DE PLANES DE GESTIÓN REVISADOS DE ZONAS ANTÁRTICAS ESPECIALMENTE PROTEGIDAS Y ZONAS ANTÁRTICAS ESPECIALMENTE ADMINISTRADAS.* Este documento propone que, al revisar los planes de gestión de ZAEP y ZAEA en los que se designa a representantes de naturaleza viviente de la Antártida como los valores principales para su protección, la Parte proponente deba presentar al CPA un informe con los resultados de un programa de vigilancia del estado de dichos valores. Se adjunta un proyecto de Medida al documento.
WP 38 EE. UU. y Nueva Zelandia	*DESARROLLO DE PROTECCIÓN PARA UNA ZONA GEOTÉRMICA; CAVERNAS DE HIELO VOLCÁNICAS EN MONTE EREBUS, ISLA ROSS.* Este documento propone una estrategia para proteger los tipos de medio ambiente poco comunes de áreas geotérmicas del monte Erebus y recomienda que las Partes interesadas y el SCAR desarrollen un inventario de las características de las cavernas de hielo y un código de conducta, y adopten una suspensión temporal para las visitas a la zona.
IP 26 Australia	*ANALYSES OF THE ANTARCTIC PROTECTED AREAS SYSTEM USING SPATIAL INFORMATION.* Australia ha adquirido un conjunto de datos integrales de información espacial que incluye los límites de todas las ZAEP y ZAEA. Este conjunto de datos está ahora a disposición de todos, por medio de la Secretaría, para ser usado de conformidad con los términos y condiciones básicos. Este documento presenta ejemplos sobre cómo el conjunto de datos puede ayudar a evaluar y continuar desarrollando el sistema de áreas protegidas de la Antártida, y apoyar otras actividades del CPA.
IP 49 ASOC	*ANNEX V INVIOLATE AND REFERENCE AREAS: CURRENT MANAGEMENT PRACTICES INFORMATION.* La ASOC considera que la designación de áreas cerradas y prístinas de tamaño significativo puede hacer múltiples aportes para cumplir los objetivos del Protocolo, y que esto constituye un instrumento que ya se encuentra entre las prácticas de gestión ambiental en la Antártida que puede usarse de manera más amplia para complementar las actividades de gestión ambiental existentes.

8. Conservación de la flora y fauna antárticas	
8a) Cuarentena y especies no autóctonas	
WP 5 SCAR	**Resultados del Programa del Año Polar Internacional (API): "Aliens in Antarctica".** Este documento informa acerca de los hallazgos del proyecto del Año Polar Internacional "Aliens in Antarctica" relacionados con una evaluación espacialmente explícita, y diferenciada según las actividades, de los riesgos del establecimiento de especies terrestres no autóctonas en toda la Antártida, tanto para la actualidad como con el cambio climático. El SCAR recomienda que el CPA incluya esta evaluación en el mayor desarrollo de estrategias para reducir los riesgos que representan las especies terrestres no autóctonas, desarrolle una estrategia de vigilancia y preste especial atención a los riesgos que implica la transferencia intraantártica de propágulos.
WP 6 SCAR	**Reducción del riesgo de introducción accidental de especies no autóctonas asociadas con la importación de frutas y vegetales frescos a la Antártida.** El SCAR analiza los datos científicos relacionados con el riesgo de introducción de especies no autóctonas asociadas con la importación de frutas y vegetales frescos a la región antártica. El SCAR recomienda que el CPA inste a las Partes a implementar las recomendaciones de las *listas de verificación* del COMNAP/SCAR *para los gestores de cadena de suministro*; e insta a las Partes y/o al COMNAP a continuar investigando métodos prácticos y económicos para reducir el riesgo de introducción de especies no autóctonas asociadas con los alimentos frescos.
WP 25 rev.1 Australia y Francia	**Directrices para minimizar los riesgos de especies no autóctonas y enfermedades asociadas con instalaciones hidropónicas en la Antártida.** Este documento presenta sugerencias de *Directrices para minimizar los riesgos de especies no autóctonas y enfermedades asociadas con instalaciones hidropónicas en la Antártida.* Australia y Francia recomiendan que las directrices se incluyan en el Manual de especies no autóctonas del CPA como referencia, según corresponda, para quienes utilicen o planeen utilizar instalaciones hidropónicas.
IP 13 España, Argentina y Reino Unido	**Colonisation status of the non-native grass Poa pratensis at Cierva Point, Danco Coast, Antarctic Peninsula.** Este documento propone que, dado que el cambio climático puede expandirse, y siguiendo los procedimientos propuestos en el Manual de especies no autóctonas del CPA, sería recomendable erradicar estas especies, que fueron introducidas de manera accidental en Punta Cierva, península Antártica, en 1954.

IP 29 Reino Unido	*COLONISATION STATUS OF KNOWN NON-NATIVE SPECIES IN THE ANTARCTIC TERRESTRIAL ENVIRONMENT (UPDATED, **2012**).* Este documento actualiza la información presentada ante el CPA en 2010 y 2011 sobre el estado de la colonización de las especies no autóctonas conocidas en el medio ambiente terrestre de la Antártida. El documento informa que no se han realizado intentos para erradicar ninguna de las especies no autóctonas durante el año pasado.
BP 1 SCAR	*CONTINENT-WIDE RISK ASSESSMENT FOR THE ESTABLISHMENT OF NONINDIGENOUS SPECIES IN ANTARCTICA.* Esta publicación científica presenta una evaluación basada en evidencias que demuestra qué partes de la Antártida están en riesgo creciente de introducción de especies no autóctonas que pueden tornarse invasivas, y brinda los medios para mitigar esta amenaza ahora y en el futuro a medida que cambia el clima del continente.

8b) Especies especialmente protegidas

8c) Otros asuntos relacionados con el Anexo II

IP 20 Alemania	*EVALUATION OF THE "STRATEGIC ASSESSMENT OF THE RISK POSED TO MARINE MAMMALS BY THE USE OF AIRGUNS IN THE ANTARCTIC TREATY AREA".* Este documento presenta una evaluación, llevada a cabo por el Organismo Federal de Protección Ambiental de Alemania, del análisis realizado por el Instituto Alfred Wegener de los riesgos que implica para los mamíferos marinos el uso de pistolas de aire comprimido. Alemania señala que todos los aspectos del análisis de riesgos se evaluaron exhaustivamente, y se hace especial hincapié en la identificación de peligros, el nivel de protección y las correspondientes zonas de seguridad para los recursos que deben protegerse.
IP 21 SCAR	*ANTHROPOGENIC SOUND IN THE SOUTHERN OCEAN: AN UPDATE.* Este documento forma la base de una respuesta a un pedido de la XIV Reunión del CPA, y presenta un resumen de nueva información sobre el sonido antropogénico en el Océano Austral.
IP 35 SCAR, UICN y Nueva Zelandia	*ANTARCTIC CONSERVATION FOR THE 21ST CENTURY: BACKGROUND, PROGRESS, AND FUTURE DIRECTIONS.* Reconociendo la necesidad de un plan integrado, completo y dinámico para la conservación de la Antártida y de los ecosistemas asociados y dependientes, este documento describe los desarrollos hasta la fecha y planifica continuar con el desarrollo de una Estrategia de Conservación de la Antártida (ACS).

9. VIGILANCIA AMBIENTAL E INFORMES SOBRE EL ESTADO DEL MEDIO AMBIENTE	
WP 7 Reino Unido	*TELEDETECCIÓN PARA LA VIGILANCIA DE ZONAS ANTÁRTICAS ESPECIALMENTE PROTEGIDAS: USO DE DATOS DE MULTIESPECTRALES E HIPERESPECTRALES PARA VIGILAR LA VEGETACIÓN ANTÁRTICA.* Este documento describe el desarrollo y la aplicación de las técnicas nuevas de teledetección en la Antártida que se usan para vigilar la vegetación. El Reino Unido recomienda que el CPA analice más detalladamente el valor y la aplicación de la metodología, y alienta la colaboración en el futuro para desarrollar y aplicar dichas técnicas para vigilar las ZAEP y el entorno más amplio.
WP 18 Alemania	*VIGILANCIA DE PINGÜINOS MEDIANTE TELEDETECCIÓN.* Teniendo en cuenta el llamado de la XXXIV RCTA a las Partes para que intensifiquen sus esfuerzos en relación con el uso de las técnicas de teledetección para una vigilancia más efectiva del cambio ambiental y climático en la Antártida, y los debates informales en el CPA y en foros científicos sobre las posibilidades de vigilancia de pingüinos en la Antártida sobre la base de técnicas de teledetección, este documento propone el establecimiento de un GCI para analizar este asunto entre sesiones.
IP 46 Alemania	*PILOT STUDY ON MONITORING CLIMATE-INDUCED CHANGES IN PENGUIN COLONIES IN THE ANTARCTIC USING SATELLITE IMAGES.* Este documento informa acerca de un estudio de viabilidad sobre la vigilancia de pingüinos con técnicas de teledetección llevado a cabo por Alemania. (ver también el WP 18).
WP 20 Nueva Zelandia	*IMPLEMENTACIÓN DE UN PROGRAMA DE VIGILANCIA PARA EVALUAR LOS CAMBIOS EN LA VEGETACIÓN EN DOS ZONAS ANTÁRTICAS ESPECIALMENTE PROTEGIDAS.* Nueva Zelandia estableció un programa de vigilancia en dos ZAEP con las técnicas de SIG para vigilar los cambios en la cobertura vegetal. Este documento invita al CPA a analizar cómo se puede usar este método para vigilar los efectos del cambio climático en la distribución y abundancia de las especies antárticas.
WP 55 Chile	*NUEVOS REGISTROS DE MICROORGANISMOS ASOCIADOS A LA PRESENCIA HUMANA EN EL MEDIO MARINO ANTÁRTICO.* Chile informa acerca de nuevos registros de microorganismos asociados a la presencia humana en el medio marino antártico y sugiere que el CPA recomiende que el COMNAP desarrolle actividades de vigilancia para estudiar la presencia de estos microorganismos en las cercanías de las estaciones, y evaluar las precauciones y los tratamientos de aguas residuales existentes que han establecido los Programas Nacionales para evitar la introducción incidental de microorganismos debido a actividades humanas en el medio ambiente antártico.

IP 2 SCAR	*THE SOUTHERN OCEAN OBSERVING SYSTEM (SOOS).* Este documento presenta información actualizada sobre el avance del diseño y la implementación de un Sistema de Observación del Océano Austral (SOOS, por su sigla en inglés) durante el último año.
IP 40 rev.1 SCAR	*SCAR PRODUCTS AVAILABLE TO SUPPORT THE DELIBERATIONS OF THE ATCM.* Tras un pedido del CPA, este documento enumera los productos del SCAR que proporcionan información científica útil para científicos y otras personas, como datos meteorológicos, datos de biodiversidad en un formato más fácil de utilizar, e información sobre batimetría en el Océano Austral.
IP 53 ASOC	*ANTARCTIC TREATY SYSTEM FOLLOW-UP TO VESSEL INCIDENTS IN ANTARCTIC WATERS.* Este documento lleva a cabo una evaluación preliminar de los informes tras incidentes de buques. Aborda la exhaustividad de los informes, los informes de impacto de la polución producida a partir de un incidente y la implementación de las lecciones aprendidas y las recomendaciones que surgen. Identifica una serie de defectos en el sistema actual y recomienda que la RCTA y la CCRVMA aborden estos temas como cuestiones urgentes.
IP 76 Chile	*CENTRO DE MONITOREO AMBIENTAL ANTÁRTICO.* Este documento presenta parte de las actividades desarrolladas por el proyecto de vigilancia del Programa Antártico Chileno, destinadas a colaborar en el proceso de toma de decisiones con el respaldo de información ambiental científica, optimizar el uso de recursos y alentar la creación de habilidades técnicas especializadas para mantener un programa de vigilancia continua.
BP 10 Australia	*ASSESSMENT OF ENVIRONMENTAL IMPACTS ARISING FROM SEWAGE DISCHARGE AT DAVIS STATION.* Este documento informa acerca de un estudio exhaustivo llevado a cabo por Australia para evaluar los impactos ambientales de la eliminación de aguas residuales en el medio marino costero en la estación Davis.
BP 15 Polonia	*SUMMARY INFORMATION ON IMPROVEMENTS AND MODERNIZATIONS DONE ON POLISH ANTARCTIC STATION "ARCTOWSKI".* Este documento informa acerca de cambios importantes en la estación Arctowski con el fin de reducir los impactos humanos potencialmente adversos en el medio ambiente antártico, modernizar la estación, reducir la demanda de energía y mejorar la seguridad de sus operaciones logísticas.

10. INFORMES DE INSPECCIONES

IP 47 EE. UU. y Rusia	*UNITED STATES-RUSSIAN FEDERATION REPORT OF INSPECTION.* Estados Unidos y la Federación de Rusia llevaron a cabo una inspección en virtud del Tratado Antártico del 23 al 28 de enero de 2012. El informe adjunto a este IP describe las observaciones y las conclusiones del Equipo de Inspección Antártica Conjunta. Se incluye un resumen de las conclusiones generales.

IP 59 PNUMA y ASOC	*REVIEW OF THE IMPLEMENTATION OF THE MADRID PROTOCOL: INSPEC-TIONS BY PARTIES (ARTICLE 14)*. Este documento revisa la práctica de inspecciones llevadas a cabo por las Partes de conformidad con el Artículo 14 del Protocolo de Madrid.
BP 22 India	*MEASURES ADOPTED AT MAITRI STATION ON THE RECOMMENDATIONS OF RECENT VISIT OF JAPANESE INSPECTION TEAM*. Este documento informa acerca de las medidas ya adoptadas o que se están implementado con respecto a las observaciones efectuadas por el equipo de inspección japonés en 2010 sobre las mejoras en las condiciones de algunos sistemas en la estación Maitri.

11. COOPERACIÓN CON OTRAS ORGANIZACIONES	
IP 1 SCAR	*INFORME ANUAL PARA 2011/12 DEL COMITÉ CIENTÍFICO DE INVESTIGA-CIÓN ANTÁRTICA (SCAR)*. Este documento presenta un resumen de los puntos destacados del pasado del SCAR y las reuniones futuras de interés para las Partes del Tratado.
IP 3 COMNAP	*INFORME ANUAL PARA 2011 DEL CONSEJO DE ADMINISTRADORES DE LOS PROGRAMAS NACIONALES ANTÁRTICOS (COMNAP)* Este documento presenta los puntos destacados y los logros del COMNAP así como los productos e instrumentos desarrollados en 2011.
IP 28 CCRVMA	*INFORME DEL OBSERVADOR DE SC-CAMLR EN LA DECIMOQUINTA REUNIÓN DEL COMITÉ DE PROTECCIÓN AMBIENTAL*. Este documento informa respecto de temas de interés común entre el CC-CRVMA y el CPA, debatidos en la última reunión del CC-CRVMA.

12. REPARACIÓN Y REMEDIACIÓN DEL DAÑO AMBIENTAL	
WP 21 Australia y Reino Unido	*MANUAL SOBRE LIMPIEZA DE LA ANTÁRTIDA*. Este documento propone que el Comité acepte preparar un Manual sobre limpieza que conten-ga orientación para ayudar a las Partes a cumplir con sus obligaciones conforme al Anexo III para limpiar los antiguos sitios terrestres para la eliminación de residuos y sitios de trabajo de actividad anterior abandonados. Se adjuntan un proyecto de Resolución y la propuesta de la primera versión de un Manual sobre limpieza. Este documento además propone que el Comité aliente a los Miembros y Observado-res a que desarrollen directrices prácticas y recursos de apoyo para incluirlos en el Manual sobre limpieza.
WP 26 Australia	*ASPECTOS AMBIENTALES RELACIONADOS CON LA POSIBILIDAD PRÁCTICA DE REPARAR O REMEDIAR EL DAÑO AMBIENTAL*. Este documento es una actualización del WP 28 de la XXXIV RCTA sobre aspectos ambien-tales relacionados con la posibilidad práctica de reparar o remediar el daño ambiental, y debe leerse junto con el IP 25 de Australia.

IP 25 Australia	*EXAMPLES TO ILLUSTRATE KEY ENVIRONMENTAL ISSUES RELATED TO THE PRACTICALITY OF REPAIR OR REMEDIATION OF ENVIRONMENTAL DAMAGE.* Para respaldar el WP 26, este documento presenta ejemplos que ilustran los puntos que Australia sugiere podrían ser considerados por el Comité al abordar la Decisión 4 (2010).
WP 62 COMNAP	*REPARACIÓN O REMEDIACIÓN DEL DAÑO AMBIENTAL: INFORME DEL COMNAP SOBRE SU EXPERIENCIA.* El COMNAP informa acerca de los resultados de Taller sobre gestión de residuos en la Antártida organizado por su Grupo de Expertos Ambientales, y proporciona varios ejemplos de actividades de remediación por parte de varios Programas Nacionales Antárticos.
IP 6 Australia	*RESUMEN TEMÁTICO: DEBATES DEL CPA SOBRE LA LIMPIEZA.* En respaldo del WP 21, este documento presenta un resumen de los documentos de las Reuniones del CPA que han abordado el tema de la limpieza de sitios terrestres para la eliminación de residuos, sitios de trabajo de actividades antárticas abandonados y sitios contaminados por derrames de combustible.
IP 57 ASOC	*REPAIR OR REMEDIATION OF ENVIRONMENTAL DAMAGE.* Este documento revisa algunos de los temas clave asociados con la reparación o remediación del daño ambiental e incluye comentarios sobre los diversos puntos sugeridos por Australia en el WP 28 en la XXXIV RCTA.
BP 11 Australia	*CLEAN-UP TECHNIQUES FOR ANTARCTICA.* Este informe relata que el programa antártico australiano está desarrollando técnicas aptas para la limpieza de sitios contaminados en la Antártida y que los resultados de este trabajo pueden ser beneficiosos en la gestión de otros sitios contaminados de la Antártida.
BP 12 Australia	*CLEAN-UP OF A FUEL SPILL NEAR LAKE DINGLE, VESTFOLD HILLS.* Este documento relata la experiencia de Australia a partir de un derrame de combustible reciente en las colinas de Vestfold, e ilustra cómo la evaluación de riesgo ambiental, siguiendo un sencillo árbol de decisión basado en el riesgo, resultó fundamental para elegir el plan de remediación más apropiado.
BP 13 Australia	*DEVELOPMENT OF ENVIRONMENTAL QUALITY STANDARDS FOR THE MANAGEMENT OF CONTAMINATED SITES IN ANTARCTICA.* En este documento, Australia presenta información sobre la investigación para desarrollar normas de calidad ambiental sobre la base de la sensibilidad de las especies antárticas a los metales y los contaminantes combustibles.
BP 14 Australia	*ASSESSMENT, MONITORING AND REMEDIATION OF OLD ANTARCTIC WASTE DISPOSAL SITES: THE THALA VALLEY EXAMPLE AT CASEY STATION.* Este documento describe el enfoque para la evaluación y vigilancia de impactos desarrollado en el sitio para la eliminación de residuos de Thala Valley en la estación Casey como parte integral del proyecto de limpieza, para garantizar que se satisficieran todas las obligaciones en virtud del Protocolo.

BP 38 Chile	***RETIRO DE CHATARRA DESDE LA BASE PRESIDENTE EDUARDO FREI MONTALVA, ISLA REY JORGE.*** Este documento informa que durante las temporadas 2011-2012, Chile retiró una importante cantidad de chatarra de la estación con la colaboración de una empresa privada.

13. ASUNTOS GENERALES

IP 32 COMNAP	***COMNAP SURVEY OF NATIONAL ANTARCTIC PROGRAMS ON OIL SPILL CONTINGENCY PLANNING.*** Este documento presenta los resultados de un nuevo estudio del COMNAP realizado durante el período entre sesiones 2011/2012 a modo de actualización del estudio llevado a cabo en 1996 sobre la mejor práctica en caso de un accidente o derrame de petróleo.

14. ELECCIÓN DE AUTORIDADES

15. PREPARATIVOS PARA LA PRÓXIMA REUNIÓN

16. APROBACIÓN DEL INFORME

17. CLAUSURA DE LA REUNIÓN

Apéndice 1

Plan de trabajo quinquenal del CPA

Cuestión / Medidas de presión Ambiental	Prioridad del CPA	*Período intersesional*	XVI Reunión del CPA 2013	*Período intersesional*	XVII Reunión del CPA 2014	*Período intersesional*	XVIII Reunión del CPA 2015	*Período intersesional*	XIX Reunión del CPA 2016	*Período intersesional*	XX Reunión del CPA 2017
Introducción de especies no autóctonas	1	Miembros interesados, expertos, trabajo de los PAN sobre las medidas de vigilancia.	Analizar otras medidas de vigilancia para incluirlas en el Manual sobre especies no autóctonas, incluida una estrategia de vigilancia para áreas con alto riesgo de establecimiento	Miembros interesados, expertos, trabajo de los PAN sobre las medidas de respuesta y erradicación.	Analizar las medidas de respuesta adicionales para su inclusión en el Manual sobre especies no autóctonas	Preparar la revisión del manual; considerar un grupo informal de debate	Revisar el Manual sobre especies no autóctonas				
Medidas:											
1. Continuar desarrollando directrices y recursos prácticos para todos los operadores en la Antártida.		Actualizar el Manual sobre especies no autóctonas con las directrices para las instalaciones de acuicultura.									
2. Continuar avanzando en las recomendaciones de la RCTA sobre cambio climático.											
3. Considerar las evaluaciones de riesgo especialmente explícitas y diferenciadas según las actividades, para mitigar los riesgos que implican las especies no autóctonas terrestres.		Incorporar el mapa de la Antártida que presenta las 15 regiones biogeográficas de conservación de la Antártida (véase la recomendación 5 del WP23), e incorporar las directrices para minimizar los riesgos de las especies no autóctonas y las enfermedades asociadas con las instalaciones de acuicultura de la Antártida (véase el WP 25).									
4. Desarrollar una estrategia de vigilancia para las áreas con alto riesgo de establecimiento de especies no autóctonas.											
5. Prestar especial atención a los riesgos que implica la transferencia intraantártica de propágulos.											
Actividades turísticas y de ONG	1	Dependiente de la respuesta de la RCTA	Responder a la solicitud de la RCTA.								
Medidas:											
1. Proporcionar asesoramiento a la RCTA según se requiera.											
2. Presentar las recomendaciones de la RETA sobre turismo marítimo											

171

Cuestión / Medidas de presión Ambiental	Prioridad del CPA	*Período intersesional*	XVI Reunión del CPA 2013	*Período intersesional*	XVII Reunión del CPA 2014	*Período intersesional*	XVIII Reunión del CPA 2015	*Período intersesional*	XIX Reunión del CPA 2016	*Período intersesional*	XX Reunión del CPA 2017
Presión global: Cambio climático **Medidas:** 1. Considerar las implicaciones del cambio climático en la gestión del medio ambiente antártico 2. Presentar las recomendaciones de la RETA sobre cambio climático.	1	Continuar presentando las recomendaciones de la RETA	Tema permanente del programa. El SCAR proporciona actualizaciones anuales	Continuar avanzando en las recomendaciones de la RETA	Tema permanente del programa. El SCAR proporciona actualizaciones	Continuar avanzando en las recomendaciones de la RETA	Tema permanente del programa. El SCAR proporciona actualizaciones	Continuar avanzando en las recomendaciones de la RETA	Tema permanente del programa. El SCAR proporciona actualizaciones	Continuar avanzando en las recomendaciones de la RETA	Tema permanente del programa. El SCAR proporciona actualizaciones
Procesamiento de planes de gestión para zonas protegidas y administradas nuevas y revisados **Medidas:** 1. Refinar el proceso de revisión de planes de gestión nuevos y revisados. 2. Actualizar las directrices existentes. 3. Presentar las recomendaciones de la RETA sobre cambio climático 4. Desarrollar directrices para la preparación de ZAEA.	1	GSPG / realiza el plan de trabajo acordado. Revisar proyectos de planes de gestión remitidos por el CPA, para ser sometidos a revisión intersesional y proporcionar asesoramiento a los proponentes. Trabajo con las Partes relevantes a fin de garantizar el avance de la revisión de los planes de gestión cuya revisión quinquenal haya vencido.	Consideración del GSPG / informe. Examinar y actualizar el plan de trabajo del GSPG	GSPG / realiza el trabajo según el plan de trabajo acordado.	Consideración del GSPG / informe	GSPG / realiza el trabajo según el plan de trabajo acordado.	Consideración del GSPG / informe	GSPG / realiza el trabajo según el plan de trabajo acordado.	Consideración del GSPG / informe		
Gestión y protección del espacio marino **Medidas:** 1. Cooperar con la CCRVMA en la biorregionalización del Océano Austral, y otros intereses comunes y principios acordados. 2. Identificar y aplicar procesos de protección espacial marina. 3. Presentar las recomendaciones de la RETA sobre cambio climático.	1	Revisión y análisis de la ZAEA 1, y las ZAEP con componente marino, trabajo realizado en forma conjunta con CC-CCRVMA	Revisión del resultado de las decisiones del ZMP-CCRVMA y revisión del Plan de trabajo del CC-CCRVMA para posterior coordinación								

Cuestión / Medidas de presión Ambiental	Prioridad del CPA	Período intersesional	XVI Reunión del CPA 2013	Período intersesional	XVII Reunión del CPA 2014	Período intersesional	XVIII Reunión del CPA 2015	Período intersesional	XIX Reunión del CPA 2016	Período intersesional	XX Reunión del CPA 2017
Funcionamiento del CPA y planificación estratégica **Medidas:** 1. Actualizar del Plan quinquenal sobre la base de las circunstancias susceptibles de cambios y los requisitos de la RCTA. 2. Identificar oportunidades de mejora del CPA. 3. Considerar objetivos a largo plazo para la Antártida (para un plazo de entre 50 y 100 años).	I		Tema permanente Revisar y enmendar el plan de trabajo, según corresponda		Tema permanente Revisar y enmendar el plan de trabajo, según corresponda		Tema permanente Revisar y enmendar el plan de trabajo, según corresponda		25° aniversario del Protocolo. Revisar y enmendar el plan de trabajo, según corresponda		
Reparación o remediación del daño al medioambiente **Medidas:** 1. Desarrollar asesoramiento en respuesta a la solicitud de la Decisión 4 de la RCTA (2010) de colaborar con la RCTA en la adopción de una decisión informada en 2015 sobre la reanudación de negociaciones sobre la responsabilidad derivada de los daños ambientales. 2. Establecer un inventario de sitios de actividad anterior de toda la Antártida. 3. Considerar directrices para la reparación y corrección. 4. Preparar Manual de orientación sobre la limpieza	I	El GCI preparará un proyecto de asesoramiento sobre la Decisión 4 (2010). Los Miembros preparan otros documentos. Debate informal para considerar el proyecto del Manual de limpieza.	Considerar el Informe del GCI y, si corresponde, brindar asesoramiento a la RCTA. Según corresponda, establecer GCI para responder a otras solicitudes de la RCTA. Considerar la versión revisada del Manual de limpieza	Considerar otras solicitudes de la RCTA Posible GCI para desarrollar asesoramiento adicional sobre la Decisión 4 (2010)			Se solicita a la Secretaría la elaboración y el mantenimiento de un inventario				

Cuestión / Medidas de presión Ambiental	Prioridad del CPA	*Período intersesional*	XVI Reunión del CPA 2013	*Período intersesional*	XVII Reunión del CPA 2014	*Período intersesional*	XVIII Reunión del CPA 2015	*Período intersesional*	XIX Reunión del CPA 2016	*Período intersesional*	XX Reunión del CPA 2017
Gestión de huella humana y vida silvestre	2	Debate en un grupo informal de Partes interesadas, a través del foro del CPA.	Informe al CPA. Análisis del material orientativo para ayudar a las Partes a evaluar y proteger los valores de vida silvestre.								
Medidas: 1. Elaborar un concepto común de los términos "huella" y "vida silvestre". 2. Elaborar métodos para una mejor protección de la vida silvestre en virtud de los Anexos I y V.											
Seguimiento y estado de la elaboración de informes medioambientales	2		Informar al CPA según corresponda								
Medidas: 1. Identificar los indicadores e instrumentos medioambientales clave. 2. Establecer un proceso para informar a la RCTA 3. Presentar las recomendaciones de la RETA sobre cambio climático. 4. El COMNAP revisará su información del Taller sobre Tratamiento de Residuos, como primera medida. 5. El SCAR aportará información respaldatoria para el COMNAP y el CPA.							Análisis de la actualización del SCAR sobre ruido subacuático.			
Conocimientos sobre biodiversidad	2									
Medidas: 1. Mantener la conciencia sobre las amenazas que enfrenta la biodiversidad actual. 2. Avanzar en las recomendaciones de la RETA sobre cambio climático											

Cuestión / Medidas de presión Ambiental	Prioridad del CPA	*Período intersesional*	XVI Reunión del CPA 2013	*Período intersesional*	XVII Reunión del CPA 2014	*Período intersesional*	XVIII Reunión del CPA 2015	*Período intersesional*	XIX Reunión del CPA 2016	*Período intersesional*	XX Reunión del CPA 2017
Directrices específicas para sitios que reciben presión turística **Medidas:** 1. Revisar las directrices específicas para sitios según se requiera. 2. Proporcionar asesoramiento a la RCTA según se requiera.	2	Investigación adicional en isla Barrientos, isla Aitcho; incluidos los efectos del cierre del sendero que cruza el área vedada. Se alienta a las Partes a continuar con la revisión de las directrices de sitios.	Tema permanente del programa; las Partes informarán sobre sus revisiones de las directrices de sitios. Informe al CPA con los resultados de vigilancia de la isla Barrientos, isla Aitcho.		Tema permanente del programa; las Partes informarán sobre sus revisiones de las directrices de sitios		Tema permanente del programa; las Partes informarán sobre las revisiones de las directrices de sitios		Tema permanente del programa; las Partes informarán sobre las revisiones de las directrices de sitios		Tema permanente del programa; las Partes informarán sobre sus revisiones de las directrices de sitios
Perspectiva global del sistema de zonas protegidas: **Medidas:** 1. Aplicar el análisis de dominios ambientales (ADA) y las regiones biogeográficas de conservación de la Antártida para mejorar el sistema de zonas protegidas. 2. Avanzar en las recomendaciones de la RETA sobre cambio climático. 3. Mantener y desarrollar la base de datos de Zonas Protegidas.	2	La Secretaría pondrá a disposición las regiones biogeográficas de conservación de la Antártida a través de la base de datos de Zonas Protegidas.	Considerar la posibilidad de... vigilancia ambiental... a esta cuestión como "Gestión del sitio de visitantes".		Se analizan las posibles implicancias de un análisis de brecha basado en el ADA y las regiones biogeográficas de conservación de la Antártida.						
Mantener la lista de sitios y monumentos históricos **Medidas:** 1. Mantener la lista y considerar nuevas propuestas a medida que estas surjan. 2. Considerar temas estratégicos según resulte necesario.	3	La Secretaría actualizará la lista de SMH. La Secretaría publicará la lista acordada de la información completa en la lista de SMH.	Tema permanente	La Secretaría actualiza la lista de SMH	Tema permanente	La Secretaría actualiza la lista de SMH	Tema permanente	La Secretaría actualiza la lista de SMH	Tema permanente	La Secretaría actualiza la lista de SMH	Tema permanente
Intercambio de información **Medidas:** 1. Asignar a la Secretaría. 2. Realizar un seguimiento y facilitar el uso del SEII.	3	Continuar los debates informales para mejorar el SEII y la Secretaría implementará mejoras.	Informe de la Secretaría		Informe de la Secretaría		Informe de la Secretaría		Informe de la Secretaría		Informe de la Secretaría

175

Cuestión / Medidas de presión Ambiental	Prioridad del CPA	*Período intersesional*	XVI Reunión del CPA 2013	*Período intersesional*	XVII Reunión del CPA 2014	*Período intersesional*	XVIII Reunión del CPA 2015	*Período intersesional*	XIX Reunión del CPA 2016	*Período intersesional*	XX Reunión del CPA 2017
Aplicar y mejorar las disposiciones de EIA contenidas en el Anexo I	3	Establecer un GCI para revisar los proyectos de CEE según se requiera	Consideración de los informes del CGI sobre los proyectos de CEE, según se requiera	Establecer un GCI para revisar los proyectos de CEE según se requiera	Consideración de los informes del CGI sobre los proyectos de CEE, según se requiera	Establecer un GCI para revisar los proyectos de CEE según se requiera	Consideración de los informes del CGI sobre los proyectos de CEE, según se requiera	Establecer un GCI para revisar los proyectos de CEE según se requiera	Consideración de los informes del CGI sobre los proyectos de CEE, según se requiera	Establecer un GCI para revisar los proyectos de CEE según se requiera	Consideración de los informes del CGI sobre los proyectos de CEE, según se requiera
Medidas: 1. Refinar el proceso para considerar CEE y asesorar de conformidad a la RCTA. 2. Elaborar directrices para evaluar el impacto acumulativo. 3. Someter a revisión las Directrices para EIA. 4. Considerar la aplicación de evaluaciones medioambientales estratégicas en la Antártida. 5. Avanzar en las recomendaciones de la RCTA sobre cambio climático											
Especies especialmente protegidas	3	Trabajo de debate	Considerar propuesta según sea necesario		Considerar propuesta según sea necesario						
Medidas: 1. Considerar propuestas relacionadas con las especies especialmente protegidas.											
Medidas de respuesta ante emergencias y planificación de contingencias	3	Análisis	GCI	Análisis	GCI	Análisis	GCI	Rec. finales a la RCTA			
Medidas: 1. Presentar las recomendaciones de la RCTA sobre turismo marítimo											

Cuestión / Medidas de presión Ambiental	Prioridad del CPA	Período intersesional	XVI Reunión del CPA 2013	Período intersesional	XVII Reunión del CPA 2014	Período Intersesional	XVIII Reunión del CPA 2015	Período intersesional	XIX Reunión del CPA 2016	Período Intersesional	XX Reunión del CPA 2017
Actualización del Protocolo y revisión de los Anexos	3		Requiere análisis por parte del CPA sobre la necesidad y objetivos de revisar los anexos restantes al Protocolo								
Medidas:											
1. Preparar un cronograma basado en prioridades para la revisión de los anexos restantes.											
Inspecciones (Artículo 14 del Protocolo)	3		Tema permanente		Tema permanente		Tema permanente		Tema permanente		Tema permanente
Medidas:											
1. Revisar los informes de inspecciones según se requiera.											
Residuos	3				El COMNAP revisa la información del taller sobre tratamiento de residuos realizado en 2006						
Medidas:											
1. Elaborar directrices para la mejor práctica en la eliminación de residuos, incluidos los residuos humanos.											
Gestión energética	4										
Medidas:											
1. Elaborar directrices para la mejor práctica en la gestión energética en las estaciones y bases.											
Difusión y educación	4		Tiempo destinado al debate. Los Miembros prepararán documentos para la Reunión.								
Medidas:											
1. Revisar los actuales ejemplos e identificar oportunidades para una mayor educación y difusión. 2. Alentar a los Miembros a intercambiar información relacionada con su experiencia en esta área.											

177

Apéndice 2

Programa Preliminar de la XVI Reunión del CPA

1. Apertura de la Reunión
2. Aprobación del programa
3. Deliberaciones estratégicas sobre el trabajo futuro del CPA
4. Funcionamiento del CPA
5. Cooperación con otras organizaciones
6. Reparación y remediación del daño ambiental
7. Implicaciones del cambio climático para el medio ambiente: enfoque estratégico
8. Evaluación del impacto ambiental (EIA)
    a. Proyectos de evaluación medioambiental global
    b. Otros temas relacionados con la evaluación del impacto ambiental
9. Protección de zonas y planes de gestión
    a. Planes de gestión
    b. Sitios y monumentos históricos
    c. Directrices para sitios
    d. La huella humana y los valores silvestres
    e. Protección y gestión del espacio marino
    f. Otros asuntos relacionados con el Anexo V
10. Conservación de la flora y fauna antárticas
    a. Cuarentena y especies no autóctonas
    b. Especies especialmente protegidas
    c. Otros asuntos relacionados con el Anexo II
11. Vigilancia ambiental e informes sobre el estado del medio ambiente
12. Informes de inspecciones
13. Asuntos Generales
14. Elección de autoridades
15. Preparativos para la próxima reunión
16. Aprobación del informe
17. Clausura de la reunión

3. Apéndices

Comunicado de la RCTA XXXV

La XXXV Reunión Consultiva del Tratado Antártico (RCTA) se realizó en Hobart, Australia, por primera vez en un formato que abarcó 8 días, a partir del 11 de junio hasta el día 20 de junio de 2012 en conjunto con la XV Reunión del Comité de Protección Ambiental. La RCTA es el principal foro internacional sobre la Antártida, mediante el cual las Partes del Tratado Antártico se reúnen anualmente para debatir y decidir las medidas que concreten su visión de la Antártida como una reserva natural consagrada a la paz y a la ciencia. Los resultados de la XXXV RCTA fortalecen y fomentan esta visión. Este año marca el centenario de las expediciones de Amundsen y Scott al Polo Sur, y para Australia en su calidad de país anfitrión, se cumple también el centenario de su primera expedición antártica, liderada por Douglas Mawson.

A la reunión asistieron más de 250 representantes de las Partes del Tratado Antártico, expertos y observadores. La Reunión acogió a Malasia y a Pakistán como Partes del Tratado Antártico, lo cual aumentó a 50 la cantidad de Partes.

Las Partes recordaron que, mientras se encontraban reunidas, el personal de sus programas científicos nacionales trabajaba en la Antártida en medio del invierno. Recordaron además el espíritu comunitario que reina en la Antártida y expresaron sus condolencias por la trágica pérdida de vidas en la estación brasileña Comandante Ferraz.

Los siguientes resultados se obtuvieron entre los puntos destacados de la Reunión.

La RCTA sigue centrada en comprender y abordar las implicaciones del cambio climático en la Antártida, lo que incluye la identificación de zonas cuya conservación es importante debido a su resiliencia al cambio climático. Las Partes reafirmaron su compromiso de realizar y fomentar la investigación científica en la Antártida a fin de aumentar la comprensión del cambio climático mundial y sus consecuencias para nuestro planeta.

La Reunión acordó una serie de acciones para garantizar que las actividades turísticas en la Antártida se realicen de manera segura y en forma tal de proteger el medioambiente. La Reunión aprobó las listas de verificación para evaluar las expediciones terrestres y para apoyar las inspecciones de las actividades turísticas que se realizan en tierra. Las Partes aprobaron tres directrices adicionales para sitios visitados por turistas y revisaron las directrices actuales para un sitio. Se consideró la realización del primer estudio integral de los aspectos medioambientales y los impactos del turismo antártico, el cual proporcionará una base para la futura toma de decisiones sobre gestión.

La RCTA concordó en directrices para la planificación de expediciones en yate seguras y responsables en lo medioambiental en aguas antárticas. Las Partes confirmaron su compromiso de promover la seguridad en dichas aguas, habida cuenta de los graves incidentes ocurridos con la participación de embarcaciones en la zona del Tratado Antártico.

Las Partes decidieron concentrarse en las medidas para mejorar aún más la coordinación de la búsqueda y salvamento por medio de la reunión de expertos en una sesión especial durante la XXXVI RCTA.

Las Partes estuvieron de acuerdo en iniciar un debate que apunte a fomentar una cooperación antártica más amplia.

Las Partes acordaron además comenzar las deliberaciones en torno a temas asociados al ejercicio de la jurisdicción en la zona abarcada por el Tratado Antártico.

Las Partes analizaron las diversas formas de aumentar su cooperación científica en la Antártida. Las Partes compartieron también información sobre importantes actividades investigativas, incluidos los logros de Rusia en el acceso al lago Vostok, el mayor lago subglacial del mundo, ubicado a casi cuatro kilómetros bajo el hielo, y los planes finales del Reino Unido en cuanto a perforar el lago Ellsworth con fines de exploración científica.

Reconociendo que la introducción de especies no autóctonas es una de las mayores amenazas a los ecosistemas antárticos, particularmente ante el calentamiento del clima, la RCTA acogió con satisfacción una innovadora investigación científica sobre especies no autóctonas en las regiones biogeográficas, que les permitirá a las Partes mejorar la gestión de los riesgos que presentan las especies no autóctonas y brindará apoyo a un mayor desarrollo del sistema de zonas protegidas en la Antártida.

La RCTA acogió favorablemente las novedades respecto de la estación de investigación de la India, recientemente finalizada, y los planes definitivos de la República de Corea de construir una nueva estación de investigación. Dichas instalaciones emplearán tecnología de última generación a fin de minimizar los impactos ambientales, y brindarán capacidad adicional para el desarrollo de actividades científicas de reconocimiento mundial.

La RCTA estuvo de acuerdo en desarrollar un manual para 2013 sobre las maneras de abordar desde un enfoque práctico la limpieza de los sitios de actividades pasadas que datan de periodos anteriores al Protocolo al Tratado Antártico sobre Protección del Medio Ambiente (Protocolo de Madrid), tales como los sitios de eliminación de desechos y las instalaciones abandonadas. La RCTA estuvo también de acuerdo en trabajar entre sesiones sobre formas de reparación y remediación en los sitios que pueden haber sido objeto de daño ambiental.

Las inspecciones a las instalaciones antárticas llevadas a cabo por las Partes son un elemento fundamental para la promoción del cumplimiento de las normas establecidas por el sistema del Tratado Antártico. Las Partes acogieron con satisfacción el informe sobre las inspecciones realizadas en forma conjunta por los Estados Unidos y la Federación de Rusia desde la XXXIV RCTA.

La RCTA designó una nueva Zona Antártica Especialmente Protegida en las Cataratas de Sangre, Valles Secos de McMurdo. Con ello, la cantidad de zonas protegidas en todo el continente asciende a 72. Las Partes acordaron también mejoras a la actual gestión de diversas zonas especialmente protegidas y de una zona especialmente administrada ya existentes.

Las Partes intercambiaron información respecto del progreso en la implementación, y reafirmaron su compromiso de ratificar el Anexo VI al Protocolo de Madrid, que trata sobre la Responsabilidad derivada de las Emergencias Ambientales. La RCTA continuó alentando a las Partes del Tratado Antártico que aún nos son Partes del Protocolo de Madrid, a adherirse a éste. El Protocolo de Madrid establece la protección integral del medioambiente antártico, incluida la prohibición de la minería, y prevé un marco conceptual para la evaluación de los impactos ambientales de las actividades desarrolladas en el área del Tratado Antártico (la zona al sur de los 60 grados de latitud sur).

La Reunión acordó complementar su actual programa con el desarrollo de un Plan de trabajo estratégico plurianual.

De conformidad con el compromiso de las Partes de proteger el medioambiente antártico, la organización de la RCTA por parte del país anfitrión incluyó medidas para reducir su impacto ambiental, tal como la reducción al mínimo del uso de papel y de la generación de residuos, y las compensaciones de carbono.

Las Partes reafirmaron su compromiso de continuar trabajando en forma conjunta en este y otros aspectos. La próxima RCTA se realizará en Bélgica del 20 al 29 de mayo de 2013.

Las Partes expresaron su gratitud por la generosidad del Gobierno Australiano y su gran apreciación por las excelentes instalaciones y servicios proporcionados para la reunión en la hermosa e histórica ciudad de Hobart. Las Partes también expresaron su más cálido agradecimiento al Gobierno y al pueblo de Tasmania.

Hobart, 20 de junio 2012

Programa provisional de la XXXVI RCTA

1. Apertura de la Reunión

2. Elección de autoridades y formación de los grupos de trabajo

3. Aprobación del programa y asignación de temas

4. Funcionamiento del Sistema del Tratado Antártico: Informes de partes, observadores y expertos

5. Funcionamiento del Sistema del Tratado Antártico: Asuntos generales

6. Funcionamiento del Sistema del Tratado Antártico: Revisión de la situación de la Secretaría

7. Formulación de un plan de trabajo estratégico plurianual

8. Informe del Comité para la Protección del Medio Ambiente

9. Responsabilidad: Aplicación de la Decisión 4 (2010)

10. Seguridad de las operaciones en la Antártida, incluyendo Búsqueda y Rescate

11. El turismo y las actividades no gubernamentales en el Área del Tratado Antártico

12. Inspecciones en virtud del Tratado Antártico y el Protocolo sobre Protección del Medio Ambiente

13. Asuntos científicos, Cooperación y facilitación científica

14. Implicaciones del cambio climático para la gestión del Área del Tratado Antártico

15. Temas educacionales

16. Intercambio de información

17. La prospección biológica en la Antártida

18. Preparativos para la 37ª Reunión

19. Otros asuntos

20. Aprobación del Informe Final

21. Clausura de la Reunión

SEGUNDA PARTE

Medidas, Decisiones y Resoluciones

1. Medidas

Zona Antártica Especialmente Protegida Nº 109,
(isla Moe, Islas Orcadas del Sur): Plan de Gestión revisado

Los Representantes,

Recordando los Artículos 3, 5 y 6 del Anexo V al Protocolo al Tratado Antártico sobre la Protección del Medio Ambiente, que establece la designación de Zonas Antárticas Especialmente Protegidas ("ZAEP") y la aprobación de los Planes de gestión para dichas Zonas;

Recordando

- la Recomendación IV-13 (1966), que designa a la isla Moe, islas Orcadas del Sur, como Zona Especialmente Protegida ("ZEP") Nº 13 y anexa un mapa del sitio;

- la Recomendación XVI-6 (1991), que anexa una descripción revisada de la ZEP 13 y un Plan de gestión para dicha Zona;

- la Medida 1 (1995), que anexa una descripción revisada y un Plan de gestión revisado para la ZEP 13;

- la Resolución 9 (1995), que recomienda que la estructura del Plan de gestión de la ZEP 13 anexo a la Medida 1 (1995) sea considerado un modelo para todos los nuevos planes de gestión revisados para zonas protegidas para los efectos del Anexo V;

- la Decisión 1 (2002), que cambia el nombre y número de la ZEP Nº 13 al de ZAEP Nº 109;

- la Medida 1 (2007), que aprueba un Plan de gestión revisado para la ZAEP Nº 109;

Recordando que la Recomendación IV-13 (1966) fue designada como sin vigencia por la Decisión 1 (2011);

Recordando que la Recomendación XVI-6 (1991) y la Medida 1 (1995) no han entrado en vigor;

Recordando que la Resolución 9 (1995) ha sido designada como no vigente por la Resolución 1 (2008);

Señalando que el Comité de Protección Ambiental ha refrendado un Plan de gestión revisado para la ZAEP N° 109;

Deseando reemplazar el actual Plan de gestión para la ZAEP N° 109 por el Plan de gestión revisado;

Recomiendan a sus Gobiernos la siguiente Medida para su aprobación de conformidad con el Párrafo 1 del Artículo 6 del Anexo V del Protocolo al Tratado Antártico sobre la Protección del Medio Ambiente:

Que:

1. sea aprobado el Plan de Gestión revisado para la Zona Antártica Especialmente Protegida No 109 (isla Moe, islas Orcadas del Sur), anexo a esta Medida; y que

2. el Plan de gestión para la ZAEP N° 109 anexo a la Medida 1 (2007) deje de estar en vigor.

Zona Antártica Especialmente Protegida Nº 110
(isla Lynch, islas Orcadas del Sur):
Plan de Gestión revisado

Los Representantes,

Recordando los Artículos 3, 5 y 6 del Anexo V al Protocolo al Tratado Antártico sobre Protección del Medio Ambiente, que establece la designación de las Zonas Antárticas Especialmente Protegidas ("ZAEP") y la aprobación de los Planes de Gestión para estas Zonas;

Recordando

- La Recomendación IV-14 (1966), que designa a la isla Lynch, islas Orcadas del Sur como Zona Especialmente Protegida ("ZEP") Nº 14 y anexa un mapa de la Zona;

- La Recomendación XVI-6 (1991), que anexa un Plan de Gestión para la Zona;

- La Resolución 1 (1998), que asigna responsabilidades entre las Partes Consultivas para la revisión de los Planes de Gestión para zonas protegidas;

- La Medida 1 (2000), que anexa un Plan de Gestión revisado para la ZEP 14;

- La Decisión 1 (2002), que cambia el nombre y número de la ZEP 14 a ZAEP 110;

Recordando que la Recomendación XVI-6 (1991) y la Medida 1 (2000) no han entrado en vigor;

Señalando que el Comité de Protección Ambiental ha avalado un Plan de Gestión revisado para la ZAEP 110;

Deseando reemplazar el actual Plan de Gestión para la ZAEP 110 por el Plan de Gestión revisado,

Recomiendan a sus Gobiernos la siguiente Medida para su aprobación de conformidad con el Párrafo 1 del Artículo 6 del Anexo V al Protocolo al Tratado Antártico sobre Protección Ambiental:

Que:

1. se apruebe el Plan de Gestión revisado para la Zona Antártica Especialmente Protegida Nº 110 (isla Lynch, islas Orcadas del Sur), anexo a esta Medida; y

2. se elimine el Plan de Gestión para la ZEP 14 anexo a la Medida 1 (2000), que no ha entrado en vigor.

Zona Antártica Especialmente Protegida N° 111
(isla Powell del Sur e islas adyacentes, islas Orcadas del Sur): Plan de Gestión revisado

Los Representantes,

Recordando los Artículos 3, 5 y 6 del Anexo V al Protocolo al Tratado Antártico sobre Protección del Medio Ambiente, que establece la designación de las Zonas Antárticas Especialmente Protegidas ("ZAEP") y la aprobación de los Planes de Gestión para estas Zonas;

Recordando

- La Recomendación IV-15 (1966), que designa a la isla Powell del Sur y las islas adyacentes como Zona Especialmente Protegida ("ZEP") N° 15 y anexa un mapa de la Zona;

- La Recomendación XVI-6 (1991), que anexa un Plan de Gestión para la ZEP 15;

- La Medida 1 (1995), que anexa una descripción modificada y un Plan de Gestión revisado para la ZEP 15;

- La Decisión 1 (2002), que cambia en nombre y número de la ZEP 15 a ZAEP 111;

Recordando que la Recomendación XVI-6 (1991) y la Medida 1 (1995) no han entrado en vigor;

Señalando que el Comité de Protección Ambiental ha refrendado un Plan de Gestión revisado para la ZAEP 111;

Deseando reemplazar el actual Plan de Gestión de la ZAEP 111 por el Plan de Gestión revisado,

Recomiendan a sus Gobiernos la siguiente Medida para su aprobación de conformidad con el Párrafo 1 del Artículo 6 del Anexo V al Protocolo al Tratado Antártico sobre Protección del Medio Ambiente:

Que:

1. se apruebe el Plan de Gestión revisado para la Zona Antártica Especialmente Protegida N° 111 (isla Powell del Sur e islas adyacentes, islas Orcadas del Sur), que se anexa a esta Medida, y

2. se eliminen el Plan de Gestión para la ZEP 15 anexo a la Recomendación XVI-6 (1991), y a la Medida 1 (1995), que no han entrado en vigor.

Medida 4 (2012)

Zona Antártica Especialmente Protegida Nº 112
(península Coppermine, isla Robert, islas Shetland del Sur): Plan de Gestión revisado

Los Representantes,

Recordando los Artículos 3, 5 y 6 del Anexo V al Protocolo al Tratado Antártico sobre Protección del Medio Ambiente, que establece la designación de las Zonas Antárticas Especialmente Protegidas ("ZAEP") y la aprobación de los Planes de Gestión para estas Zonas;

Recordando

- La Recomendación VI-10 (1970), que designa a la península Coppermine, isla Robert, islas Shetland del Sur, como Zona Especialmente Protegida ("ZEP") Nº 16 y anexa un mapa de la Zona;

- La Recomendación XVI-6 (1991), que aprueba el Plan de Gestión para la ZEP 16;

- La Resolución 1 (1998), que asigna responsabilidades entre las Partes Consultivas para la revisión de los Planes de Gestión para zonas protegidas;

- La Decisión 1 (2002), que cambia el nombre y número de la ZEP 16 a ZAEP 112;

Recordando que la Recomendación XVI-6 (1991) no ha entrado en vigor;

Señalando que el Comité de Protección Ambiental ha avalado un Plan de Gestión revisado para la ZAEP 112;

Deseando reemplazar el actual Plan de Gestión para la ZAEP 112 por el Plan de Gestión Revisado;

Recomiendan a Gobiernos la siguiente Medida para su aprobación de conformidad con el Párrafo 1 del Artículo 6 del Anexo V al Protocolo al Tratado Antártico sobre Protección Ambiental:

Que:

1. se apruebe el Plan de Gestión revisado para la Zona Antártica Especialmente Protegida N° 112 (península Coppermine, isla Robert, islas Shetland del Sur), que se anexa a esta Medida, y

2. se elimine el Plan de Gestión para la ZEP 16 anexado a la Recomendación XVI-6 (1991), que no ha entrado en vigor.

Zona Antártica Especialmente Protegida Nº 115
(Isla Lagotellerie, bahía Margarita, Graham Land): Plan de Gestión revisado

Los Representantes,

Recordando los Artículos 3, 5 y 6 del Anexo V al Protocolo al Tratado Antártico sobre Protección del Medio Ambiente, que establece la designación de las Zonas Antárticas Especialmente Protegidas ("ZAEP") y la aprobación de los Planes de Gestión para estas Zonas;

Recordando

- La Recomendación XIII-11 (1985), que designa a la isla Lagotellerie, bahía Margarita, Graham Land, como Zona Especialmente Protegida ("ZEP") Nº 19 y anexa un mapa de la Zona;

- La Recomendación XVI-6 (1991), que anexa un Plan de Gestión para la Zona;

- La Resolución 1 (1998), que asigna responsabilidades entre las Partes Consultivas para la revisión de los Planes de Gestión para zonas protegidas;

- La Medida 1 (2000), que anexa un Plan de Gestión revisado para la ZEP 19;

- La Decisión 1 (2002), que cambia el nombre y número de la ZEP 19 a ZAEP 115;

Recordando que la Recomendación XVI-6 (1991) y la Medida 1 (2000) no han entrado en vigor;

Señalando que el Comité de Protección Ambiental ha avalado un Plan de Gestión revisado para la ZAEP 115;

Deseando reemplazar el actual Plan de Gestión para la ZAEP 115 por el Plan de Gestión revisado,

Recomiendan a sus Gobiernos la siguiente Medida para su aprobación de conformidad con el Párrafo 1 del Artículo 6 del Anexo V al Protocolo al Tratado Antártico sobre Protección Ambiental:

Que:

1. se apruebe el Plan de Gestión revisado para la Zona Antártica Especialmente Protegida N° 115 (isla Lagotellerie, bahía Margarita, Graham Land), anexo a esta Medida, y

2. se elimine el Plan de Gestión para la ZEP 19 anexo a la Medida 1 (2000), que no ha entrado en vigor.

Zona Antártica Especialmente Protegida N° 129
(punta Rothera, isla Adelaida): Plan de Gestión revisado

Los Representantes,

Recordando los Artículos 3, 5 y 6 del Anexo V al Protocolo al Tratado Antártico sobre Protección del Medioambiente, que establece la designación de las Zonas Antárticas Especialmente Protegidas ("ZAEP") y la aprobación de los Planes de Gestión para estas Zonas;

Recordando

- La Recomendación XIII-8 (1985), que designa a punta Rothera, isla Adelaida, como Sitio de Especial Interés Científico ("SEIC") N° 9 y anexa un Plan de Gestión para el sitio;

- La Resolución 7 (1995), que extiende la fecha de expiración del SEIC 9;

- La Medida 1 (1996), que anexa una descripción revisada y un Plan de Gestión revisado para el SEIC 9;

- La Decisión 1 (2002), que cambia el nombre y número del SEIC 9 a ZAEP 129;

- La Medida 1 (2007), que adopta un Plan de Gestión revisado para la ZAEP 129 y revisa sus límites;

Recordando que la Resolución 7 (1995) fue designada como obsoleta por la Decisión 1 (2011);

Recordando que la Medida 1 (1996) no ha entrado en vigor y ha sido remplazada por la Medida 10 (2008);

Señalando que el Comité de Protección Ambiental ha avalado un Plan de Gestión revisado para la ZAEP 129;

Deseando reemplazar el actual Plan de Gestión para la ZAEP 129 por el Plan de Gestión Revisado;

Recomiendan a sus Gobiernos la siguiente Medida para su aprobación de conformidad con el Párrafo 1 del Artículo 6 del Anexo V al Protocolo al Tratado Antártico sobre Protección Ambiental:

Que:

1. se apruebe el Plan de Gestión revisado para la Zona Antártica Especialmente Protegida N° 129 (punta Rothera, isla Adelaida), que se anexa a esta Medida; y

2. que el Plan de Gestión para la ZAEP 129 anexo a la Medida 1 (2007) deje de estar en vigor.

Zona Antártica Especialmente Protegida N° 133
(punta Armonía, isla Nelson, islas Shetland del Sur): Plan de Gestión revisado

Los Representantes,

Recordando los Artículos 3, 5 y 6 del Anexo V al Protocolo al Tratado Antártico sobre la Protección del Medio Ambiente, que establece la designación de Zonas Antárticas Especialmente Protegidas ("ZAEP") y la aprobación de los Planes de gestión para dichas Zonas;

Recordando

- la Recomendación XIII-8 (1985), que designaba a punta Armonía, isla Nelson, islas Shetland del Sur, como Sitio de Especial Interés Científico ("SEIC") N° 14;

- la Resolución 7 (1995) que prorroga la fecha de expiración del SEIC N° 14;

- la Medida 3 (1997) que aprueba un Plan de gestión revisado para el SEIC N° 14; la Decisión 1 (2002), que cambia el nombre y número del SEIC N° 14 al de ZAEP N° 133;

- la Medida 2 (2005), que anexa un Plan de gestión revisado para el ZAEP N° 133;

Recordando que la Resolución 7 (1995) fue designada como sin vigencia por la Decisión 1 (2011);

Recordando que la Medida 3 (1997) no ha entrado en vigor;

Señalando que el Comité de Protección Ambiental ha refrendado un Plan de gestión revisado para la ZAEP N° 133;

Deseando reemplazar el actual Plan de gestión de la ZAEP N° 133 por el Plan de Gestión revisado;

Recomiendan a sus Gobiernos la aprobación de la siguiente Medida, de conformidad con el Párrafo 1 del Artículo 6 del Anexo V al Protocolo al Tratado Antártico sobre Protección del Medio Ambiente:

Que:

1. el Plan de Gestión revisado para la Zona Antártica Especialmente Protegida N° 133 (punta Armonía, isla Nelson, islas Shetland del Sur), el cual se anexa a esta Medida, sea aprobado; y que

2. el Plan de Gestión para la ZAEP N° 133 anexo a la Medida 2 (2005) deje de estar en vigor.

Zona Antártica Especialmente Protegida N° 140
(Partes de la isla Decepción): Plan de Gestión revisado

Los Representantes,

Recordando los Artículos 3, 5 y 6 del Anexo V al Protocolo al Tratado Antártico sobre Protección del Medio Ambiente, que establece la designación de las Zonas Antárticas Especialmente Protegidas (ZAEP) y la aprobación de los Planes de Gestión para estas Zonas;

Recordando

- La Recomendación XIII-8 (1985), que designa a las costas de Puerto Foster, isla Decepción, islas Shetland del Sur como Sitio de Especial Interés Científico ("SEIC") 21 y anexa un Plan de Gestión para el sitio;

- La Resolución 7 (1995), que extiende la fecha de expiración del SEIC 21;

- La Resolución 1 (1998), que asigna responsabilidades entre las Partes Consultivas para la revisión de los Planes de Gestión para zonas protegidas;

- La Medida 2 (2000), que extiende la fecha de expiración del SEIC 21;

- La Decisión 1 (2002), que cambia el nombre y número de la SEIC 21 a ZAEP 140;

- La Medida 3 (2005), que adopta un Plan de Gestión revisado para la ZAEP 140;

Recordando que la Resolución 7 (1995) fue designada como obsoleta por la Decisión 1 (2011);

Recordando que la Medida 2 (2000) no ha entrado en vigor y ha sido remplazada por la Medida 5 (2009);

Destacando que el Comité de Protección Ambiental ha avalado un Plan de Gestión revisado para la ZAEP 140;

Deseando remplazar el actual Plan de Gestión para la ZAEP 140 con el Plan de Gestión revisado;

Recomiendan a a sus Gobiernos la siguiente Medida para su aprobación de conformidad con el Párrafo 1 del Artículo 6 del Anexo V al Protocolo al Tratado Antártico sobre Protección del Medio Ambiente:

Que:

1. se apruebe el Plan de Gestión revisado para la Zona Antártica Especialmente Protegida No 140 (Partes de la isla Decepción), que se anexa a esta Medida, y

2. que el Plan de Gestión para la ZAEP 140 anexado a la Medida 3 (2005) deje de estar en vigor.

Zona Antártica Especialmente Protegida N° 172
(glaciar Taylor inferior y Cataratas de Sangre, valle de Taylor, valles secos de McMurdo, Tierra de Victoria): Plan de Gestión

Los Representantes,

Recordando los Artículos 3, 5 y 6 del Anexo V al Protocolo de Protección Ambiental, que establece la designación de Zonas Antárticas Especialmente Protegidas ("ZAEP") y la aprobación de los Planes de gestión para dichas Zonas;

Recordando la Medida 1 (2004), que designa los valles secos de McMurdo, Tierra de Victoria Meridional, como Zona Antártica Especialmente Administrada ("ZAEA") N° 2 y anexa un Plan de Gestión para dicha Zona;

Señalando que el Comité de Protección Ambiental ha refrendado una propuesta para la designación de una nueva Zona Antártica Especialmente Protegida en el glaciar Taylor inferior y Cataratas de Sangre, valle de Taylor, valles secos de McMurdo, tierra de Victoria, al interior de la ZAEA N° 2, y ha refrendado además el Plan de Gestión anexo a esta Medida ;

Reconociendo que esta zona mantiene sobresalientes valores medioambientales, científicos, históricos, estéticos o de vida silvestre, o se realiza en ella investigación científica en curso o prevista, y podría beneficiarse de una protección especial;

Deseando la designación de glaciar Taylor inferior y Cataratas de Sangre, valle de Taylor, valles secos de McMurdo, tierra de Victoria como una Zona Antártica Especialmente Protegida y la aprobación del Plan de Gestión para dicha Zona;

Recomiendan a sus Gobiernos la aprobación de la siguiente Medida de conformidad con el Párrafo 1 del Artículo 6 del Anexo V al Protocolo al Tratado Antártico sobre la Protección del Medio Ambiente:

Que:

1. el glaciar Taylor inferior y Cataratas de Sangre, valle de Taylor, valles secos de McMurdo, tierra de Victoria, sean designados como la Zona Antártica Especialmente Protegida N° 172; y que

2. se apruebe el Plan de Gestión que se anexa a la presente Medida.

Zona Antártica Especialmente Administrada N° 4
(isla Decepción): Plan de Gestión revisado

Los Representantes,

Recordando los Artículos 4, 5 y 6 del Anexo V al Protocolo al Tratado Antártico sobre Protección del Medioambiente, que establece la designación de las Zonas Antárticas Especialmente Administradas ("ZAEA") y la aprobación de los Planes de Gestión para estas Zonas;

Recordando la Medida 3 (2005), que designa la isla Decepción como ZAEA N° 4 y adopta un Plan de Gestión para la Zona;

Señalando que el Comité de Protección Ambiental ha avalado un Plan de Gestión revisado para la ZAEA N° 4;

Deseando reemplazar el actual Plan de Gestión para la ZAEA 4 por el Plan de Gestión Revisado;

Recomiendan a sus Gobiernos la siguiente Medida para su aprobación de conformidad con el Párrafo 1 del Artículo 6 del Anexo V al Protocolo al Tratado Antártico sobre Protección del Medioambiente:

Que:

1. se apruebe el Plan de Gestión revisado para la Zona Antártica Especialmente Administrada N° 4 (isla Decepción), que se anexa a esta Medida, y

2. que el Plan de Gestión para la ZAEA 4 anexo a esta Medida 3 (2005) deje de estar en vigor.

Sitios y Monumentos Históricos Antárticos:

N° 4: Edificio de la Estación del Polo de la Inaccesibilidad
N° 7: Piedra de Ivan Khmara
N° 8: Monumento a Anatoly Shcheglov
N° 9: Cementerio de la isla Buromsky
N° 10: Observatorio soviético en Estación Oasis
N° 11: Tractor en Estación Vostok
N° 37: Sitio Histórico O'Higgins

Los Representantes,

Recordando los requisitos del Artículo 8 del Anexo V al Protocolo al Tratado Antártico sobre Protección del Medio Ambiente, de mantener una lista de los actuales Sitios y Monumentos Históricos, y de que dichos sitios no sufran daños, sean removidos o destruidos;

Recordando

- La Recomendación VII-9 (1972), que anexa una "Lista de Sitios y Monumentos Históricos" revisada y actualizada,

- La Medida 3 (2003), que revisa y actualiza la "Lista de Sitios y Monumentos Históricos",

Deseando cambiar la descripción de diversos Sitios y Monumentos Históricos;

Recomiendan a sus Gobiernos la siguiente Medida para su aprobación de conformidad con el Párrafo 2 del Artículo 8 del Anexo V al Protocolo al Tratado Antártico sobre Protección del Medio Ambiente:

Que:

1. Se cambie la descripción del Sitio y Monumento Histórico N° 4 (Recomendación VII-9 (1972)) de la siguiente manera:

"N° 4: Edificio de la Estación del Polo de la Inaccesibilidad

Edificio de la estación sobre el cual se encuentra un busto de V.I. Lenin, junto con una placa en conmemoración de la conquista del Polo de la Inaccesibilidad por parte de los exploradores antárticos soviéticos en 1958. Desde 2007 el edificio de la estación está cubierto de nieve. El busto de Lenin se erige sobre un pedestal de madera montado en el techo del edificio a aproximadamente, 1,5 m. por encima de la superficie de nieve".

Ubicación: 82° 06' 42"S, 55° 01' 57"E.

Parte proponente original: Rusia.

Parte a cargo de la gestión: Rusia.

2. El cambio de la descripción del Sitio y Monumento Histórico N° 7 (Recomendación VII-9 (1972)) de la siguiente manera:

"N° 7: Piedra de Ivan Khmara

Piedra con una placa inscripta erigida en la isla Buromsky en conmemoración del conductor-mecánico Ivan Khmara, miembro de la primera expedición antártica de complejidad de la URSS (primera Expedición Antártica Soviética) quien falleció en el hielo firme en el desempeño de sus funciones el 21 de enero de 1956. Inicialmente, la piedra fue erigida en punta Mabus, observatorio Mirny. En 1974, durante la 19° Expedición Antártica Soviética, la piedra fue trasladada a la isla Buromsky debido a actividades de construcción".

Ubicación: 66°32'04"S, 92°59'57"E."

Parte proponente original: Rusia.

Parte a cargo de la gestión: Rusia.

3. La modificación de la descripción del Sitio y Monumento Histórico N° 8 (Recomendación VII-9 (1972)) de la siguiente manera:

"N° 8: Monumento a Anatoly Shcheglov

Estela de metal con una placa en conmemoración de Anatoly Shcheglov, conductor-mecánico que falleció en el desempeño de sus funciones, erigida sobre un trineo en la ruta Mirny–Vostok, a 2 km de la estación Mirny".

Ubicación: 66° 34' 43"S, 92° 58'23"E.

Parte proponente original: Rusia.

Parte a cargo de la gestión: Rusia.

4. La modificación de la descripción del Sitio y Monumento Histórico N° 9 (Recomendación VII-9 (1972)), de la siguiente manera:

"N° 9: Cementerio de la isla Buromsky

Cementerio en la isla Buromsky, próximo al observatorio Mirny, en el que se diera sepultura a ciudadanos de la URSS (Federación de Rusia), Checoslovaquia, Alemania Oriental y Suiza (miembros de las expediciones antárticas soviéticas y rusas) que fallecieron en el desempeño de sus funciones".

Ubicación: 66° 32' 04"S, 93° 00'E.

Parte proponente original: Rusia.

Parte a cargo de la gestión: Rusia.

5. La modificación de la descripción del Sitio y Monumento Histórico N° 10 (Recomendación VII-9 (1972)) de la siguiente manera:

"N° 10: Observatorio en Estación Soviética Oasis

Edificio del observatorio magnético en la estación Dobrowolsky (una parte de la ex estación soviética Oasis transferida a Polonia) en el cerro Bunger, con una placa en conmemoración de la inauguración de la estación Oasis en 1956".

Ubicación: 66° 16' 30"S, 100° 45' 03"E.

Parte proponente original: Rusia.

Parte a cargo de la gestión: Rusia.

6. La modificación de la descripción del Sitio y Monumento Histórico N° 11 (Recomendación VII-9 (1972)) de la siguiente manera:

"N° 11: Tractor en Estación Vostok
Tractor pesado ATT 11 en la estación Vostok que participó en la primera travesía al Polo Geomagnético de la Tierra, con una placa que conmemora la inauguración de la estación en 1957".

Ubicación: 78° 27' 48"S, 106° 50' 06"E.

Parte proponente original: Rusia.

Parte a cargo de la gestión: Rusia.

7. La modificación de la descripción del Sitio y Monumento Histórico N° 37 (Recomendación VII-9 (1972)), de la siguiente manera:

"N° 37: Sitio Histórico O'Higgins ubicado en el cabo Legoupil, Península Antártica y que comprende las siguientes estructuras de valor histórico:

*   "Busto del Capitán General Bernardo O´Higgins Riquelme", erigido en 1948 frente a la base conocida bajo ese nombre. El General O´Higgins fue el primero de los mandatarios chilenos en señalar la importancia de la Antártida. Tiene un significado simbólico en la historia de las exploraciones antárticas ya que fue precisamente durante el gobierno de O'Higgins que el buque Dragón llegó a las costas de la Península Antártica, en 1820. Este monumento además es representativo de las importantes actividades previas al Año Geofísico Internacional (AGI) realizada en la Antártida. (63°19'14.3"S / 57°53'53.9"O)

*   Antigua Base Antártica "Capitán General Bernardo O'Higgins Riquelme", inaugurada el 18 de febrero de 1948 por el Presidente de la República de Chile, Don Gabriel González Videla, primer presidente del mundo en visitar la Antártida. Considerada como un ejemplo representativo de una base pionera en el período moderno de la exploración antártica. (63°19'S / 57°54'O)

*   Placa en la memoria de los Tenientes Oscar Inostroza Contreras y Sergio Ponce Torrealba, caídos en el Continente Antártico por la paz y la ciencia, el 12 de agosto de 1957 (63°19'15.4"S / 57°53'52.9"O)

- Gruta de la Virgen del Carmen, ubicada en los alrededores de la base, construida hace aproximadamente cuarenta años, que ha servido como lugar de recogimiento espiritual al personal integrante de las diferentes estaciones y expediciones antárticas. (63°19'15,9"S / 57°54'03,2"W)

Ubicación: 63°19'15,9" S / 57°54'03.2"O

Parte proponente original: Chile

Parte a cargo de la gestión: Chile

2. Decisiones

Medidas sobre asuntos operacionales que ya no están vigentes

Los Representantes,

Recordando la Decisión 3 (2002), la Decisión 1 (2007) y la Decisión 1 (2011), que establecen listas de medidas* que han sido designadas como obsoletas o sin vigencia;

Habiendo revisado una serie de medidas sobre el tema de los asuntos operacionales;

Reconociendo que las medidas enumeradas en el documento anexo a esta Decisión ya no tienen vigencia;

Deciden:

1. que las medidas que aparecen en el Anexo a esta Decisión no precisan de acciones adicionales por las Partes; y

2. solicitar a la Secretaría del Tratado Antártico la publicación en su sitio Web del texto de las medidas que figuran en el Anexo a esta Decisión de manera de dejar en claro que estas medidas han dejado de tener vigencia y que las Partes no precisan realizar acciones posteriores en relación con ellas.

---

* Las medidas aprobadas anteriormente en virtud del Artículo IX del Tratado Antártico fueron descritas como Recomendaciones hasta la XIX RCTA (1995), y fueron divididas entre Medidas, Decisiones y Resoluciones por medio de la Decisión 1 (1995).

Medidas sobre asuntos operacionales que ya no están vigentes

1. Telecomunicaciones

- Recomendación III-V
- Recomendación VI-2

2. Logística

- Recomendación IX-4

3. Normas sobre navegación

- Decisión 2 (1999)
- Decisión 8 (2005)
- Decisión 2 (2006)
- Resolución 8 (2009)

Informe, Programa y Presupuesto de la Secretaría

Los Representantes,

Recordando la Medida 1 (2003), sobre el establecimiento de la Secretaría del Tratado Antártico (la Secretaría);

Teniendo en cuenta las Disposiciones Financieras para la Secretaría anexas a la Decisión 4 (2003);

Deciden:

1. aprobar el Informe Financiero auditado para 2010/11, anexo a esta Decisión (Anexo 1);

2. tomar en consideración el Informe de la Secretaría para 2011/12 (SP 2 rev.1), que incluye la Estimación de Ingresos y Gastos 2011/12, anexa a esta Decisión (Anexo 2);

3. aprobar el Programa de la Secretaría (SP 3 rev.1), incluido el Presupuesto para 2012/13 y el Presupuesto proyectado para 2013/14, anexo a esta Decisión (Anexo 3);

4. establecer un Grupo de Contacto Intersesional (GCI) sobre aspectos financieros, que será coordinado por el país anfitrión de la próxima Reunión Consultiva del Tratado Antártico ("RCTA"). El GCI se centrará en:

   a) brindar asesoramiento, a solicitud del Secretario Ejecutivo, respecto de la implementación del presupuesto aprobado por la RCTA;

   b) tomar en consideración el informe trimestral de la implementación del presupuesto, que será proporcionado por el Secretario Ejecutivo;

   c) brindar asesoramiento al Secretario Ejecutivo respecto del presupuesto preliminar, que será presentado en la siguiente RCTA;

d) llevar a cabo toda otra tarea que le fuere asignada por la RCTA; y

e) informar acerca de su trabajo a la próxima RCTA;

y

5. solicitar al Secretario Ejecutivo la incorporación del GCI al foro de la RCTA y la provisión de asistencia al GCI.

DICTAMEN DEL AUDITOR

XXXV Reunión Consultiva del Tratado Antártico 2012, Hobart, Australia.

1. Informe de los Estados Financieros

Hemos auditado los Estados Financieros de la Secretaría del Tratado Antártico que se acompañan, los cuales incluyen: estado de ingresos y egresos, estado de la posición financiera, estado de evolución del patrimonio neto, estado de origen y aplicación de fondos y notas aclaratorias por el período comenzado el 1° de abril de 2010 y finalizado el 31 de marzo de 2011.

2. Responsabilidad de la Dirección en los Estados Financieros

La Secretaría del Tratado Antártico es responsable de la preparación y razonable presentación de estos Estados Financieros de acuerdo con las Normas Internacionales de Contabilidad y normas específicas de las Reuniones Consultivas del Tratado Antártico. Esta responsabilidad incluye: diseño, implementación y mantenimiento de control interno con respecto a la preparación y presentación de los estados financieros de modo que los mismos, estén libres de tergiversación, sea por fraude o error; selección e implementación de políticas contables apropiadas, y elaboración de estimaciones contables que sean razonables a las circunstancias.

3. Responsabilidad del Auditor

Nuestra responsabilidad es expresar una opinión sobre estos Estados Financieros basados en la auditoría efectuada. La auditoría se realizó conforme Normas Internacionales de Auditoría y el Anexo a la Decisión 3 (2008) de la XXXI Reunión Consultiva del Tratado Antártico el cual describe las tareas a ser llevadas a cabo por la auditoría externa.

Dichas normas requieren el cumplimiento de requisitos éticos y un planeamiento y ejecución de auditoría para obtener seguridad razonable que los Estados Financieros no contienen declaraciones inexactas.

Una auditoría incluye la ejecución de procedimientos para obtener evidencias sobre los montos y exposición en los Estados Financieros. Los procedimientos seleccionados dependen del juicio del auditor, incluyendo la evaluación de los riesgos de afirmación material inexacta en los estados financieros, sea por fraude o por error. Al efectuar dicha evaluación de riesgos, el auditor considera el control interno relevante a la preparación y razonable presentación por la organización de los Estados financieros a fin de diseñar los procedimientos adecuados que resulten apropiados a las circunstancias.

Una auditoría incluye también la evaluación de lo apropiado, de los principios contables utilizados y que las estimaciones contables efectuadas por la gerencia sean razonables, así como la evaluación de la presentación general de los Estados Financieros.

Creemos que la evidencia auditada que hemos obtenido es suficiente y apropiada para proveer una base para nuestra opinión como auditores.

4. Opinión

En nuestra opinión, los Estados Financieros auditados presentan razonablemente, en todos los aspectos materiales, el estado financiero de la Secretaría del Tratado Antártico al 31 de marzo de 2011 y su desempeño financiero por el período entonces concluido de acuerdo con las Normas Internacionales de Contabilidad y normas específicas de las Reuniones Consultivas del Tratado Antártico.

Dr. Edgardo de Rose
  Contador público
T°182 F°195 CPCECABA

Buenos Aires, 18 de abril de 2012

Sindicatura General de la Nación
Av. Corrientes 389, Buenos Aires
República Argentina

Informe Final 2010/11

1. Estado de ingresos y gastos de todos los fondos correspondientes al periodo 1° de abril de 2010 al 31 de marzo de 2011

INGRESOS	31/03/2010	Presupuesto	31/03/2011
Contribuciones	$ 840.740	$ 899.942	$ 899.942
Contribuciones especiales	$ 0	$ 0	$ 0
Otros ingresos (nota 2)	$ 1.364	$ 1.000	$ 528
Total de ingresos	**$ 842.104**	**$ 900.942**	**$ 900.470**

GASTOS			
Salarios	$ 403.363	$ 466.419	$ 469.948
Servicios de traducción e interpretación	$ 232.876	$ 212.670	$ 159.270
Viaje y alojamiento	$ 56.843	$ 68.800	$ 61.325
Informática	$ 35.523	$ 38.700	$ 37.615
Impresión. edición y copiado	$ 13.581	$ 11.500	$ 15.964
Servicios generales	$ 33.147	$ 34.060	$ 38.886
Comunicaciones	$ 10.708	$ 12.500	$ 12.207
Gastos de oficina	$ 12.220	$ 10.200	$ 8.217
Administración	$ 4.786	$ 3.500	$ 4.582
Representación	$ 2.802	$ 2.000	$ 3.143
Financiación	$ 5.117	$ 0	$ 8.477
Total de gastos	**$ 810.966**	**$ 860.349**	**$ 819.635**

Apropiación de fondos			
Fondo para cesantías de personal	$ 15.662	$ 25.974	$ 25.974
Fondo para reemplazo de personal	$ 0	$ 8.333	$ 8.333
Fondo capital de trabajo	$ 2.475	$ 62.260	$ 62.260
Fondo para reuniones futuras	$ 13.001	$ 0	$ 0
Total apropiación de fondos	**$ 31.138**	**$ 96.567**	**$ 96.567**
Total de gastos y apropiaciones	**$ 842.104**	**$956.916**	**$916.202**
(Déficit) /Superávit del período	$ 0	($ 55.974)	($ 15.732)

Este estado debe ser leído en forma conjunta con NOTAS 1 al 10 adjunto

2. Estado de situación financiera al 31 de marzo de 2011

ACTIVO	31/03/2010	31/03/2011
Activo corriente		
Caja y bancos (nota 3)	$ 876.024	$818.991
Contribuciones adeudadas (nota 9)	$ 70.159	$ 23.257
Otros deudores (nota 4)	$ 12.780	$ 23.606
Otros activos corrientes (nota 5)	$ 34.818	$ 26.658
Total activo corriente	**$ 993.781**	**$ 892.512**
Activo no-corriente		
Activo fijo (notas 1.5 y6)	$ 66.297	$ 68.727
Total activo no corriente	**$66.297**	**$ 68.727**
Total del activo	**$1.060.078**	**$961.239**
PASIVO		
Pasivo corriente		
Proveedores (nota 7)	$ 31.357	$ 26.345
Contribuciones cobradas por anticipado (notas 1.2 y 9)	$ 407.572	$ 618.929
Salarios y cargas sociales a pagar (nota 8)	$ 22.080	$ 11.298
Total pasivo corriente	**$ 461.009**	**$ 656.572**
Pasivo no corriente		
Fondo para reemplazo de personal (nota 1.7)	$23.421	$ 26.510
Fondo para cesantías de personal (nota 1.6)	$ 38.781	$ 64.755
Fondo reemplazo activo fijo (nota 1.10)	$ 0	$ 2.430
Total pasivo no corriente	**$ 62.202**	**$ 93.696**
Total pasivo	**$ 523.211**	**$ 750.268**
ACTIVO NETO	**$ 536.867**	**$ 210.971**

Este estado debe ser leído en forma conjunta con NOTAS 1 al 10 adjunto

3. Estado de evolución de activo neto al 31 de marzo de 2011

Representado por	Activo neto 1 abril 2010	Ingresos	Egresos y apropiación	Activo neto 31 marzo 2011
Fondo general	$ 35.051	$899.942	($ 915.675)	$ 19.319
Fondo capital de trabajo (nota 1.8)	$ 129.392		$ 62.260	$ 191.652
Fondo reuniones futuras (nota 1.9)	$ 372.424		($ 372.424)	$ 0
Activo neto	**$ 536.867**	**$ 899.942**	**($ 1.225.839)**	**$ 210.971**

Este estado debe ser leído en forma conjunta con NOTAS 1 al 10 adjunto

4. Estado de flujo de fondos para el periodo 1 de abril de 2010 al 31 de marzo de 2011

Variaciones en efectivo y efectivo equivalente

Efectivo y efectivo equivalente al inicio	$	876.024
Efectivo y efectivo equivalente al cierre	$	818.991

Disminución neta del efectivo y efectivo equivalente ($ 57.033)

Causas de las variaciones del efectivo y efectivo equivalente

Actividades operativas

Contribuciones cobradas	$	539.272
Pago de sueldos	($	469.948)
Pago de servicios de traducción	($	531.694)
Pago de viajes, alojamiento, etc.	($	61.325)
Impresión, edición y copiado	($	15.964)
Gastos de mudanza	($	5.244)
Otros pagos	($	86.449)

Flujo neto del E. y E.E. generado por actividades operativas ($ 631.353)

Actividades de inversión

Compra de activo fijo	($	17.253)
Otros	$	0

Flujo neto del E. y E.E. generado por actividades de inversión ($ 17.253)

Actividades de financiación

Contribuciones recibidas anticipado	$	618.929
Cobro pt. 5.6 Reglamento Personal	$	82.371
Pago pt. 5.6 Reglamento Personal	($	93.197)
Pagos adelantados RCTA XXXIV	($	9.538)

Flujo neto del E. y E.E. generado por actividades de financiación $ 598.564

Actividades en moneda extranjera

Pérdida neta	($	6.992)

Flujo neto del E. y E.E. generado por moneda extranjera ($ 6.992)

Disminución neta del efectivo y efectivo equivalente ($ 57.033)

Este estado debe ser leído en forma conjunta con NOTAS 1 al 10 adjunto

NOTAS A LOS ESTADOS FINANCIEROS al 31 DE MARZO DE 2011

1. BASES PARA LA ELABORACIÓN DE LOS ESTADOS CONTABLES

1.1 Costo histórico

Los estados contables han sido preparados de acuerdo a la convención de costo histórico, excepto lo indicado en contrario.

1.2 Principio de devengado

Para la preparación de los estados financieros se empleó el principio de lo devengado de acuerdo a la Norma Internacional de Contabilidad (NIC).

1.3 Unidad de medida

Todas las transacciones de los estados financieros fueron preparadas en dólares estadounidenses.

1.4 Oficina

La oficina de la Secretaria está provista por el Ministerio de Relaciones Exteriores, Comercio Exterior y Culto de la República Argentina. Esta es libre de alquiler como de los gastos comunes.

1.5 Activo fijo

Los bienes están valuados a su costo histórico, menos la correspondiente depreciación acumulada. La depreciación es calculada por el método de la línea recta aplicando tasas anuales suficientes para extinguir sus valores al final de la vida útil estimada. El valor residual de los bienes de uso en su conjunto, no supera su valor de utilización económica.

1.6 Fondo para cesantías de personal ejecutivo

De acuerdo al Reglamento del Personal artículo 10.4, el fondo contara con los fondos necesarios para indemnizar al personal Ejecutivo a razón de un mes de sueldo base por cada año de servicio. Al 31 de marzo de 2011 el fondo estaba en déficit por $ 11,561.42 (once mil quinientos sesenta y uno con 42/100 dólares).

1.7 Fondo para reemplazo de personal

El fondo sirve para solventar los gastos de traslado del personal ejecutivo de la Secretaria hacia y desde la sede de la Secretaria.

1.8 Fondo Capital de Trabajo

De acuerdo al Reglamento Financiero 6.2 (a), deberá reflejar un sexto (1/6) del presupuesto del corriente ejercicio.

1.9 Fondo para Reuniones Futuras

De acuerdo a la Decisión 7 (2005), se creó el Fondo para sufragar los gastos de interpretación y traducción. Una vez que la Medida 1 (2003) entre en vigencia dicho fondo pasara a llamarse Fondo para Gastos Imprevistos de Traducción. La Medida entró en rigor el 31 de agosto de 2009.

1.10 Fondo reposición de Activo Fijo

De acuerdo a las NIC los activos cuya vida útil excede a un ejercicio deberán ser expuestos como un activo en el Estado de Situación Financiera. Hasta la fecha, la contrapartida era expuesta como un ajuste al Fondo General. A partir de ahora la contrapartida será reflejada en el pasivo bajo este título.

NOTAS A LOS ESTADOS FINANCIEROS al 31 DE MARZO DE 2011

	31/03/2010	31/03/2011
Nota 2 Otros ingresos		
Intereses ganados	$1.135	$ 255
Descuentos obtenidos	$ 229	$ 273
	$ 1.364	$ 528
Nota 3 Caja y bancos		
Efectivo dólares	$2.731	$1.338
Efectivo pesos argentinos	$680	$ 544
BNA cuenta en dólares	$868.933	$755.882
BNA cuenta en pesos argentinos	$3.679	$61.227
Total	$876.024	$818.991
Nota 4 Otros deudores		
Reglamento de personal pt. 5.6	$ 12.780	$ 23.606
	$ 12.780	$ 23.606
Nota 5 Otros activos corrientes		
Pagos por adelantado	$28.481	$ 13.676
IVA a ser reintegrado	$6.338	$ 12.726
Otros gastos a recuperar	$ 0	$ 256
Total	$ 34.819	$ 26.658
Nota 6 Activo fijo		
Libros y subscripciones	$ 2.877	$ 4.515
Máquinas	$28.307	$ 30.787
Muebles	$ 24.374	$ 23.092
Equipos y software de computación	$ 39.747	$ 54.164
Total costo original	$ 95.305	$112.558
Depreciación acumulada	($ 29.008)	($ 43.831)
Total activo fijo neto	$ 66.297	$ 68.727

Nota7 Proveedores

Comerciales	$ 3.483	$ 7.700
Gastos devengados	$ 27.197	$ 17.978
Otros	$ 677	$667
	$ 31.357	$ 26.345

Nota 8 Sueldos y cargas sociales

Sueldos	$ 10.800	$ 0
Cargas sociales	$ 11.280	$ 11.298
	$ 22.080	$ 11.298

NOTAS A LOS ESTADOS FINANCIEROS al 31 DE MARZO DE 2011

Nota 9 Contribuciones

El desglose entre contribuciones adeudadas y recibidas es el siguiente:

Año financiero	2009/10	2010/11			2011/12	
Recibidos	Adeudado	Prometido	Recibido	A cobrar	Por ade-lantado
Argentina		$ 40.540	$ 40.540		
Australia		$ 40.540	$ 40.540		$ 60.346
Bélgica	$ 18	$ 26.946	$ 26.929	$36	
Brasil	$ 9.557	$ 26.946	$ 36.491	$ 12	
Bulgaria		$ 22.868	$ 22.868		
Chile	$ 17.859	$ 31.024	$ 48.883		
China		$ 31.024	$ 31.024		
Ecuador		$ 22.868	$ 22.868		
Finlandia		$ 26.946	$ 26.946		
Francia		$ 40.540	$ 40.540		
Alemania	$ 30	$ 35.102	$ 35.070	$ 62	$ 52.281
India	$ 62	$ 31.024	$ 30.962	$ 124	
Italia		$ 35.102	$ 35.102		
Japón	($ 1)	$ 40.540	$ 40.540	($ 1)	
República de Corea		$ 26.946	$ 26.946		$ 40.110
Países Bajos		$ 31.024	$ 31.024		$ 46.181
NuevaZelanda		$ 40.540	$ 40.540		$ 60.320
Noruega	$ 30	$ 40.540	$ 40.540	$ 30	$ 60.346
Perú		$ 22.868		$ 22.868	
Polonia		$ 26.946	$ 26.946		$ 40.110
Rusia		$ 31.024	$ 31.024		$ 46.181

Año financiero	2009/10	2010/11			2011/12
Recibidos	Adeudado	Prometido	Recibido	A cobrar	Por ade-lantado
Sudáfrica		$ 31.024	$ 31.024		$ 46.181
España	$ 115	$ 31.024	$ 31.024	$ 115	
Suecia		$ 31.024	$ 31.024		$ 46.181
Ucrania	$ 42.490	$ 26.946	$ 69.424	$ 12	
Reino Unido		$ 40.540	$ 40.540		$ 60.346
Estados Unidos		$ 40.540	$ 40.540		$ 60.346
Uruguay		$ 26.946	$ 26.946		
TOTAL	$ 70.160	$ 899.942	$ 946.845	$ 23.258	$ 618.929

NOTAS A LOS ESTADOS FINANCIEROS al 31 DE MARZO DE 2011

Nota 10 Estado de ingresos y gastos para todos los fondos por el periodo 1.º de abril de 2010 al 31 de marzo de 2011 (formato anterior)

INGRESO	31/03/2010	Presupuesto	31/03/2011
Contribuciones	$ 840.740	$ 899.942	$ 899.942
Otros ingresos /(egresos)	($3.754)	$ 1.000	($ 7.950)
TOTAL de INGRESOS	**$ 836.986**	**$ 900.942**	**$ 891.992**

GASTO			
Sueldos			
Personal ejecutivo	$ 232.425	$ 247.974	$ 250.104
Personal servicios generales	$ 167.876	$ 218.445	$ 219.845
Total sueldos	**$ 400.301**	**$ 466.419**	**$ 469.948**

Bienes y servicios			
Auditoría	$ 9.248	$ 9.360	$ 9.299
Data entry	$ 0	$ 0	$ 0
Servicios de documentación	$ 3.062	$ 0	$ 0
Asesoramiento legal	$ 3.600	$ 4.200	$ 4.360
Misceláneos	$ 9.950	$ 8.500	$ 10.008
Gastos oficina	$ 10.950	$ 11.700	$ 12.141
Correo	$ 1.483	$ 2.500	$ 1.871
Impresión, edición y copiado	$ 13.581	$ 11.500	$ 15.964
Representación	$ 2.802	$ 2.000	$ 3.143

Telecomunicaciones	$ 11.720	$ 13.000	$ 12.689
Capacitación	$ 5.504	$ 4.100	$ 8.208
Traducción. edición	$ 232.876	$ 212.670	$ 159.270
Viaje y alojamiento	$ 56.843	$ 68.800	$ 61.325
Total bienes y servicios	**$ 361.619**	**$ 348.330**	**$ 298.278**
Equipamiento			
Documentación	$ 1.762	$ 1.900	$ 1.137
Muebles oficina	$ 6.643	$ 5.000	$ 4.179
Equipamiento tecnológico	$ 23.729	$ 23.600	$ 21.796
Desarrollo	$ 11.794	$ 15.100	$ 15.820
Total equipamiento	**$ 43.928**	**$ 45.600**	**$ 42.931**
Apropiación de fondos			
Fondo capital de trabajo (nota 1.8)	$ 2.475	$ 62.260	$ 62.260
Fondo reemplazo de personal (nota 1.7)	$ 0	$ 8.333	$ 8.333
Fondo cesantías de personal (nota 1.6)	$ 15.662	$ 25.974	$ 25.974
Fondo para reuniones futuras (nota 1.9)	$ 13.001	$ 0	$ 0
Total apropiación de fondos	**$ 31.138**	**$ 96.567**	**$ 96.567**
TOTAL GASTOS	**$ 836.986**	**$ 956.916**	**$ 907.725**
(Deficit) /Superávit	**$**	**($ 55.974)**	**($ 15.733)**

Dr. Manfred Reinke   Roberto A. Fennell
Secretario Ejecutivo   Oficial Contable

Estimado de ingresos y desembolsos 2011/12

Estimado de ingresos y desembolsos para todos los fondos correspondientes al período comprendido entre el 1.º de abril de 2011 al 31 de marzo de 2012

	Estado 2010/11	Presupuesto 2011/12	Estado provisional 2011/12
INGRESOS			
Contribuciones generales	$ 899.942	$ 1.339.600	$ 1.339.600
Otros ingresos	$ 528	$ 70	$ 1.506
TOTAL de ingresos	$ 900.470	$ 1.339.670	$ 1.341.106
GASTOS			
Salarios	$ 469.948	$ 578.101	$ 577.637
Servicios de traducción	$ 159.270	$ 365.825	$ 367.846
Traslados y alojamiento	$ 61.325	$ 52.815	$ 52.533
Tecnología informática	$ 37.615	$ 42.500	$ 40.949
Impresión, edición y fotocopias	$ 15.964	$ 14.000	$ 26.301
Servicios generales	$ 38.886	$ 44.060	$ 46.598
Comunicaciones	$ 12.207	$ 13.368	$ 13.568
Gastos de oficina	$ 8.217	$ 11.983	$ 13.269
Administración general	$ 4.582	$ 4.698	$ 9.879
Representación	$ 3.143	$ 4.500	$ 5.446
Financiamiento	$ 8.477	$ 0	$ 7.518
Reubicación	$ 0	$ 50.000	$ 38.641
Total de gastos	**$ 819.634**	**$ 1.181.850**	**$ 1.200.185**
ASIGNACIÓN DE FONDOS			
Fondo de capital de trabajo	$ 62.260	$ 67.072	$ 44.930
Fondo para desvinculación de empleados	$ 25.974	$ 42.502	$ 42.502
Fondo de reemplazo de personal	$ 8.333	$ 18.246	$ 23.490
Fondo para gastos imprevistos de traducción	$ 0	$ 30.000	$ 30.000
Total de asignación de fondos	**$ 96.567**	**$ 157.820**	**$ 140.922**
Total de gastos y asignaciones	**$ 916.201**	**$ 1.339.670**	**$ 1.341.106**
(Déficit) / Superávit del período	**$ (15.731)**	**$ 0**	**$ (0)**

	Estado 2010/11	Presupuesto 2011/12	Estado provisional 2011/12
MUDANZA			
Contribución específica de Argentina			53.800
Gastos de mudanza			53.831
Total de la mudanza			**-31**

Resumen de fondos

Fondo de capital de trabajo	$ 210.917	$ 277.989	$ 255.847
Fondo para desvinculación de empleados	$ 64.755	$ 107.257	$ 107.257
Fondo de reemplazo de personal	$ 26.510	$ 50.000	$ 50.000
Fondo para gastos imprevistos de traducción	$ 0	$ 30.000	$ 30.000

Programa de la Secretaría 2012/2013

Introducción

Este programa de trabajo define las actividades propuestas para la Secretaría en el Ejercicio Económico correspondiente al periodo 2012/2013 (1 de abril de 2012 al 31 de marzo de 2013). Las principales áreas de actividad de la Secretaría se tratan en los primeros tres capítulos. Luego, se incluye una sección sobre gestión y un programa proyectado para el ejercicio económico 2012/2013.

En los apéndices se presentan el presupuesto preliminar para 2012/2013, el presupuesto proyectado para 2013/2014, y sus escalas de contribuciones y salarios correspondientes.

El programa y las cifras presupuestarias correspondientes al ejercicio económico 2012/2013, se basan en el Presupuesto Proyectado para 2012/2013 (Decisión 3 (2011), Anexo 3, Apéndice 1).

El programa se enfoca en las actividades regulares, tales como la preparación de las RCTA XXXV y XXXVI, la publicación de los Informes Finales y las diversas tareas específicas asignadas a la Secretaría en virtud de la Medida 1 (2003).

Contenidos:

1. Apoyo a la RCTA/al CPA
2. Intercambio de Información
3. Documentación
4. Información pública
5. Administración
6. Programa proyectado

   Apéndice 1: Declaración Provisional 2011/2012, Pronóstico presupuestario 2012/2013, Presupuesto 2013/2014 y Pronóstico presupuestario 2013/2014

   Apéndice 2: Escala de Contribuciones 2013/2014

   Apéndice 3: Escala de Sueldos 2012/2013

1. Respaldo a la RCTA/CPA

RCTA XXXV

La Secretaría respaldará a la XXXV RCTA recopilando y cotejando los documentos de la reunión y publicándolos en una sección con acceso restringido en el sitio Web de la Secretaría. La sección Delegados también permitirá a los delegados registrarse en línea y descargar una lista de delegados actualizada.

La Secretaría respaldará el funcionamiento de la RCTA mediante la producción de Documentos de la Secretaría, de un Manual para los Delegados y resúmenes de los documentos para la RCTA, el CPA y los Grupos de Trabajo de la RCTA.

Coordinación y contactos

Además de mantener un contacto constante por correo electrónico, teléfono y otros medios con las Partes y con instituciones internacionales del Sistema del Tratado Antártico, la asistencia a las reuniones es una herramienta importante para mantener la coordinación y el contacto.

La Secretaría ya mantiene un estrecho contacto con el Gobierno de Bélgica en relación con los preparativos para la XXXVI RCTA en 2013, y se mantendrá en contacto con el Gobierno de Brasil en relación con los preparativos para la XXXVII RCTA.

Desarrollo del sitio Web de la Secretaría

El sitio Web seguirá perfeccionándose a fin de hacerlo más conciso y fácil de usar, y para aumentar la visibilidad de las secciones y de la información de mayor relevancia. Se seguirán desarrollando las herramientas de búsqueda de bases de datos del sitio, especialmente la base de datos de los Documentos del Tratado Antártico. La base de datos de las Zonas Protegidas se perfeccionará con la inclusión de nuevos campos e información geográfica en un proyecto conjunto con Australia.

Respaldo a las actividades entre sesiones

En los últimos años, tanto el CPA como la RCTA han realizado un importante trabajo entre sesiones, principalmente a través de los Grupos de Contacto Intersesionales (GCI). La Secretaría brindará respaldo técnico para el establecimiento en línea de los GCI acordados en la XXXV RCTA y en la XV reunión del CPA, y elaborará los documentos específicos si así fuera requerido por la RCTA o el CPA.

La Secretaría actualizará el sitio Web con las medidas aprobadas por la RCTA y con la información producida por el CPA y por la RCTA.

Impresos

La Secretaría publicará y distribuirá el Informe Final de la XXXV RCTA y sus Anexos en los cuatro idiomas oficiales del Tratado. Se imprimirá el texto del Informe Final, y los anexos se publicarán como un CD adjunto al informe impreso. El texto completo del Informe Final estará disponible en formato de libro y podrá obtenerse a través de distribuidores minoristas en línea.

Grupo de contacto entre sesiones (GCI) sobre asuntos financieros

La Secretaría cooperará con el GCI sobre asuntos financieros en todos los aspectos financieros importantes.

2. Intercambio de información

Generalidades

La Secretaría continuará brindando asistencia a las Partes para que publiquen sus materiales de intercambio de información, y asimismo integrará la información sobre las Evaluaciones del impacto ambiental (EIA) en la base de datos respectiva.

Sistema electrónico de intercambio de información

Durante el siguiente período de operaciones, y dependiendo de las decisiones tomadas en la XXXV RCTA, la Secretaría continuará realizando los ajustes que resulten necesarios para facilitar el uso del sistema electrónico por las Partes, y asimismo desarrollará herramientas para compilar y presentar los informes resumidos.

3. Registros y documentos

Documentos de la RCTA

La Secretaría continuará trabajando para completar su archivo de los Informes Finales y otros registros de las RCTA, así como de otras reuniones del Sistema del Tratado Antártico, en los cuatro idiomas oficiales del Tratado. Para lograr compilar un archivo completo, será esencial contar con la ayuda de las Partes en la ubicación de sus archivos. La Secretaría espera un conjunto de Documentos de Trabajo de las RCTA producidos entre los años 1961 y 1998 en un proyecto en conjunto con el Instituto Scott de Investigación Polar (Cambridge, R.U.) y los incorporará en la base de datos del Tratado Antártico. Esto implica escanear, revisar e ingresar los datos de los documentos.

Base de datos del Tratado Antártico

Las bases de datos de las Recomendaciones, Medidas, Decisiones y Resoluciones de las RCTA se encuentran al presente completas en idioma inglés y casi completas en los idiomas español y francés, aún cuando a la Secretaría todavía le faltan varios de los Informes Finales en dichos idiomas. Para el idioma ruso, faltan más Informes Finales, y los materiales que se han recibido se están convirtiendo a formato digital y están en proceso de revisión.

4. Información pública

La Secretaría y su sitio Web continuarán funcionando como centro de intercambio de información sobre las actividades de las Partes y los acontecimientos importantes en la Antártida.

5. Administración

Personal

Al 1 de abril de 2011, la Secretaría contaba con el siguiente personal:

Personal ejecutivo

Nombre	Cargo	Desde	Rango
Manfred Reinke	Secretario Ejecutivo	1-09-2009	E1
José María Acero	Subsecretario Ejecutivo	1-01-2005	E3

Personal general

José Luis Agraz	Responsable de Información	1-11-2004	G1
Diego Wydler	Responsable de Tecnología Informática	1-02-2006	G1
Roberto Alan Fennell	Contador (tiempo parcial, 25 horas semanales)	1-12-2008	G2
Pablo Wainschenker	Editor	1-02-2006	G3
Sra. Violeta Antinarelli	Bibliotecaria (tiempo parcial, 12 horas semanales)	1-04-2007	G3
Sra. Gloria Fontán	Gerente de Oficina	1-12-2004	G5
Sra. Anna Balok	Asistente para Ingreso de Datos (tiempo parcial, 20 horas semanales)	1-10-2010	G5

Asuntos financieros

El Presupuesto correspondiente a 2012/2013 y el Pronóstico Presupuestario correspondiente a 2013/2014 se presentan en el Apéndice 1. El presupuesto se implementará luego de consultas con las Partes en caso de necesidad.

Traducción e interpretación

En el año 2010, con la cooperación de Argentina y Australia, anfitriones de las XXXIV y XXXV RCTA, la Secretaría preparó una convocatoria internacional para licitar los servicios de traducción e interpretación durante las XXXIV y XXXV RCTA. Los costos de los servicios de traducción e interpretación presupuestados para la XXXIV RCTA fueron de US$ 365.825, y para la XXXV RCTA alcanza la suma de US$ 361.000.

La Secretaría está preparando una nueva licitación para los servicios de traducción e interpretación para la XXXVI RCTA (Bruselas, 2013), para la XXXVII RCTA (Brasil) y para la XXXVIII RCTA (Bulgaria). Ya ha contactado a diversas empresas del mercado, entre las cuales siete expresaron su interés en participar en la licitación para dichos servicios durante las próximas RCTA.

Sueldos, TI, publicaciones, gastos administrativos y de viajes, durante el ejercicio económico correspondiente a 2012/2013

La Secretaría Ejecutiva propone que el Personal de servicios generales reciba un aumento de 14%, a fin de compensar el alza en el costo de la vida. La autorización para este aumento depende de las orientaciones del Grupo de contacto entre sesiones (GCI) sobre asuntos financieros, el cual se entregará antes de finalizar el mes de agosto de 2012. El Personal ejecutivo no recibirá dicha compensación. Los miembros del personal recibirán el aumento en incrementos anuales dependiendo de su desempeño satisfactorio respecto de sus responsabilidades de conformidad con el Estatuto del Personal 5.7. El programa de remuneraciones para el ejercicio económico correspondiente a 2012/2013 se muestra en el Apéndice 3.

La regulación 5.10 del Reglamento del personal exige la compensación de los miembros del personal de la categoría general cuando dicho personal trabaja más de 40 horas semanales. En las sesiones de la RCTA, se exige el trabajo de horas extraordinarias.

Para compensar el alza en los costos de traslados la Secretaría Ejecutiva reducirá también las dietas del Servicio civil internacional para el personal de la Secretaría al 80% de la tasa de la dieta actual.

Fondos

Fondo de operaciones

De conformidad con la Regulación Financiera 6.2 (a), el Fondo de operaciones debe mantenerse en el orden de 1/6 del presupuesto de la Secretaría, que ascenderá a US$223.433 para el año que viene.

Partidas presupuestarias

En la XXXIV RCTA, se acordó que el presupuesto debe presentarse con una nueva serie de partidas presupuestarias desarrolladas en colaboración con el auditor externo, la *Sindicatura General De La Nación* (SIGEN), a fin de mostrar más claramente los desembolsos de la Secretaría con respecto a las contribuciones.

Las nuevas partidas presupuestarias son las siguientes:
- *Sueldos*: aquí se incluirían no sólo los salarios aprobados en el presupuesto para el personal directo de la STA, sino también los salarios de las personas que asistan a la Secretaría en las reuniones y las horas extraordinarias trabajadas por el personal general durante la RCTA.
- *Traducción e interpretación:* todos los costos correspondientes a los servicios de traducción antes, durante y después de la reunión anual de la RCTA y de interpretación durante la reunión (incluye tarifas aéreas, alojamiento y gastos diversos).
- *Tecnología informática:* todas las inversiones en equipos, desarrollo de software, y mantenimiento y seguridad de la TI.
- *Impresión, edición y fotocopias*: para el Informe Final impreso y el apoyo digital.
- *Servicios generales*: todos los servicios de apoyo local, como servicios jurídicos, de auditoría, bancario y de capacitación

- *Comunicaciones*: incluye comunicaciones telefónicas, por Internet, alojamiento de páginas Web y gastos de franqueo postal.
- *Oficina:* artículos de escritorio, libros, seguros, mantención
- *Administrativos:* transporte local, suministros
- *Financieros:* ganancia o pérdida neta por diferencias cambiarias

El presupuesto correspondiente al ejercicio económico 2012/2013 y el pronóstico presupuestario correspondiente al ejercicio económico 20123/2014 se presentan sobre esta base (Apéndice 1).

Contribuciones al ejercicio económico 2013/2014

Las contribuciones para el ejercicio económico 2013/2014 tendrán un aumento nominal cero en comparación con los ejercicios económicos correspondientes a 2010/2011 y a 2011/2012.

Las contribuciones se muestran en el Apéndice 2b.

6. Programa proyectado

Se espera que la mayoría de las actividades en curso de la Secretaría continúen durante 2013/2014 y, por tanto, salvo que se realicen cambios importantes en el programa, no se prevé ninguna modificación en los cargos del personal para los próximos años.

Apéndice 1

Estado provisional 2011/12, pronóstico 2012/13, presupuesto 2012/2013 y presupuesto proyectado 2013/2014

LÍNEAS DE ASIGNACIÓN DE RECURSOS	Estado Provisional 2011/12	Pronóstico 2012/13	Presupuesto 2012/13	Pronóstico 2013/14
INGRESOS				
CONTRIBUCIONES necesarias	$ -1.339.600	$ -1.339.600	$ -1.339.600	$ -1.339.600
Ingresos por intereses de inversiones	$ -1.506	$ -1.000	$ -1.000	$ -1.000
TOTAL de Ingresos	$ -1.341.106	$ -1.340.600	$ -1.340.600	$ -1.340.600
GASTOS SUELDOS				
Ejecutivos	$ 305.654	$ 342.332	$ 311.323	$ 317.001
Personal de servicios generales	$ 241.159	$ 277.333	$ 294.966	$ 306.860
Personal de apoyo a la RCTA	$ 11.561	$ 12.139	$ 12.750	$ 12.750
Estudiantes en práctica	$ 4.800	$ 4.800	$ 4.800	$ 4.800
Horas extraordinarias	$ 14.926	$ 11.565	$ 10.000	$ 10.000
	$ 577.637	**$ 648.169**	**$ 633.839**	**$ 651.411**
TRADUCCIÓN E INTERPRETACIÓN				
Traducción e interpretación	**$ 367.846**	**$ 358.002**	**$ 361.000**	**$ 400.000**
TRASLADOS				
Traslados	**$ 52.533**	**$ 110.380**	**$ 90.000**	**$ 80.000**
TECNOLOGÍA INFORMÁTICA				
Hardware	$ 11.785	$ 13.000	$ 10.000	$ 10.000
Software	$ 2.823	$ 3.500	$ 3.000	$ 3.000
Desarrollo	$ 15.892	$ 18.400	$ 16.500	$ 16.500
Respaldo	$ 10.449	$ 10.000	$ 13.000	$ 13.000
	$ 40.949	**$ 44.900**	**$ 42.500**	**$ 42.500**
IMPRESIÓN, EDICIÓN Y FOTOCOPIAS				
Informe Final	$ 26.301	$ 15.400	$ 16.500	$ 18.975
Directrices de sitio	$ 0	$ 0	$ 2.500	$ 2.875
	$ 26.301	**$ 15.400**	**$ 19.000**	**$ 21.850**

	Estado Provi-sional 2011/12	Pronóstico 2012/13	Presupuesto 2012/13	Pronóstico 2013/14
SERVICIOS GENERALES				
Asesoramiento jurídico	$ 8.400	$ 9.900	$ 4.000	$ 4.600
Auditoría externa	$ 10.764	$ 10.764	$ 10.764	$ 12.379
Limpieza, mantenimiento y seguridad	$ 11.433	$ 11.385	$ 25.093	$ 16.207
Capacitación	$ 6.979	$ 8.000	$ 6.000	$ 6.000
Bancos	$ 4.890	$ 5.940	$ 5.624	$ 6.467
Arriendo de equipos	$ 4.132	$ 2.550	$ 4.752	$ 5.465
	$ 46.598	**$ 48.539**	**$ 56.232**	**$ 51.117**

COMUNICACIÓN				
Teléfono	$ 3.180	$ 3.360	$ 3.864	$ 4.444
Internet	$ 1.879	$ 1.879	$ 2.161	$ 2.485
Alojamiento Web	$ 5.995	$ 6.675	$ 6.894	$ 7.928
Franqueo	$ 2.514	$ 2.814	$ 2.471	$ 2.842
	$ 13.568	**$ 14.728**	**$ 15.390**	**$ 17.699**

OFICINA				
Librería e insumos	$ 2.208	$ 2.200	$ 2.200	$ 2.530
Libros y suscripciones	$ 1.650	$ 1.650	$ 5.898	$ 6.782
Seguros	$ 2.283	$ 2.280	$ 1.958	$ 2.252
Mobiliario	$ 999	$ 800	$ 800	$ 800
Equipos de oficina	$ 4.560	$ 4.610	$ 4.000	$ 4.600
Mantenimiento	$ 1.952	$ 1.961	$ 2.000	$ 2.300
	$ 13.652	**$ 13.501**	**$ 16.856**	**$ 19.264**

ADMINISTRACIÓN				
Suministros	$ 1.920	$ 1.920	$ 2.000	$ 2.300
Transporte local	$ 730	$ 800	$ 1.000	$ 1.150
Varios	$ 2.534	$ 2.534	$ 2.500	$ 2.875
Servicios (Energía)	$ 4.695	$ 0	$ 8.000	$ 10.400
	$ 9.879	**$ 5.254**	**$ 13.500**	**$ 16.725**

REPRESENTACIÓN				
Representación	**$ 5.446**	**$ 3.500**	**$ 3.000**	**$ 3.000**

FINANCIAMIENTO				
Pérdidas cambiarias	$ 7.518	$ 930	$ 5.000	$ 5.000

SUBTOTAL DE ASIGNACIONES	**$ 1.200.185**	**$ 1.263.304**	**$ 1.256.318**	**$ 1.308.566**

	Estado Provisional 2011/12	Pronóstico 2012/13	Presupuesto 2012/13	Pronóstico 2013/14
ASIGNACIÓN DE FONDOS				
Fondo para gastos imprevistos de traducción	$ 30.000	$ 0	$ 0	$ 0
Fondo de reemplazo de personal	$ 23.490	$ 0	$ 0	$ 0
Fondo para Desvinculación de Empleados	$ 42.501	$ 32.778	$ 28.403	$ 28.880
Fondo de Capital de Trabajo	$ 12.516	$ 0	$ 0	$ 0
	$ 108.507	**$ 32.778**	**$ 28.403**	**$ 28.880**

TOTAL DE ASIGNACIONES	**$ 1.308.692**	**$ 1.296.082**	**$ 1.284.721**	**$ 1.337.446**

SALDO	**$ 32.414**	**$ 44.518**	**$ 55.879**	**$ 3.154**

TOTAL DE GASTOS	**$ 1.341.106**	**$ 1.340.600**	**$ 1.340.600**	**$ 1.340.600**

Resumen de fondos

Fondo para gastos imprevistos de traducción	$ 30.000	$ 30.000	$ 30.000	$ 30.000
Fondo de reemplazo de personal	$ 50.000	$ 50.000	$ 50.000	$ 50.000
Fondo para Desvinculación de Empleados	$ 107.257	$ 140.035	$ 135.660	$ 164.064
Fondo de Capital de Trabajo	$ 223.433	$ 223.433	$ 223.433	$ 223.433
Fondo general	$ 32.414	$ 76.932	$ 88.293	$ 91.447

Monto máximo requerido

Fondo de capital de trabajo (Reg. Fin 6.2)	$ 223.433	$ 223.433	$ 223.433	$ 223.433

Apéndice 2

Escala de contribuciones 2013/2014

2013/14	Cat.	Mult.	Variable	Fijo	Total
Argentina	A	3,6	$ 36.424,17	$ 23.921,43	$60.346
Australia	A	3,6	$ 36.424,17	$ 23.921,43	$60.346
Bélgica	D	1,6	$ 16.188,52	$ 23.921,43	$40.110
Brasil	D	1,6	$ 16.188,52	$ 23.921,43	$40.110
Bulgaria	E	1	$ 10.117,82	$ 23.921,43	$34.039
Chile	C	2,2	$ 22.259,21	$ 23.921,43	$46.181
China	C	2,2	$ 22.259,21	$ 23.921,43	$46.181
Ecuador	E	1	$ 10.117,82	$ 23.921,43	$34.039
Finlandia	D	1,6	$ 16.188,52	$ 23.921,43	$40.110
Francia	A	3,6	$ 36.424,17	$ 23.921,43	$60.346
Alemania	B	2,8	$ 28.329,91	$ 23.921,43	$52.251
India	C	2,2	$ 22.259,21	$ 23.921,43	$46.181
Italia	B	2,8	$ 28.329,91	$ 23.921,43	$52.251
Japón	A	3,6	$ 36.424,17	$ 23.921,43	$60.346
República de Corea	D	1,6	$ 16.188,52	$ 23.921,43	$40.110
Países Bajos	C	2,2	$ 22.259,21	$ 23.921,43	$46.181
Nuevas Zelandia	A	3,6	$ 36.424,17	$ 23.921,43	$60.346
Noruega	A	3,6	$ 36.424,17	$ 23.921,43	$60.346
Perú	E	1	$ 10.117,82	$ 23.921,43	$34.039
Polonia	D	1,6	$ 16.188,52	$ 23.921,43	$40.110
Rusia	C	2,2	$ 22.259,21	$ 23.921,43	$46.181
Sudáfrica	C	2,2	$ 22.259,21	$ 23.921,43	$46.181
España	C	2,2	$ 22.259,21	$ 23.921,43	$46.181
Suecia	C	2,2	$ 22.259,21	$ 23.921,43	$46.181
Ucrania	D	1,6	$ 16.188,52	$ 23.921,43	$40.110
Reino Unido	A	3,6	$ 36.424,17	$ 23.921,43	$60.346
Estados Unidos	A	3,6	$ 36.424,17	$ 23.921,43	$60.346
Uruguay	D	1,6	$ 16.188,52	$ 23.921,43	$40.110
		66,2	$ 669.800,00	$ 669.800,00	**$1.339.600**

Monto del presupuesto $1.339.600

Tasa base $10.118

Apéndice 3

Escala de sueldos 2012/2013

Tabla A
ESCALA DE SALARIOS PARA LA CATEGORÍA DEL PERSONAL EJECUTIVO
(En dólares estadounidenses)

2012/13		I	II	III	IV	V	VI	VII	VIII	IX	X	XI	XII	XIII	XIV	XV
NIVEL									ESCALONES							
S1	A	$133.830	$136.320	$138.810	$141.301	$143.791	$146.281	$148.771	$151.262							
S1	B	$167.287	$170.400	$173.512	$176.626	$179.739	$182.851	$185.964	$189.078							
S2	A	$112.692	$114.812	$116.931	$119.050	$121.168	$123.286	$125.404	$127.524	$129.643	$131.761	$133.880	$134.120	$136.210		
S2	B	$140.865	$143.515	$146.164	$148.812	$151.460	$154.107	$156.755	$159.405	$162.054	$164.702	$167.349	$167.650	$170.263		
S3	A	$93.973	$96.016	$98.061	$100.106	$102.151	$104.195	$106.240	$108.285	$110.328	$112.372	$114.417	$114.852	$116.869	$118.886	$120.901
S3	B	$117.466	$120.020	$122.577	$125.133	$127.689	$130.243	$132.800	$135.356	$137.910	$140.465	$143.021	$143.565	$146.086	$148.607	$151.126
S4	A	$77.922	$79.815	$81.710	$83.599	$85.494	$87.386	$89.275	$91.171	$93.065	$94.955	$96.849	$97.377	$99.244	$101.110	$102.977
S4	B	$97.403	$99.768	$102.138	$104.498	$106.868	$109.232	$111.594	$113.964	$116.332	$118.694	$121.062	$121.722	$124.055	$126.388	$128.721
S5	A	$64.604	$66.299	$67.992	$69.685	$71.377	$73.070	$74.763	$76.452	$78.147	$79.841	$81.530	$82.078			
S5	B	$80.755	$82.874	$84.989	$87.106	$89.222	$91.337	$93.454	$95.565	$97.684	$99.801	$101.913	$102.597			
S6	A	$51.143	$52.771	$54.396	$56.025	$57.650	$59.276	$60.905	$62.531	$64.156	$65.146	$65.784				
S6	B	$63.929	$65.963	$67.994	$70.031	$72.062	$74.095	$76.131	$78.164	$80.195	$81.432	$82.230				

Nota: El renglón B contiene el salario básico (que aparece en el renglón A) con un suplemento del 25% para los gastos indirectos (fondo de jubilación y primas de seguros, subsidios de instalación y repatriación, subsidios escolares, etc.) y constituye los derechos salariales totales del personal ejecutivo de conformidad con el artículo 5.1.

Tabla B
ESCALA DE SALARIOS PARA LA CATEGORÍA DEL PERSONAL DE SERVICIOS GENERALES
(En dólares estadounidenses)

NIVEL	I	II	III	IV	V	VI	VII	VIII	IX	X	XI	XII	XIII	XIV	XV
									ESCALONES						
G1	$60.439	$63.258	$66.079	$68.897	$71.836	$74.901									
G2	$50.366	$52.715	$55.066	$57.415	$59.864	$62.417									
G3	$41.970	$43.928	$45.887	$47.845	$49.887	$52.016									
G4	$34.976	$36.608	$38.240	$39.871	$41.573	$43.346									
G5	$28.893	$30.242	$31.590	$32.939	$34.346	$35.814									
G6	$23.684	$24.787	$25.893	$26.998	$28.151	$29.353									

Decisión 3 (2012)

Formulación de un plan de trabajo estratégico plurianual para la Reunión Consultiva del Tratado Antártico

Los Representantes,

Reafirmando los valores, objetivos y principios contenidos en el Tratado Antártico y su Protocolo sobre Protección del Medio Ambiente;

Teniendo en cuenta que un Plan de trabajo estratégico plurianual (el Plan) podría contribuir a que la Reunión Consultiva del Tratado Antártico ("RCTA") se centre en los temas de prioridad, funcione con mayor efectividad y planifique su trabajo en consecuencia;

Teniendo en cuenta que el Plan es complementario al programa de la RCTA, y que se alienta a las Partes del Tratado Antártico y a otros participantes de la RCTA a contribuir de la manera usual a otros temas del programa de la RCTA.

Recordando la XXXII RCTA en Baltimore (2009), donde las Partes expresaron su apoyo a contar con un Plan;

Deciden:

1. formular un Plan de trabajo estratégico plurianual, con los actuales recursos;

2. adoptar los principios anexos a esta Decisión (Anexo 1) para orientar la conclusión del Plan;

3. establecer un Grupo de Contacto Intersesional abierto, organizado en forma conjunta por Australia y Bélgica, como presidentes de las XXXV y XXXVI Reuniones Consultivas Antárticas respectivamente, para que coordine la futura formulación del Plan; y

4. realizar un taller con anterioridad inmediata a la XXXVI RCTA, con los siguientes términos de referencia:

    a) desarrollar un proyecto de Plan para someterlo a la consideración de la XXXVI RCTA; y

    b) informar a la XXXVI RCTA acerca de los resultados del taller.

Reunión Consultiva del Tratado Antártico
Plan de trabajo estratégico plurianual: Principios

1. El Plan de trabajo estratégico plurianual (el Plan) reflejará los objetivos y principios del Tratado Antártico y su Protocolo sobre Protección del Medio Ambiente.

2. De acuerdo con el funcionamiento de la Reunión Consultiva del Tratado Antártico ("RCTA"), la aprobación del Plan, la incorporación de temas al Plan, y las decisiones relativas al Plan se llevarán a cabo por consenso.

3. El objetivo del Plan consiste en complementar el programa, al contribuir con la RCTA a identificar una cantidad limitada de temas de prioridad, y lograr un funcionamiento más efectivo y eficiente.

4. Se alienta a las Partes del Tratado Antártico y a otros participantes de la RCTA a contribuir de la manera usual a otros temas del programa de la RCTA.

5. El Plan abarcará un ciclo multianual a ser determinado, y deberá ser revisado y actualizado según sea necesario en cada RCTA, a fin de reflejar el trabajo que resta por completar, los nuevos temas que se plantean, y los cambios en las prioridades.

6. El Plan será dinámico y flexible, e incorporará los nuevos temas a medida que éstos se planteen.

7. El Plan identificará los temas que requieren la atención colectiva de la RCTA, y que requieren ser tratados y/o sometidos a la decisión de la RCTA.

8. El Plan no deberá interferir con el desarrollo habitual del programa de la RCTA.

Sistema electrónico de intercambio de información

Los Representantes,

Recordando el compromiso de las Partes de compartir información en virtud del Artículo III (1) (a) y del Artículo VII(5) del Tratado Antártico así como también del Artículo 17 del Protocolo sobre Protección del Medio Ambiente y sus anexos;

Recordando en particular la Recomendación VIII-6 (1975), Recomendación XIII-3 (1985) y otras mejoras aplicadas por las Partes para mantenerse informadas entre sí por medio de intercambios periódicos u ocasionales;

Recordando la Decisión 10 (2005) sobre la creación de un Sistema Electrónico de Intercambio de Información (SEII) y la Resolución 6 (2010) sobre la introducción de mejoras en la coordinación de la búsqueda y salvamento marítimo en la zona abarcada por el Tratado Antártico;

Recalcando que la información sobre expediciones expedita, de fácil acceso y completa, a disposición de todas las Partes, garantiza la mejor supervisión de las actividades humanas en la zona abarcada por el Tratado Antártico y la disminución de los riesgos para el medio ambiente y para la seguridad;

Señalando la elaboración y operación del SEII por parte de la Secretaría, que toma en consideración las observaciones presentadas por todas las Partes durante el periodo de pruebas;

Deseando garantizar que el mencionado intercambio de información entre las Partes se lleve a cabo de la manera más eficaz y oportuna posible, y que la Reunión Consultiva del Tratado Antártico tenga acceso a la información más completa y confiable sobre la Antártida;

Deciden:

1. que las Partes utilicen el Sistema Electrónico de Intercambio de Información para compartir la información de conformidad con el Tratado Antártico y el Protocolo al Tratado Antártico sobre Protección del Medio Ambiente y sus anexos;

2. que el SEII sea rectificado con el fin de proporcionar a las Partes, según corresponda, las alternativas de:

   a) incluir la negativa de autorización para los operadores; e

   b) identificar las actividades que hayan sido canceladas por un operador luego de cumplir con los requisitos normativos de las Partes;

3. que las Partes actualicen de manera periódica durante el año, las secciones relevantes del SEII a fin de que dicha información sea conocida y asequible y puesta a disposición de las Partes tan pronto como sea factible;

4. que, donde sea posible, se ingrese la información solicitada en el SEII de manera directa y completa, y no en la forma de enlaces a sitios Web o a archivos que no formen parte del SEII; y

5. que las Partes continúen trabajando con la Secretaría del Tratado Antártico a fin de perfeccionar y enriquecer el SEII.

3. Resoluciones

Fortalecimiento del respaldo al Protocolo al Tratado Antártico sobre Protección del Medio Ambiente

Los Representantes,

Recordando la Resolución 1 (2011), que registra el acuerdo de las Partes en cuanto a que el apoyo de una mayor cantidad de Estados al Protocolo contribuiría en gran medida a asegurar la consecución de los objetivos y principios del Protocolo al Tratado Antártico sobre Protección del Medio Ambiente (el Protocolo).

Recordando, asimismo, que la Resolución 1 (2011) recomienda que todas las Partes llamen a los Estados que son Parte del Tratado Antártico pero que no son aún Parte del Protocolo, a convertirse en Parte del Protocolo, y aceptar el ofrecimiento de Australia, Francia y España de coordinar con otras Partes Consultivas las gestiones ante dichos Estados, e invita a Australia, Francia y España a informar respecto del resultado de dichas gestiones en la XXXV Reunión Consultiva del Tratado Antártico ("RCTA);

Acogiendo con satisfacción el compromiso de diversas Partes de adherirse al Protocolo;

Recomiendan que:

1. la Reunión Consultiva del Tratado Antártico continúe realizando un llamamiento a los Estados que son Parte del Tratado Antártico, pero que no son aún Parte del Protocolo al Tratado Antártico sobre Protección del Medio Ambiente, a adherir al Protocolo;

2. se requieren mayores gestiones en el seguimiento de las actividades llevadas a cabo en el período entre sesiones 2011-2012 de la RCTA, a fin de realizar progresos en pos del aumento de la cantidad de Partes al Protocolo;

3. se invite a las Partes Consultivas a brindar información actualizada en las RCTA, según corresponda, respecto de este asunto; y que la Secretaría publique el texto de la Resolución 1 (2011) en su sitio Web de manera de dejar en claro que ya no tiene vigencia.

Cooperación en temas relacionados con el ejercicio de la jurisdicción en el área del Tratado Antártico

Los Representantes,

Recordando el Artículo IX (1)(e) del Tratado Antártico, que establece que la Partes Contratantes deben realizar consultas respecto de los "temas relacionados con el ejercicio de la jurisdicción en la Antártida";

Convencidos de la necesidad de considerar dichos temas con respecto a las actividades humanas y a los incidentes producidos en el área del Tratado Antártico;

Señalando el aumento de las actividades humanas en el área del Tratado Antártico;

Admitiendo la necesidad de promover el cumplimiento de la ley en el área del Tratado Antártico;

Reconociendo los desafíos únicos, tanto en el orden práctico como jurídico, que plantea el cumplimiento de la ley en el área del Tratado Antártico;

Recomiendan que:

las Partes cooperen para instituir debates sobre temas relacionados con el ejercicio de la jurisdicción en el área del Tratado Antártico.

Introducir mejoras en la cooperación antártica

Los Representantes,

Recordando la importancia central de la cooperación científica en el Tratado Antártico y en su Protocolo sobre Protección del Medio Ambiente;

Reconociendo, con gratitud, los aportes del Comité Científico de Investigación Antártica y del Consejo de administradores de los Programas Antárticos Nacionales a la cooperación científica y logística entre las Partes del Tratado Antártico;

Convencidos de la necesidad de fomentar una cooperación antártica más difundida que trascienda la cooperación científica y logística a fin de facilitar y fortalecer el trabajo de las Partes en la implementación del sistema del Tratado Antártico;

Convencidos de que compartir las experiencias, los conocimientos y el apoyo técnico ayudará a las Partes en una etapa más precoz de su evolución antártica a lograr un nivel más elevado de cumplimiento de sus compromisos;

Reconociendo que una mayor cooperación dotará a las Partes de mejores herramientas para responder a los varios desafíos impuestos por las actividades en la Antártida;

Recomiendan que:

las Partes y demás participantes de la Reunión Consultiva del Tratado Antártico desarrollen un debate sobre la forma de fomentar una más amplia cooperación antártica.

Directrices para sitios que reciben visitantes

Los Representantes,

Recordando la Resolución 5 (2005), la Resolución 2 (2006), la Resolución 1 (2007), la Resolución 2 (2008), la Resolución 4 (2009) y la Resolución 1 (2010), las cuales aprobaron listas de sitios sujetos a Directrices para sitios;

Recordando la Resolución 4 (2011), que establece que toda rectificación propuesta a las actuales Directrices para sitios sea analizada por el Comité de Protección Ambiental ("CPA"), el cual deberá hacer las recomendaciones de rigor a la Reunión Consultiva del Tratado Antártico ("RCTA"), y en caso de refrendarse dicha asesoría por la RCTA, la Secretaría del Tratado Antártico (la Secretaría) deberá aplicar en su sitio Web las rectificaciones que sean necesarias a los textos de las Directrices para sitios;

Considerando que las Directrices para sitios realzan las disposiciones establecidas en la Recomendación XVIII-1 (1994) (*Orientaciones para aquellos que organizan y llevan a cabo actividades turísticas y no gubernamentales en la Antártida*);

Confirmando que el término "visitantes" no incluye a los científicos que realizan investigaciones en esos sitios, ni tampoco a personas que participan en actividades gubernamentales oficiales;

Señalando que las Directrices para sitios han sido elaboradas sobre la base de los niveles y tipos de visitas actuales en cada sitio específico, y en atención a que las Directrices para sitios demandan su revisión en caso de variar de manera significativa los niveles o tipos de visitas a un sitio;

Considerando que las Directrices para sitios para cada sitio deben ser revisadas y modificadas de manera expedita en respuesta a los cambios en los niveles y tipos de visitas, y a toda variación del impacto ambiental demostrable o probable; y

Deseando aumentar la cantidad de Directrices de sitios desarrolladas para los sitios visitados, y mantener actualizadas las Directrices existentes;

Recomiendan que:

1. la lista de sitios sujetos a Directrices para sitios que han sido aprobados por la Reunión Consultiva del Tratado Antártico se amplíe a fin de incluir tres nuevos sitios adicionales (isla D'Hainaut, puerto Mikkelsen, isla Trinity; puerto Charcot, isla Booth; caleta Péndulo, isla Decepción, islas Shetland del Sur), y que la lista completa de sitios sujetos a Directrices para sitios sea reemplazada por la que se anexa a la presente Resolución;

2. la Secretaría del Tratado Antártico (la Secretaría) publique en su sitio Web la lista completa y las Directrices rectificadas tal como fueran aprobadas por la RCTA;

3. sus Gobiernos insten a todos aquellos que tengan intenciones de visitar dichos sitios a garantizar que están plenamente familiarizados con las recomendaciones contenidas en las Directrices para sitios correspondientes publicadas por la Secretaría, y que se regirán por ellas;

4. toda propuesta de modificación de Directrices para sitios actuales sea analizada por el Comité de Protección Ambiental, el que debe asesorar a la RCTA, según corresponda, y que, en caso de que RCTA acoja tal recomendación, la Secretaría deberá realizar las modificaciones pertinentes a los textos de las Directrices para sitios en el sitio Web; y

5. la Secretaría publique el texto de la Resolución 4 (2011) en su sitio Web de manera de dejar en claro que ésta ya no tiene vigencia.

Lista de sitios sujetos a las Directrices para sitios

1. Isla Penguin (Lat. 62° 06' S, Long. 57° 54' O);
2. Isla Barrientos, Islas Aitcho (Lat. 62° 24' S, Long. 59° 47' O);
3. Isla Cuverville (Lat. 64° 41' S, Long. 62° 38' O);
4. Punta Jougla (Lat 64° 49' S, Long 63° 30' O);

5. Isla Goudier, Puerto Lockroy (Lat 64° 49' S, Long 63° 29' O);
6. Punta Hannah (Lat. 62° 39' S, Long. 60° 37' O);
7. Puerto Neko (Lat. 64° 50' S, Long. 62° 33' O);
8. Isla Paulet (Lat. 63° 35' S, Long. 55° 47' O);
9. Isla Petermann (Lat. 65° 10' S, Long. 64° 10' O);
10. Isla Pleneau (Lat. 65° 06' S, Long. 64° 04' O);
11. Punta Turret (Lat. 62° 05' S, Long. 57° 55' O);
12. Puerto Yankee (Lat. 62° 32' S, Long. 59° 47' O);

13. Farallón Brown, Península Tabarin (Lat. 63° 32' S, Long. 56° 55' O);
14. Cerro Nevado (Lat. 64° 22' S, Long. 56° 59' O);
15. Caleta Shingle, Isla Coronation (Lat. 60° 39' S, Long. 45° 34' O);
16. Isla Devil, Isla Vega (Lat. 63° 48' S, Long. 57° 16.7' O);
17. Caleta Balleneros, isla Decepción, islas Shetland del Sur (Lat. 62° 59' S, Long. 60° 34' O);
18. Isla Media Luna, islas Shetland del Sur (Lat. 60° 36' S, Long. 59° 55' O);

19. Cabo Baily, Isla Decepción, islas Shetland del Sur (Lat. 62° 58' S, Long. 60° 30' O);
20. Bahía Telefon , Isla Decepción, islas Shetland del Sur (Lat. 62° 55' S, Long. 60° 40' O);
21. Cabo Royds, Isla Ross (Lat. 77° 33' 10.7" S, Long. 166° 10' 6.5" E);
22. Casa Wordie, Isla Winter, Islas Argentina (Lat. 65° 15' S, Long. 64° 16' O);
23. Isla Stonington, Bahía Margarita, Península Antártica (Lat. 68° 11' S, Long. 67° 00' O);
24. Isla Horseshoe, Península Antártica (Lat. 67° 49' S, Long. 67° 18' O);
25. Isla Detaille, Península Antártica (Lat. 66° 52' S, Long. 66° 48' O);
26. Isla Torgersen, puerto Arthur, sudoeste de la isla Anvers (Lat. 64° 46' S, Long. 64° 04' O);

27. Isla Danco, canal Errera, Península Antártica (Lat. 64° 43' S, Long. 62° 36' O);

28. Seabee Hook, Cabo Hallett, Tierra de Victoria del Norte, Mar de Ross, Sitio para visitantes A y Sitio para visitantes B (Lat. 72° 19' S, Long. 170° 13' E);

29. Punta Damoy, Isla Wiencke, Península Antártica (Lat. 64° 49' S, Long. 63° 31' O);

30. Zona de visitantes del Valle de Taylor, Tierra de Victoria del Sur (Lat. 77° 37.59' S, Long. 163° 03.42' E);

31. Playa noreste de la Isla Ardley (Lat. 62° 13' S; Long. 58° 54' O);

32. Cabañas de Mawson y Cabo Denison, Antártida Oriental (Lat. 67° 01' S; Long. 142 ° 40' E);

33. Isla D'Hainaut, puerto Mikkelsen, Isla Trinity (Lat. 63° 54' S, Long. 60° 47' O);

34. Puerto Charcot, Isla Booth (Lat. 65° 04' S, Long. 64 ° 02' O);

35. Caleta Péndulo, Isla Decepción, islas Shetland del sur (Lat. 62° 56' S, Long. 60° 36' O).

Directrices para sitios para visitantes a la Isla Barrientos (islas Aitcho)

Los Representantes,

Recordando la resolución 5 (2005), que aprueba las Directrices de sitios para la isla Barrientos (islas Aitcho);

Preocupados por el importante daño sufrido por los lechos de musgo en la isla Barrientos (islas Aitcho) a causa del reiterado desplazamiento a pie realizado por los visitantes;

Señalando la flexibilidad otorgada por el mecanismo de las directrices para sitios en su capacidad para reaccionar de manera expedita ante las transformaciones sufridas por el medioambiente y las cambiantes circunstancias de la gestión;

Acogiendo los esfuerzos de investigación y vigilancia que se realizan en el sitio, y que ayudarán a informar las futuras alternativas de gestión;

Reconociendo que la Asociación Internacional de Operadores Turísticos en la Antártida aplicará una suspensión temporal de las visitas a la parte central de la isla Barrientos (islas Aitcho) entre sus miembros, al menos en lo que respecta a la temporada 2012/2013;

Deseando, conforme a la recomendación del Comité de Protección Ambiental, tomar las medidas que ofrezcan la mejor posibilidad para la recuperación los lechos de musgo y los mejores resultados de gestión que sean posibles;

Recomiendan que:

- las Partes tomen las medidas adecuadas en el marco de sus propios sistemas legales y administrativos para limitar el acceso a la parte central de la isla Barrientos (islas Aitcho), (área vedada B) de sus ciudadanos y operadores, salvo que sea por razones de investigación científica y de vigilancia asociadas a la recuperación del sitio;

• las Directrices para sitios para la isla Barrientos (islas Aitcho) sean reemplazadas por las directrices para sitios rectificadas;

• las Partes con actividades en la zona cooperen en el diseño e implementación de estudios, investigación y planes de vigilancia adecuados, que ayuden a informar las decisiones sobre futuras medidas de gestión, y aporten la información sobre dichas iniciativas en la 16ª reunión del Comité de Protección Ambiental (XVI Reunión del CPA);

• el Comité de Protección Ambiental revise como mayor profundidad la situación durante la XVI Reunión del CPA; y que

• la Secretaría del Tratado Antártico publique las Directrices para sitios rectificadas en su sitio Web.

Regiones Biogeográficas de Conservación Antártica

Los Representantes,

Recordando el Artículo 3 del Anexo V al Protocolo al Tratado Antártico sobre la Protección del Medio Ambiente (el Protocolo) que establece la designación de Zonas Antárticas Especialmente Protegidas;

Recordando asimismo que el Artículo 3(2) del Anexo V dispone que las Partes deben proponerse la identificación de dichas zonas en el marco de un criterio ambiental y geográfico sistemático;

Recordando también que la Resolución 3 (2008) recomienda el uso consistente del "Análisis de Dominios Ambientales del continente Antártico" anexo a dicha Resolución, y que se utilice en conjunto con los demás instrumentos acordados en el contexto del Sistema del Tratado Antártico como un modelo dinámico para la identificación de zonas que pueden ser designadas como Zonas Antárticas Especialmente Protegidas en el marco del criterio ambiental y geográfico sistemático mencionado en el Artículo 3 (2) del Anexo V al Protocolo;

Acogiendo la clasificación de las zonas sin hielo del continente Antártico e islas cercana dentro de la zona abarcada por el Tratado Antártico en 15 Regiones Biogeográficas de Conservación Antárticas diferentes en lo biológico, con base en el análisis de información sobre biodiversidad explícita en lo espacial puesto a disposición por la Base de datos sobre biodiversidad del Comité Científico de Investigación Antártica (SCAR);

Recomiendan que:

las Regiones Biogeográficas de Conservación Antártica anexas a esta Resolución se utilicen de manera conjunta con el Análisis de Dominios Ambientales y demás instrumentos acordados en el contexto del Sistema del Tratado Antártico a fin de apoyar las actividades relevantes a los intereses de las Partes, incluyendo su uso como modelo dinámico para la identificación de zonas que pueden ser designadas como Zonas Antárticas Especialmente Protegidas en el marco del criterio ambiental y geográfico mencionado en el Artículo 3(2) del Anexo V del Protocolo Ambiental.

Regiones biogeográficas de conservación de la Antártida

El uso de los análisis cuantitativos para combinar datos de biodiversidad terrestre de la Antártida con otras estructuras espaciales relevantes (una grilla de cuadrados 200 km x 200 km, los nueve dominios sin hielo identificados en el análisis de dominios ambientales para el continente antártico, y las 22 biorregiones identificadas por el Programa de Sensibilidad al Cambio Climático (RiSCC) del SCAR) ha identificado 15 regiones sin hielo biológicamente representativas que abarcan el continente antártico y las islas cercanas en el área del Tratado Antártico (véase cuadro 1). En Terauds *et al.,* se presenta una descripción detallada de los métodos empleados. (2012). Las regiones biogeográficas de conservación antártica ilustradas en la Figura 1 representan la mejor clasificación de la biodiversidad terrestre de la Antártida basada en los datos disponibles actualmente a través de la base de datos sobre biodiversidad del SCAR.

La capa de datos espaciales que representa las regiones está a disposición del público y puede descargarse del Centro de Datos Antárticos de Australia: *http://data.aad.gov.au/ aadc/portal/download_file.cfm?file_id=3420.*

Referencia

Terauds, A., Chown, S., Morgan, F., Peat, H., Watts, D., Keys, H., Convey, P. & Bergstrom, D. (2012) Conservation biogeography of the Antarctic. *Diversity and Distributions*, 22 de mayo de 2012, DOI: 10.1111/j.1472-4642.2012.00925.x.

**Cuadro 1: Descripciones de las regiones biogeográficas
de conservación de la Antártida**

Region	Nombre	Superficie (km²)
1	Noreste de la Península Antártica	1142
2	Islas Orcadas del Surs	148
3	Noroeste de la Península Antártica	5081
4	Centro y sur de la Península Antártica	4959
5	Tierra Enderby	2152
6	Tierra de la Reina Maud	5502
7	Antártida Oriental	1360
8	Norte de la Tierra de Victoria	9522
9	Sur de Tierra Victoria	10368
10	Montañas transantárticass	19347
11	Montañas Ellsworth	2965
12	Tierra de Marie Byrd	1158
13	Tierra Adelia	178
14	Tierra de Ellsworth	220
15	Sur de la Península Antártica	2990

Figura 1: Mapa de la Antártida que presenta las 15 regiones biogeográficas de conservación de la Antártida

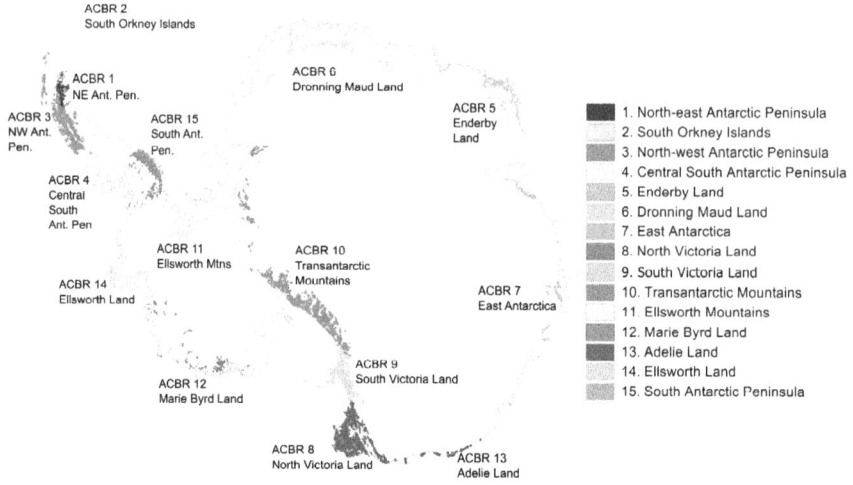

Fuente: Terauds *et al.* (2012).

Seguridad de los buques en el área del Tratado Antártico

Los Representantes,

Recordando el Protocolo al Tratado Antártico sobre Protección del Medio Ambiente adoptado el 4 de octubre de 1991 (Protocolo de Madrid), y la Resolución 1 (2004), que apoyaron firmemente "los avances logrados por la Resolución 20/XXII de la CCRVMA, que exhorta a sus Miembros que cosechan en altas latitudes antárticas, a otorgar licencias únicamente a aquellos buques pesqueros que cumplan como mínimo con la norma para condiciones de hielo ICE-1C";

Convencidos de la permanente necesidad de brindar protección integral al medio ambiente Antártico y a sus ecosistemas dependientes asociados;

Dejando asentada su inquietud en cuanto a los incidentes que continúan registrándose con buques pesqueros dañados autorizados por Miembros de la Comisión para la Conservación de los Recursos Vivos Marinos Antárticos (CCRVMA) en la región antártica;

Señalando el papel que desempeña la Organización Marítima Internacional (OMI) con respecto a la seguridad de los buques a nivel internacional;

Recordando asimismo las medidas que tomó la CCRVMA para apoyar a la OMI en relación con las actividades de los buques pesqueros en el Océano Austral; y

Reafirmando el papel que desempeña la Reunión Consultiva del Tratado Antártico en promover la protección del medio ambiente antártico en el Área del Tratado Antártico.

Recomiendan que sus Gobiernos:

1. continúen trabajando en el código obligatorio de la Organización Marítima Internacional para buques que naveguen en aguas polares y participen

en las próximas negociaciones relativas al Acuerdo del Protocolo de Torremolinos;

2. consideren las medidas adecuadas para mejorar las normas de seguridad de los buques pesqueros de pabellón de las Partes que navegan en el Área del Tratado Antártico;

3. informen anualmente al Comité para la Protección del Medio Ambiente sobre las respuestas a las emergencias ambientales relacionadas con buques de pabellón de las Partes que navegan en el Área del Tratado Antártico conforme al Artículo 17 del Protocolo al Tratado Antártico sobre Protección del Medio Ambiente;

4. recuerden a los operadores de los buques pesqueros de sus estados de pabellón acerca del Plan Global de Búsqueda y Salvamento de la OMI, y específicamente que insten a los Miembros de la Comisión para la Conservación de los Recursos Vivos Marinos Antárticos a que suministren, o que alienten a los buques de su estado de pabellón a poner a disposición, sus datos de contacto junto con otra información relevante a los Centros de Coordinación de Salvamento Marítimo (MRCC, por su sigla en inglés) antes de ingresar en el Área del Tratado Antártico conforme a la Resolución 33/XXX de la CCRVMA; y

5. alienten a los Miembros de la CCRVMA a que implementen la Resolución 20/XXII de la CCRVMA que llama a los Miembros a otorgar licencias únicamente a aquellos buques pesqueros que cumplan como mínimo con la norma para condiciones de hielo ICE-1C.

Resolución 8 (2012)

Mejoras a la coordinación de la búsqueda y salvamento marítimo, aeronáutico y terrestre

Los Representantes,

Preocupados por la trágica pérdida de vidas en diversos accidentes navieros ocurridos en el mar de Ross y en el océano Austral durante los últimos años;

Atentos a que el aumento previsto de las actividades humanas en la Antártida posiblemente incremente de manera sustantiva las dificultades y riesgos asociados con las operaciones de Búsqueda y Salvamento ("SAR") en la Antártida;

Conscientes de la necesidad de mantener los esfuerzos para evitar los incidentes;

Recordando el compromiso contraído por las Partes en el Convenio internacional sobre búsqueda y salvamento marítimos de 1979 (Convenio SAR) y el Convenio de Chicago de 1944 sobre aviación civil internacional, Anexo 12– Búsqueda y salvamento para cooperar en la ejecución de misiones y actividades de SAR;

Deseando aumentar el éxito y la eficacia de las operaciones SAR en la Antártida;

Considerando que los debates entre las Partes Consultivas del Tratado Antártico acerca de los medios para mejorar la coordinación SAR en la Antártida pueden fomentar la seguridad aeronáutica, marítima y terrestre en la Antártida;

Recomiendan que las Partes:

1. coordinen un grupo de trabajo especial que se reúna durante un día completo el segundo día (actualmente programado para el martes 23 de mayo de 2013) durante la XXXVI Reunión Consultiva del Tratado Antártico ("RCTA") a fin de analizar los medios de mejorar la coordinación de Búsqueda y Salvamento en la Antártida, incluyendo, entre otros,

a) la evaluación de riesgos y la planificación de contingencia,

b) la coordinación internacional del SAR marítimo, aeronáutico y terrestre, y

c) las mejores prácticas u otros acuerdos.

y evaluar si la RCTA debe continuar el trabajo sobre estas materias, y cuál sería la naturaleza de dicho trabajo;

2. incluyan los expertos en SAR competentes además de personal perteneciente a los Programas Antárticos Nacionales en sus delegaciones que participen en el grupo especial de trabajo; e

3. inviten al Consejo de Administradores de los Programas Antárticos Nacionales ("COMNAP") a proporcionar actualizaciones sobre las acciones que resulten de los dos talleres de COMNAP SAR, "Hacia una mejor coordinación y reacción de la búsqueda y salvamento en la Antártida" (Valparaíso, 2008 y Buenos Aires, 2009).

Evaluación de Actividades en Tierra en la Antártida

Los Representantes,

Preocupados porque las actividades por tierra mal planeadas y realizadas, particularmente aquellas emprendidas en áreas remotas de la Antártida, puedan presentar riesgos para la seguridad de la vida;

Preocupados asimismo por garantizar que las actividades en áreas remotas y menos estudiadas de la Antártida no tengan un impacto adverso sobren sus singulares atributos ambientales;

Recordando los principios ambientales contenidos en el Artículo 3 del Protocolo al Tratado Antártico sobre Protección del Medio Ambiente;

Recordando asimismo la Resolución 3 (2004), la Resolución 4 (2004), la Resolución 5 (2007) y la Resolución 7 (2009);

Señalando el creciente interés en las actividades expedicionarias por tierra, particularmente como resultado del centenario recientemente celebrado de las expediciones de Amundsen y Scott al Polo Sur en 1911 y 1912; y

Deseando garantizar que todas dichas actividades sean evaluadas de manera consecuente y completa, respetando sus procedimientos ambientales, operacionales y de seguridad;

Recomiendan que:

las Partes, conforme a su legislación nacional y según lo consideren adecuado, utilicen las *Preguntas para considerar como parte del proceso de autorización o de algún proceso normativo equivalente, las actividades no gubernamentales en tierra en la Antártida,* que se adjuntan, al momento de evaluar las propuestas para realizar actividades en tierra en la Antártida.

Preguntas para considerar como parte del proceso de autorización de actividades no gubernamentales en tierra en la Antártida

Al llevar a cabo procedimientos locales para evaluar actividades no gubernamentales en tierra en la Antártida, las autoridades competentes pueden considerar útil tener en cuenta la siguiente lista de preguntas. El objetivo general de la lista es defender la consideración de las actividades en tierra a fin de garantizar un pleno cumplimiento del Protocolo sobre Protección del Medio Ambiente y otros instrumentos pertinentes de la RCTA, entre ellos la Medida 4 (2004), la Resolución 4 (2004), la Resolución 7 (2009) y la Resolución 2 (2011), según corresponda.

La lista de preguntas no es exhaustiva ni prescriptiva, y su finalidad es únicamente servir como orientación. No todas las preguntas serán relevantes para cada actividad en tierra, y los requisitos para aquellos que operen en forma regular en la Antártida obviamente serán distintos de los de aquellos que lleven a cabo actividades en forma excepcional. Las autoridades competentes de cada una de las Partes determinarán la manera en la que desean utilizar esta lista de preguntas para analizarlas en cada caso.

Problemas ambientales generales

Cuestiones generales, posiblemente relevantes para todas las actividades en tierra:

- ¿Son las actividades propuestas, en términos de escala (p. ej., cantidad de participantes, duración y extensión del área de operaciones) y tipo (es decir, lo que está específicamente planificado) coherentes con los Principios Ambientales establecidos en el Artículo 3 del Protocolo Ambiental?

- ¿Se ha desarrollado la Evaluación de Impacto Ambiental (EIA) de acuerdo con las Directrices anexadas a la Resolución 4(2005) y cubre ésta todas las actividades que se realizarán estando en la Antártida, incluidas aquellas de cualquier otro operador contratado, o que trabaje con los organizadores de las actividades, cuando estos otros operadores no estén ya autorizados por otra Parte del Tratado? ¿Incluye la EIA alguna actividad alternativa que pueda ofrecerse debido a las restricciones climáticas, etc.? ¿Se han identificado los riesgos ambientales en todos los casos y se han planificado medidas de mitigación adecuadas?

- ¿Especifica la Evaluación de Impacto Ambiental límites geográficos claramente definidos dentro de los cuales se llevarán a cabo todas las actividades propuestas, teniendo en cuenta planes de emergencia y posibles áreas de operación alternativas (incluida la ubicación de campamentos, instalaciones de almacenamiento o depósitos, o el recorrido de alguna travesía)? ¿Conocen los organizadores (o las autoridades competentes) qué otras actividades pueden estar planificadas en forma simultánea en esta área, y cómo se evaluarán y considerarán los posibles efectos acumulativos? ¿Se sabe si se han realizado previamente actividades en el área

283

o si se trata, hasta donde se cuenta con información, de un área intacta? ¿Es la actividad propuesta una actividad que se llevará a cabo en una sola oportunidad, o es probable que se repita en el futuro cercano en el mismo lugar?

- ¿Pueden los organizadores de las actividades propuestas demostrar que comprenden bien las condiciones ambientales de toda el área de operación propuesta, por ejemplo, a través de la experiencia previa o del asesoramiento de los expertos pertinentes? ¿Existen Zonas Antárticas Especialmente Protegidas (ZAEP), Zonas Antárticas Especialmente Administradas (ZAEA), y Sitios y Monumentos Históricos (SMH) en la proximidad de sus actividades previstas?

- ¿Se han planificado las actividades propuestas de acuerdo con las *Orientaciones para aquellos que organizan y llevan a cabo actividades turísticas y no gubernamentales en la Antártida* (Recomendación XVIII-1(1994))? ¿Existen planes establecidos para asegurar que aquellos que planifiquen llevar a cabo las actividades en la Antártida conozcan plenamente las *Directrices Generales para visitantes a la Antártida* (Resolución 3(2011)); y *Manual sobre especies no autóctonas* (Resolución 2(2011))?

- ¿Son las prácticas de tratamiento de desechos y aguas residuales propuestas adecuadas para la escala y ubicación de las actividades propuestas, en particular, los planes para eliminar desechos de las actividades de viaje (prestando especial atención a las probabilidades de que se desmantelen rápidamente los campamentos temporales)?

- ¿Incluyen los planes de emergencia disposiciones para la eliminación de todos los equipos en caso de accidente o daño al equipo, o en caso de una evacuación de emergencia?

- ¿Se han identificado medidas adecuadas para evitar la introducción de especies no autóctonas, tanto por parte de los miembros de las expediciones como de su operador de apoyo logístico, si es distinto?

Temas específicos que deben considerarse como relevantes:

- ¿Se han establecido medidas detalladas para la manipulación de combustibles, los procedimientos de almacenamiento y la prevención de derrames, incluidos procedimientos específicos si se va a transportar combustible a través de largas distancias o si los vehículos y aeronaves serán reabastecidos de combustible en el hielo? (El Manual de combustible del COMNAP de 2008 puede ser útil para evaluar estas medidas);

- Si se propone el uso de un vehículo, ¿qué medidas se han tomado para demostrar que dicho vehículo es adecuado para el área de operación propuesta? ¿Se propone el uso de vehículos en algún área que no esté cubierta de nieve o hielo, y de ser así, cuál es el riesgo posible de que se produzcan impactos mayores que mínimos o transitorios (p. ej., huellas marcadas que permanecen una vez finalizada la actividad)?

Planes de emergencia (incluidos Búsqueda y rescate y Evacuación médica)

Cuestiones generales, posiblemente relevantes para todas las actividades en tierra:

- ¿Se han planificado las actividades propuestas de acuerdo con la Medida 4(2004) y/o el párrafo 1 de la Resolución 4(2004), de modo de asegurar que se hayan establecido planes de emergencia adecuados y procedimientos adecuados de salud y seguridad, búsqueda y rescate, y atención médica y evacuación? ¿Cubren estos planes de emergencia, en particular, las implicaciones climáticas, emergencias médicas y fallas del equipo?

- ¿Pueden los organizadores demostrar que cuentan con un seguro adecuado u otra cobertura para solventar los costos asociados con la búsqueda y el rescate, y la atención médica y evacuación, conforme a la Medida 4(2004) y el párrafo 2 de la Resolución 4(2004)? ¿Hacen referencia específica todas las pólizas de seguro a la Antártida y los tipos de actividades para las cuales la póliza/seguro brindan cobertura, tanto para los organizadores como para todos los participantes?

- ¿Han desarrollado los organizadores una evaluación de riesgos lo suficientemente detallada para las actividades propuestas, en términos de procedimientos de búsqueda y rescate y evacuación (por ejemplo, la identificación de posibles situaciones que requieran procedimientos de búsqueda y rescate y/o evacuación, y esquemas claros sobre cómo se pondrían dichos planes en práctica en cada situación)?

- ¿Se ha preparado y probado satisfactoriamente la comunicación por radio entre cada componente de la actividad (vehículos, grupos, personal médico/logístico, etc.) y el campamento base, y con los organizadores que se encuentran fuera de la Antártida?

Temas específicos que deben considerarse como relevantes:

- Cuando se planea que las actividades se desarrollen fuera de un campamento base, ¿se han establecido protocolos claramente acordados para que se comuniquen periódicamente (p. ej., al menos una vez al día) con el campamento base o un contacto designado en otro lugar (incluida la consideración de si se proporcionarán todos los equipos de comunicación y ubicación y respaldos necesarios antes del inicio de las actividades)? ¿Se deberá mantener una proximidad máxima entre el campamento base y las actividades, y es ésta adecuada? ¿Se iniciarán automáticamente las operaciones de búsqueda y rescate si no se recibe una comunicación después de transcurrido un período acordado? Para las actividades de viaje, ¿se llevará un registro permanente de la última ubicación conocida (y regular) de los participantes?

Salud y seguridad de las personas que realizan las actividades

- ¿Tienen los organizadores o los líderes designados de las actividades en la Antártida, si son distintos, experiencia previa de operaciones en la Antártida

285

(u otros ambientes similares, junto con una clara comprensión de las distintas condiciones y las exigencias de la Antártida)? ¿Qué equipos de seguridad tendrán disponibles, y son ellos adecuados para el tipo y la escala de la operación propuesta?

- ¿Han identificado los organizadores los posibles riesgos para la salud y seguridad que implican sus actividades en la Antártida y, de ser adecuado, se evaluará desde el punto de vista médico a los participantes para determinar su aptitud física para llevar a cabo las actividades planificadas?

- ¿Se han desarrollado procedimientos operativos estándar en caso de accidentes y emergencias, por cuestiones de salud y seguridad y para brindar asistencia médica/ primeros auxilios? ¿Qué equipos médicos tendrán a disposición?

- Según corresponda: ¿cuál será la proporción de personal/instructores y especialistas en actividades polares y con capacitación médica, respecto de los participantes novatos o con menos experiencia? ¿es esta proporción adecuada y brinda cobertura permanente durante toda la actividad propuesta?; o en el caso de actividades remotas, ¿cuáles serán los procedimientos para asegurar el acceso oportuno a la asistencia médica?

Temas específicos que deben considerarse como relevantes:

- ¿Pueden los organizadores de posibles actividades que se llevarán a cabo en la Antártida sin la supervisión o el apoyo de un operador experimentado demostrar cumplen plenamente con los párrafos 3-7 de las Directrices anexadas como Anexo 1 a la Resolución 4(2004)?

- Para actividades grupales que cuentan con supervisión/apoyo en las que los participantes realizarán actividades de resistencia o de gran esfuerzo físico (evaluadas en relación con la capacidad de los participantes), ¿qué entrenamiento y preparación físicos previos se realizarán? ¿y se realizará dicho entrenamiento para todos los participantes (por ejemplo, conforme a los párrafos 3, 5 y 6 del Anexo I de la Resolución 4(2004), se debe realizar incluso cuando también hay guías en el sitio presentes)?

- Para las actividades grupales que cuentan con supervisión/apoyo en las que los participantes realizarán actividades de resistencia o de gran esfuerzo físico (evaluadas en relación con la capacidad de los participantes), ¿qué procedimientos se establecerán para el monitoreo periódico del bienestar de los participantes (p. ej., en el caso de carreras, esto podría realizarse en una serie de puntos de control)? ¿Se han establecido procedimientos formales para interrumpir la participación o retirar a participantes por razones médicas?

- Para las actividades de viaje, ¿existe un recorrido general acordado, planificado previamente (fijo) (con emergencias), y de ser así, se ha realizado un reconocimiento y mapeo de dichos recorridos (con especial énfasis en la ubicación de grietas y otros peligros naturales)? ¿Conocen los organizadores los datos meteorológicos recientes correspondientes a los recorridos propuestos?

- En caso de que se deban utilizar vehículos (incluidas todas las maquinarias con ruedas, con mecanismo de oruga o esquíes, tanto motorizados o no, motos de nieve, cuatriciclos, vehículos traccionados), ¿qué modificaciones se han realizado para las condiciones de la Antártida?, por ejemplo, ¿contarán con radar de tierra y otros equipos de navegación? ¿y están los conductores de dichos vehículos debidamente capacitados para usar tales equipos? ¿Es la cantidad de vehículos suficiente para responder a las actividades propuestas? ¿y qué repuestos adecuados se llevarán?

- ¿Se ha considerado la pérdida de uno o más vehículos? ¿y un evento de este tipo pondría en riesgo las vidas?

Vínculo con otras autoridades competentes y Partes del Tratado

- Conforme a la Resolución 3(2004), ¿qué contacto se ha realizado con otras autoridades nacionales que puedan estar interesadas en las actividades (p. ej., subcontratistas, participantes, etc.)?

- ¿Se desarrollarán las actividades propuestas en las cercanías de bases de investigaciones científicas o estaciones científicas conocidas? ¿Qué contacto se ha realizado con los Programas Nacionales Antárticos relevantes?

Educación y difusión

- ¿De qué manera se centrarán las actividades en el enriquecimiento y la educación de los visitantes antes y durante la estadía en la Antártida, según dispone la Resolución 7(2009)?

- ¿Han analizado los organizadores detalladamente la posibilidad y la manera en que las actividades generarán un mayor interés por la protección de la Antártida, por ejemplo, a través de la educación y difusión, etc.?

Directrices para yates

Los Representantes,

Recordando la Resolución 1 (2003), respecto de la provisión de asesoramiento a los operadores de yates y buques en cuanto al Protocolo al Tratado Antártico sobre Protección del Medio Ambiente;

Recordando el trabajo de la Reunión de Expertos del Tratado Antártico sobre la gestión del turismo marítimo (Wellington, 2009).

Preocupados por la seguridad de los buques en el Océano Austral y el riesgo de accidentes a los que se enfrentan estos navíos, así como el daño resultante, tanto a las personas como al medio ambiente;

Deseando presentar las cuestiones de seguridad para los operadores de yates y marineros privados, para promover las buenas prácticas y brindar mayor protección al medio ambiente;

Recomiendan que:

1. conforme a su legislación nacional y según lo consideren adecuado, las partes utilicen la *Lista de verificación de artículos específicos para yates, a fin de preparar viajes seguros a la Antártida*, al evaluar las propuestas de visitas de yates a la Antártida;

2. la Secretaría del Tratado Antártico (la Secretaría) publique en su sitio web las *Directrices para yates relativas a los cruceros antárticos*, luego de su análisis por parte de la Reunión Consultiva del Tratado Antártico;

3. las Partes proporcionen datos a la Secretaría, a fin de permitirle mantener actualizada en su sitio web, en conjunto con las *Directrices para yates relativas a los cruceros antárticos*:

    a) información de contacto de las autoridades nacionales competentes

b) información acerca de los Centros de Coordinación de Salvamento Marítimo correspondientes

y

4. las Partes insten a todos aquellos que planeen realizar una visita a la Antártida a tomar en cuenta la *Lista de verificación de artículos específicos para yates, a fin de preparar viajes seguros a la Antártida*, y, según resulte apropiado, las *Directrices para yates relativas a los cruceros antárticos*.

Lista de verificación de artículos específicos para yates, a fin de preparar viajes seguros a la Antártida

Preámbulo

La Antártida es una de las áreas de navegación más remota y desafiante en todos los océanos del mundo. Las condiciones climáticas pueden ser extremas, el hielo puede representar un peligro en cualquier momento, y hay escasa ayuda externa disponible en caso de dificultades. Toda expedición en yate que avance más allá de los 60° de latitud sur debe estar bien planificada y preparada, y debe contar con una tripulación de navegantes experimentados.

La intención de las listas de verificación es apoyar a aquellos que planifican operaciones en yate, y brindar orientación en relación con las normas adecuadas para la operación de yates en la Antártida. La seguridad de un yate y su tripulación es la única e ineludible responsabilidad de la persona que está a cargo, la que deberá hacer todo lo que está a su alcance para asegurar que el yate esté completamente equipado, que sea totalmente apto para la navegación y que cuente con una tripulación experimentada y con la capacitación adecuada, y que sea físicamente apta para enfrentar el mal tiempo y las condiciones generales de navegación en la Antártida, que pueden estar sujetas a cambios repentinos.

Los yates que se dirigen hacia la Antártida deben ser completamente autosuficientes durante períodos prolongados, capaces de soportar fuertes tormentas y deben estar preparados para enfrentar emergencias graves sin esperar ayuda externa. Los materiales usados en las áreas específicas de la estructura de los buques deben proporcionar suficiente solidez y ductilidad para minimizar el riesgo de que falle la estructura debido a un impacto o compresión, fractura por fragilidad y otras causas. Los yates deben estar preparados para ser "derribados" y también para enfrentar condiciones extremas del clima y el mar.

Los siguientes puntos de la lista de verificación para uso de las partes interesadas no reemplazan sino que complementan los requisitos de la autoridad gubernamental, los estados de bandera o las reglamentaciones internacionales. Todos los yates deben cumplir con las reglamentaciones pertinentes de la OMI en virtud del Convenio SOLAS (Convenio internacional para la seguridad de la vida humana en el mar) y MARPOL (Convenio internacional para prevenir la contaminación por los buques) y con todas las disposiciones relevantes del Protocolo Ambiental y las Resoluciones de la RCTA, además de los requisitos nacionales pertinentes.

Preparación personal

- Asegúrese de conocer y comprender bien los protocolos ambientales y las reglamentaciones adecuadas en el Sistema del Tratado Antártico.

- Se debe considerar visitar las aguas de la Antártida durante los meses del verano austral, y preferentemente las áreas con baja concentración de hielo para evitar

291

riesgos. Únicamente tripulaciones experimentadas y bien preparadas deben considerar la posibilidad de viajar fuera del verano austral o a un área fuera de las áreas visitadas más frecuentemente.

- Visite sitios web relevantes (de gobiernos nacionales, la IAATO, la OMI, sitios recomendados por el Sistema del Tratado Antártico) y otras fuentes de información sobre la Antártida, por ejemplo, publicaciones técnicas especializadas.

- Se deben entregar con anticipación las evaluaciones de riesgo para todas las actividades planeadas.

- Puede ser un desafío encontrar sitios para anclar/amarrar que ofrezcan resguardo del viento, las olas/mareas y el hielo flotante. Consulte publicaciones adecuadas y expertos en navegación en la Antártida para identificar ubicaciones apropiadas dentro del área por la que desea navegar.

- La experiencia, la capacitación y los conocimientos son la base para las decisiones previas a la expedición:

  - Incluya a navegantes con experiencia, particularmente en la navegación en altas latitudes.

  - Asegure la autosuficiencia absoluta durante al menos dos semanas adicionales a la duración prevista del viaje cuando opere más allá de los 60 grados de latitud sur. Esto incluye una selección de repuestos completa, herramientas y principalmente la capacidad para colocarlos/usarlos. Lleve una reserva de suficientes alimentos, agua potable y combustible.

  - Se debe considerar el hecho de que la Antártida es un área remota para los servicios de búsqueda y salvamento, y las personas que brindan estos servicios pueden tardar días o semanas para encontrar el lugar.

  - No confíe solo en los mapas y ubicaciones de GPS basadas en cartas náuticas.

  - Se deben estudiar detalladamente las cartas náuticas del área por la que planea navegar.

  - Actualice la información sobre las responsabilidades de los centros de coordinación de salvamento y comuníquese con ellos a tiempo.

  - Capacitación sobre equipos de primeros auxilios para los miembros de la tripulación verificada por las certificaciones necesarias.

  - Toda la tripulación y pasajeros deben estar informados completamente del funcionamiento de la embarcación, procedimientos de seguridad, consideraciones ambientales y bioseguridad.

  - Capacitación específica para los miembros de la tripulación del buque y técnicas de navegación relevantes para las operaciones de alta latitud (por ejemplo, Curso sobre supervivencia en el mar de la Fuerza Internacional de Asistencia para la Seguridad [ISAF, por sus siglas en inglés]). En particular, se recomiendan los cursos que incluyen "Navegación en aguas cubiertas de hielo" y "Navegación en condiciones climáticas extremas" así como la experiencia personal.

- Informes/Información:

    - Se deben seguir los procedimientos adecuados, basados en la legislación nacional, incluidos los informes a las autoridades competentes, antes de la partida hacia la Antártida.

    - Proporcione a la agencia del gobierno que emite su autorización la información que necesita para la notificación previa de su actividad (fechas y lugares de la expedición planeada) para incluir tal información en el SEII.

    - Informe al MRCC adecuado acerca de su ruta de viaje prevista, la información del buque, equipos que lleva, y el personal que va a bordo; brinde, de ser posible la posición del buque a las 08:00 y 20:00 horas a un MRCC o, como alternativa, a un barco ubicado cerca que pueda transmitir esta información al MRCC.

    - Envíe el informe de visita a las autoridades correspondientes posteriormente.

    - Se recomienda informar periódicamente las observaciones del clima y hielo al Programa de Observación Voluntaria.

Preparación técnica

- Estructura de la embarcación y equipo general:

    - Todos los tipos de casco deben ser resistentes. Para los yates que visitan periódicamente la Antártida, se recomiendan los cascos metálicos fuertes y resistentes. Recuerde que se debe poder acceder al casco desde el interior para controlar daños.

    - El buque debe ser estable y capaz de soportar condiciones climáticas extremas y mares extensos. Verifique que el buque sea completamente estanco. Los buques pequeños pueden tener mayores dificultades en estas condiciones y es posible que se volteen.

    - Todos los artículos transportados a bordo deben estar preparados para soportar condiciones extremas; manténgalos bien protegidos para que no provoquen daños al salir despedidos por estar sueltos.

    - Equipo completo de herramientas e inventario de repuestos.

    - Las cubiertas deben estar equipadas con cuerdas con arnés de seguridad y puntos de sujeción.

    - Mástil y jarcia robustos en embarcaciones a vela.

    - Velas para mal tiempo para yates con vela (velas para tormentas, incluida una vela triangular y trinquetilla de capa).

    - Se deben llevar en los veleros corta pernos u otros equipos adecuados (por ejemplo cortadores hidráulicos) para liberar un aparejo roto.

- Especificación para la Antártida:

  - Reflector para identificación del hielo en la noche.

  - Radar.

  - Embarcación de desembarco múltiple, de ser posible.

  - Medios para combatir el congelamiento del buque y el aparejo necesarios en caso de condiciones de congelamiento.

  - Tratamiento para el combustible para clima frío.

  - Protecciones para tormenta (obturador de tormentas o placas ciegas) con la capacidad de remplazar, cubrir o reparar cualquier escotilla o abertura.

- Anclaje y amarre:

  - Se deben llevar varios conjuntos de equipos de anclaje y cables, adecuados para el tamaño del buque, el tipo de lecho marino y la profundidad del agua que posiblemente encontrarán. Considere la posibilidad de contar con anclas y cadenas más pesadas que las que se requieren para el tamaño del buque.

  - Cuando sea posible, se recomienda el uso de amarras y el equipo asociado, y una buena cadena.

- Equipo de comunicación (instalado en el buque y portátil para llevar en un bote salvavidas o una balsa salvavidas):

  - Sistemas de comunicación de larga distancia: Satélite (Iridium, Inmarsat) y/o radio HF/SSB.

  - Radio marina VHF para hablar con otros buques y aeronaves en caso de rescate, incluidos equipos portátiles para usar fuera del buque.

  - Medios adecuados para recibir la información del tiempo y el hielo.

  - Preferentemente dos 406 EPIRB (radiobaliza de localización de siniestros).

- Equipo de salvamento:

  - Equipo completo de primeros auxilios, como un equipo Categoría A.

  - Indicador de hombre al agua y equipo de recuperación (por ejemplo, boyas salvavidas herradura).

  - Balsas salvavidas de navegación oceánica (balsas SOLAS con el paquete SOLAS A), chalecos salvavidas (véase ISO12042 parte 2 275N) y trajes de supervivencia y arneses de seguridad para al menos el 100% de la capacidad; se deben llevar trajes para inmersión o supervivencia para todas las personas de a bordo. Dichos trajes deben ser compatibles con los chalecos salvavidas.

  - Emisor-receptor para búsqueda y salvamento (SART) o EPIRB GPS para asegurar que en caso de que se produzca un incidente, se enfoquen los esfuerzos en el salvamento más que en la búsqueda.

- Se recomienda el uso del sistema de identificación automática (SIA) para evitar colisiones así como para la detección por parte de aeronaves o barcos de búsqueda.
- Baliza personal de localización (BLP) o dispositivos relacionados, como la baliza de hombre al agua en los buques de mayor tamaño, pueden ser útiles para facilitar las operaciones de rescate en relación con una sola persona.
- Extintor de incendios y manta.
- Bengalas y otro tipos de pirotecnia.
- Pallete de colisión o material similar para colocar sobre la parte dañada del casco.
- Reflector portátil.
- Tapones cónicos.
- Se recomienda enfáticamente llevar una escalera de abordaje o plataforma resistentes.

- Otros equipos necesarios:

  - Disponibilidad de una carta náutica adecuada, relevante y actualizada que cubra el área en la que se planea navegar.
  - Sistema de navegación redundante.
  - Los demás sistemas de navegación vitales (es decir, timón, piloto automático) deben ser sólidos y cuando sea posible con sistema de respaldo (es decir, con redundancia).

Lista de verificación para las actividades de los visitantes en el terreno

Los Representantes,

Recordando el Artículo VII del Tratado Antártico que establece la designación de observadores para la realización de inspecciones, y el Artículo 14 del Protocolo al Tratado Antártico sobre la Protección del Medio Ambiente, que dispone que deben organizarse inspecciones para promover la protección del medioambiente antártico y de sus ecosistemas dependientes y asociados y para garantizar el cumplimiento del Protocolo;

Tomando en cuenta la Resolución 5 (1995) sobre *"Listas de verificación de las inspecciones"*; la Resolución 4 (2008) *"Lista de verificación para inspecciones de zonas antárticas especialmente protegidas y zonas antárticas especialmente administradas"*; y la Resolución 3 (2010) *"Lista de verificación "A" revisada para inspecciones antárticas"*, que propone una serie de listas de verificación para orientar la planificación y realización de inspecciones en virtud del Artículo VII del Tratado Antártico;

Considerando la Resolución 7 (2009) *"Principios generales del turismo antártico"*, que establece que las Partes del Tratado Antártico aspiren a garantizar, en la medida de lo factible, que seguirán desarrollando de manera proactiva las normativas relacionadas con las actividades turísticas, la cuales deben proporcionar un marco coherente para la gestión del turismo;

Reafirmando que las listas de verificación sobre inspecciones son provechosas como orientaciones para aquellos que planifican y realizan inspecciones en virtud del Artículo VII del Tratado Antártico y para evaluar la aplicación de las disposiciones del Protocolo al Tratado Antártico sobre la Protección del Medio Ambiente;

Señalando que las listas de verificación sobre inspecciones no son de índole obligatoria y que no deben utilizarse como un cuestionario;

Recomiendan que:

sus Gobiernos alienten el uso de las "Listas de verificación para las actividades de los visitantes en el terreno" que se anexan.

Lista de verificación para las actividades de los visitantes en el terreno

La siguiente lista de verificación tiene por objeto apoyar las inspecciones conforme al Artículo VII del Tratado Antártico y el Artículo 14 del Protocolo de Madrid.

Las cuestiones incluidas en la presente lista de verificación complementan (pero no sustituyen) la información obtenida a partir de los procesos de evaluación ambiental, el intercambio de información, los informes de las Partes y Expertos presentados en la RCTA y la Reunión del CPA, y de las prácticas y procedimientos de la industria documentados (cuando corresponde). Esta lista de verificación no es exhaustiva ni prescriptiva, y está diseñada solo con fines de orientación.

Excepto en los casos en que se indica, toda la información necesaria para responder estas preguntas se obtendrá de fuentes en terreno (por ejemplo, entrevistas y observación en terreno).

SECCIÓN A. DETALLES DE LA INSPECCIÓN

1. Ubicación (nombre del sitio inspeccionado)
2. Fecha y hora de la visita de inspección
3. Modo de transporte hacia el sitio (por mar/por aire/tierra)
4. Nombre y bandera del buque (si corresponde)
5. ¿Cumple el buque con las restricciones acordadas con respecto a la cantidad de pasajeros que transporta a bordo hacia el sitio en cuestión (en relación con la Medida 15, 2009 y las Directrices aplicables para sitios que reciben visitantes)?
6. Operador turístico/organización no gubernamental/otro operador (nombre, nacionalidad)
7. Toda otra compañía involucrada en la operación (por ejemplo, operador del buque, operador turístico, subfletador, proveedores de otros servicios)
8. Afiliación a la IAATO (sí/no)
9. Nombre del líder de la expedición (o la persona a cargo de visitantes que desembarcan)
10. Duración de la visita
11. Personas que llevan a cabo la inspección (nombre, nacionalidad)

SECCIÓN B. NOTIFICACIÓN PREVIA Y OTROS REQUISITOS LEGISLATIVOS

12. ¿Se ha sometido a la actividad a procedimientos de autorización / permiso / evaluación ambiental, y existe una copia de la Evaluación de Impacto Ambiental (EIA) disponible?

13. Identifique si abarca un solo año o para varios años, y si cubre las actividades de un solo buque o compañía, o de varios buques y compañías

14. ¿Qué Parte proporcionó la autorización / el permiso / o administró los procedimientos de evaluación ambiental?

15. ¿Se notificó previamente la actividad a la Parte del Tratado correspondiente?

SECCIÓN C. GESTIÓN DEL SITIO

16. ¿Está el área sujeta a requisitos de gestión especiales, como Directrices para sitios que reciben visitantes, Planes de Gestión de ZAEP/ZAEA/Códigos de Conducta, políticas internas de la instalación o requisitos similares?

Esta información debe recopilarse antes del despliegue del equipo de inspección, de fuentes externas al terreno, como la STA, las IAATO y sitios web de los Programas Nacionales.

SECCIÓN D. GESTIÓN DE LA INFORMACIÓN

17. ¿Se comunicó el grupo de la expedición (crucero/aeronave/otro) con la instalación (estación, refugio, cabaña, campamento) antes de la llegada para coordinar la visita? (si corresponde)

18. ¿Conocía el líder de la expedición (o la persona a cargo de los visitantes que desembarcan) las disposiciones generales del Tratado Antártico y su Protocolo sobre Protección del Medio Ambiente?

19. ¿Recibieron los visitantes, antes de su llegada al sitio, información sobre:

    • los valores presentes en el área, y las formas de evitar su degradación?; y sobre

    • el contenido de las directrices y los instrumentos de gestión relevantes para el turismo antártico? (por ejemplo, Directrices para sitios que reciben visitantes, Directrices generales para visitantes de la Antártida, reglas de comportamiento y compromisos de las Rec. XVIII-I, o Plan de Gestión de ZAEP/ZAEA)

    Describa las formas en que se transmitió esta información (presentación gráfica, informe antes de desembarcar, informe inmediatamente después de desembarcar)

SECCIÓN E. DESCRIPCIÓN DE LA VISITA

20. Cantidad total de visitantes que desembarcaron durante la visita

21. ¿Hubo más de un buque de turistas en el sitio de desembarco por vez?

22. Para los desembarcos de buques, ¿cuál fue la cantidad máxima de pasajeros que desembarcaron por vez en la costa? (Teniendo en cuenta que el límite debe ser de 100, salvo que se especifique de otro modo una cantidad inferior en las Medidas de la RCTA o las Directrices del sitio)

23. ¿Se mantuvo la proporción mínima de personal: pasajeros en 1:20 (salvo que se especifique de otro modo en las Medidas de la RCTA o Directrices del sitio aplicables) durante la visita?

24. ¿Qué tipos de actividades llevaron a cabo los visitantes durante su visita al sitio? (por ejemplo, caminatas en la costa, baños en el mar, natación, buceo, caminatas, trekking, excursión, montañismo, campamento, maratones, carreras, snowboard, esquí, aladeltismo, observación de la vida silvestre, etc.)

25. Proporcione detalles de toda medida de gestión de visitantes o de protección ambiental en el terreno implementada durante la visita (por ejemplo, marcadores de área temporarios para guiar a los visitantes, guías adicionales)

26. Describa las medidas de seguridad en el sitio implementadas durante la visita (por ejemplo, en el caso de que el buque/la aeronave no pueda recoger a los visitantes en el momento previsto)

27. ¿Se cumplió plenamente con las disposiciones establecidas en los Planes de Gestión para ZAEP/ZAEA/Códigos de conducta, políticas internas de las instalaciones, o disposiciones similares aplicables?

28. ¿Se cumplió plenamente con las disposiciones establecidas en las Directrices para sitios que reciben visitantes (por ejemplo, sitios de desembarco preferidos, comportamiento en la costa, esquemas de zonificación, notas de precaución, etc.) aplicables?

SECCIÓN F. IMPACTO EN EL SITIO/CONDUCTA DE LA VISITA

29. ¿Se identificó algún incidente o evidencia de impacto directo provocado por visitantes en:

    • la flora y fauna del sitio?

    • el paisaje y los valores de vida silvestre presentes en el sitio? (por ejemplo, pisadas en superficies prístinas, cavar pozos para bañarse, formar montículos de piedras, grafitis en las rocas, etc.)

30. Describa los procedimientos de tratamiento de residuos en el sitio implementados durante la visita

31. Cuando corresponda, y si no está cubierto de otro modo en las directrices o planes de gestión específicos del sitio, describa cómo se gestionó la visita para evitar el impacto en sitios y monumentos históricos (incluidas características históricas móviles e inmóviles) presentes en el sitio

32. Describa los procedimientos implementados durante la visita para evitar provocar disturbios a las operaciones científicas y/o logísticas (únicamente si se aplica a las visitas a, entre otras cosas, estaciones, refugios, cabañas, campamentos)

SECCIÓN G. INFORMACIÓN ADICIONAL SOBRE PRÁCTICAS Y PROCEDIMIENTOS PARA GARANTIZAR LA SEGURIDAD Y/O PROTECCIÓN AMBIENTAL

33. ¿Se usaron las prácticas o los procedimientos operativos estándar de la industria? (especifique si corresponde)

34. ¿Estaban los guías/personal de la expedición acreditados conforme a alguna norma de capacitación específica? (especifique)

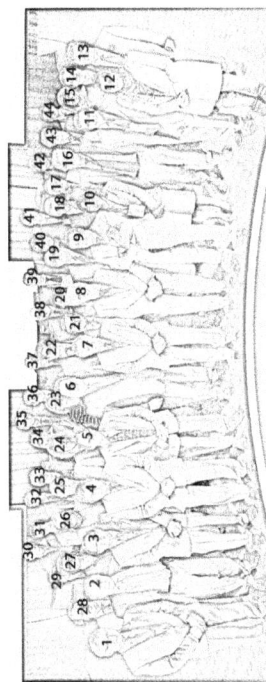

1 Andrew Jackson, Secretaría del país anfitrión
2 Michel Rocard, Francia
3 Yeadong Kim, República de Corea
4 José Olmedo Morán, Ecuador
5 Rasik Ravindra, India
6 Evan T. Bloom, Estados Unidos
7 Richard Rowe, Presidente de la RCTA
8 Ariel Mansi, Argentina
9 Camilo Sanhueza, Chile
10 Masami Fujimoto, Japón
11 Yves Frenot, Presidente del CPA
12 Sharifah Zarah Syed Ahmad, Malasia
13 Greg French, Australia
14 Fábio Vaz Pitaluga, Brasil
15 Michelle Rogan-Finnemore, COMNAP
16 Jean-Arthur Régibeau, Bélgica
17 Serge Segura, Francia
18 Krassimir Stefanov, Bulgaria
19 Ismael Alonzo, Uruguay
20 Kim Crosbie, IAATO
21 Feng Gao, China
22 Dmitry Gonchar, Federación de Rusia

23 Helena Ödmark, Suecia
24 Liisa Valjento, Finlandia
25 Luis Quesada, Perú
26 Andrii Gurzhii, Ucrania
27 Carolyn Schwalger, Nueva Zelandia
28 Henry Valentine, Sudáfrica
29 Olga Bula, Colombia
30 Miroslav Ondras, OMM
31 Stein Paul Rosenberg, Noruega
32 Warren Papworth, ACAP
33 James Barnes, ASOC
34 Jane Rumble, Reino Unido
35 Ryszard Sarkowicz, Polonia
36 Marcos Gómez Martínez, España
37 Oscar Moze, Italia
38 Hugo Gorziglia, OHI
39 René J.M. Lefeber, Países Bajos
40 Sönke Lorenz, Alemania
41 Manfred Reinke, STA
42 Mike Sparrow, SCAR
43 Andrew Wright, CCRVMA
44 Kamuran Sadar, Canadá

www.ingramcontent.com/pod-product-compliance
Lightning Source LLC
Chambersburg PA
CBHW080719220326
41520CB00056B/7142